Peter Horvath

Die inszenierte Revolte

Peter Horvath

Die inszenierte Revolte

Hinter den Kulissen von '68

Mit 14 Abbildungen

Herbig

Denn die einen sind im Dunkeln
Und die andern sind im Licht.
Und man siehet die im Lichte
Die im Dunkeln sieht man nicht.

(Brecht – Dreigroschenfilm – 1930)

Besuchen Sie uns im Internet unter
www.herbig-verlag.de

© 2010 by F. A. Herbig
Verlagsbuchhandlung GmbH, München
Alle Rechte vorbehalten
Umschlaggestaltung: Wolfgang Heinzel
Umschlagillustration: Simona Petrauskaite
Herstellung und Satz: VerlagsService Dr. Helmut Neuberger
& Karl Schaumann GmbH, Heimstetten
Gesetzt aus der 11,25/14,1 Punkt Minion
Drucken und Binden: GGP Media GmbH, Pößneck
Printed in Germany
ISBN 978-3-7766-2644-5

Inhalt

Vorwort

Aus der eigenen politischen Biografie

Am 2. Juni 1967, dem Tag, an dem Benno Ohnesorg erschossen wurde, dem Tag, den viele rückwirkend als das wichtigste Datum der 68er-Revolte sehen, waren es noch acht Tage bis zu meinem 8. Geburtstag. Ich besuchte die Grundschule in einem Dorf im Westerwald. Was in Berlin vorging, wusste ich damals nicht. Einige Jahre später kam ich in Kontakt mit der Katholischen Studierenden Jugend (KSJ) und nahm ab 1976 an dem Diskussionszirkel der »Kölner Kreis« teil. Uns beschäftigte der Sozialismus, die Verbindung zwischen Christentum, Marxismus und Revolution. Wir lasen das Memorandum des Bensberger Kreises zum Verhältnis von Christentum und Sozialismus (»Anti-Sozialismus aus Tradition?«) und das *Kommunistische Manifest*. Ich hatte mir ein antiquarisches Exemplar bei einem Ausflug nach Ost-Berlin während des Evangelischen Kirchentages besorgt.

Dass ich nicht zur Bundeswehr gehen würde, war mir schon ziemlich früh klar. Die Bilder, die ich mir vom Zweiten Weltkrieg und der Nazidiktatur gemacht hatte, hatten bei mir zu einem Unbehagen gegenüber Uniformen geführt, daher wurde ich in der Quinta nicht Mitglied der uniformierten Pfadfinder, sondern des katholischen Bundes Neudeutschland. Militär bedeutete für mich, gehorchen und Befehle ausführen. War der bedingungslose Gehorsam nicht einer der Gründe für den Zweiten Weltkrieg, die Diktatur und die Massenvernichtung in den Konzentrationslagern gewesen?

Im Coffee-House, einem evangelischen Jugendzentrum in einem Vorort von Neuss, in dem ich seit 1976 für einige Jahre mitarbeitete, fanden auch politische Veranstaltungen statt. Einmal war die DFG-

VK (Deutsche Friedensgesellschaft – Vereinigte Kriegsdienstgegner) eingeladen, die im Zusammenhang mit der Frage »Bundeswehr ja oder nein?« ihre Argumente für die Kriegsdienstverweigerung vorstellen sollte. Was mir gefiel, war der politische Pazifismus, war vor allem der Ansatz, nach den ökonomischen und sozialen Ursachen von Krieg zu fragen. Waren es nicht immer auch vor allem ökonomische Interessen gewesen, die zu Kriegen geführt hatten? Und war nicht eine der Schlussfolgerungen aus dem letzten Weltkrieg, dass man eine Neuauflage um jeden Preis verhindern musste? Dass einige der aktiven Mitglieder auch in SDAJ (Sozialistische Deutsche Arbeiterjugend) und DKP (Deutsche Kommunistische Partei) aktiv und keine Pazifisten waren, störte mich nicht.

1977 wurde ich dann Mitglied der DFG-VK, mir gefiel das Symbol der Organisation: Zwei Hände zerbrechen ein Gewehr. Bald wurde ich Gruppenvorsitzender. Ich war mit der Überzeugung aufgewachsen, dass die Russen uns bedrohten. Diese Überzeugung wurde nun durch die Entspannungspolitik der Bundesregierung infrage gestellt. Wenn die Regierung eine Politik der Entspannung gegenüber dem Osten betrieb, dann konnte etwas mit der Behauptung von der Bedrohung aus dem Osten nicht stimmen. Wenn aber die Russen uns nicht bedrohten, wozu dann der ganze militärische Apparat, die Atomraketen und die hohen, immer weiter steigenden Militärausgaben? Bald wurde daraus die umgekehrte These, dass nämlich der Westen in Wirklichkeit den Osten bedrohte, wofür sich wiederum zahlreiche Belege ins Feld führen ließen: Schließlich hatte das aggressivste imperialistische Land, das faschistische Deutschland, die Sowjetunion angegriffen. Und der Faschismus war doch, so die Definition der Kommunistischen Internationale, die aggressivste Herrschaftsform des Imperialismus. Der Faschismus wurde also als ein Auswuchs des kapitalistischen, auf Eigentum basierenden Herrschaftssystems interpretiert, als die Herrschaftsform, die das Monopolkapital dann anwendet, wenn die eigene Macht gefährdet ist. Diese sieht es vor allem durch den Vormarsch des Sozialismus bedroht. Aber der Sozialismus, so die Definition weiter, kann gar keine Bedro-

10

hung sein, weil er kein Privateigentum kennt – das nach der marxistischen Lehre die eigentliche Kriegsursache ist.

Kein Kapitalismus, kein Krieg, so einfach war die Formel. Mein manichäisches Weltbild hatte begonnen, sich in die andere Richtung zu drehen. Sogar der ausgebürgerte Wolf Biermann hatte in seinem Kölner Konzert im November 1976 erklärt, die DDR sei der bessere deutsche Staat. War das nicht gleichzeitig auch eine Bestätigung für die Friedfertigkeit dieses Staates und seiner Verbündeten?

Seit der Gründung der Bundesrepublik behaupteten KPD (Kommunistische Partei Deutschlands) und SED (Sozialistische Einheitspartei Deutschlands), dass in der Bundesrepublik die Gefahr des Faschismus latent immer noch existierte, weil die kapitalistischen Wurzeln nicht ausgerottet worden seien und dass Staat und Gesellschaft von alten Nazis durchsetzt seien. Anfang der 1950er-Jahre sprach die KPD von einer Refaschisierung der Bundesrepublik durch das »Adenauer-Regime«, rief im »Programm der Nationalen Wiedervereinigung« zum revolutionären Sturz dieses Regimes auf. Und behauptete sogar, dass die amerikanische Besatzungsmacht die Errichtung von Konzentrationslagern bereits beschlossen habe. In modifizierter Form tauchte die Behauptung von der »Refaschisierung« im Kontext der Kampagne gegen die Notstandsgesetze wieder auf, als der Bundesregierung unterstellt wurde, dass sie mithilfe der Notstandsgesetze, die 1968 verabschiedet wurden, die Errichtung einer Notstandsdiktatur plane.

Das Jahr 1977 weckte in mir diesbezüglich die schlimmsten Befürchtungen. War das »faschistische Monster« tatsächlich nur in einen Tiefschlaf gefallen, aus dem die Rote Armee Fraktion es nur aufweckte und es zum Vorschein brachte? War die Bundesrepublik angesichts der massiven, allgegenwärtigen Polizeipräsenz, der zahlreichen Gesetzesänderungen, der Einschränkung der Meinungsfreiheit, der Erlasse, Sondergesetze und der allgegenwärtigen Kontrollen nicht tatsächlich auf dem Weg in den Polizeistaat? Kann sich Geschichte wiederholen? War es angesichts dieser Gefahr nicht unbedingt notwendig, sich zu organisieren und mit einer Macht zu verbünden, die schon einmal den Faschismus besiegt hatte und dessen Hauptgegner gewesen war – und gegen die sich jetzt alle Rüstungsanstrengungen der kapitalistischen Staaten richteten: die Sowjetunion?

1978 machte ich mein Abitur und belegte einen Kurs über Lenins Imperialismustheorie bei der Marxistischen Arbeiterbildung, eine Art kommunistischer Volkshochschule, in Neuss. In diesem Zusammenhang sah ich eine Dia-Show über den Mauerbau – Propagandamaterial, das offensichtlich aus dem Osten stammte und das den Bau des »Antifaschistischen Schutzwalls« als eine Verteidigungsmaßnahme gegen die Aggression des Westens darstellte. Mein altes, in Bewegung geratenes Weltbild verlor den Halt. Im selben Jahr trat ich der SDAJ, der Jugendorganisation der DKP, bei. Ich las damals *Konkret*, Jerry Rubins *Do it! Szenarios für die Revolution* und Günter Amends *Sexfront*. Ich studierte die Französische Revolution anhand der Schriften des Marxisten Soboul. Las die *Deutsche Volkszeitung*, die *Blätter für deutsche und internationale Politik* und verkaufte *Elan*, das Jugendmagazin der SDAJ. Im gleichen Jahr wurde ich Kreisvorsitzender der SDAJ und begann mein Studium an der Universität Düsseldorf, ich entschied mich für Geschichte und Germanistik mit dem Studienziel Lehrer, obwohl mir klar war, dass ich wegen der Berufsverbote niemals Lehrer werden würde. An der Uni wurde ich im Marxistischen Studentenbund (MSB)-Spartakus aktiv und arbeitete in der Fachschaft mit, die bei den Historikern fest in MSB-Hand war. 1979 trat ich in die DKP ein, das Eintrittsdatum war bewusst gewählt: Es war der 7. Oktober, das Gründungsdatum der DDR.

Es war an meinem 23. Geburtstag, als eine der größten Demonstrationen in der Geschichte der Bundesrepublik stattfand. Fast eine halbe Million Menschen demonstrierten am 10. Juni 1982 gegen den US-Präsidenten Ronald Reagan, die NATO und Pershing-II-Mittelstreckenraketen. Ich trug als Vorsitzender das rote Thälmann-Banner der Kreisorganisation der SDAJ und war fest davon überzeugt, dass wir etwas verändern konnten, dass wir jetzt zehnmal so viele waren als bei den Demonstrationen gegen die Notstandsgesetze in Bonn 1968. In Bonn herrschte tatsächlich Ausnahmezustand.

1983 zog ich nach Hamburg um und setzte mein Studium fort. In Hamburg-Bergedorf wurde ich 1985 im DKP-Kreissekretariat für Bündnispolitik verantwortlich – trat dann 1986 aus der kommunistischen Partei und allen anderen politischen Organisationen aus. Einige Monate vorher hatte ich in Hamburg den DKP-Parteitag von der Gästetribüne aus verfolgt. Boris Jelzin war der Leiter der sowjetischen Delegation gewesen. In Tschernobyl hatte sich gerade die Überlegenheit des sozialistischen Gesellschaftssystems mit der schwersten Reaktorkatastrophe in der Geschichte der zivilen Nutzung der Kernenergie gezeigt. Aber es war nicht nur das Reaktorunglück: Seit mit Gorbatschow eine neue Offenheit die sowjetische Politik bestimmte, kamen Fakten zum Vorschein, die ich viele Jahre als Propagandalügen des Gegners ignoriert hatte. Doch nun öffnete Moskau selbst mir die Augen für die soziale und ökonomische Realität. Zum Vorschein kam ein marodes, ineffizientes, diktatorisches und zutiefst undemokratisches System, das von dem Niveau westlicher Demokratien weit entfernt war. Außerdem wurden Verbrechen von offizieller Seite bestätigt, deren Existenz ich viele Jahre als Gräuelpropaganda nicht hatte wahrhaben wollen.

Bereits zwei Jahre vorher war etwas passiert, das meinen Glauben in den demokratischen Charakter der DKP zutiefst erschüttert hatte. Im September 1984 war die neue linke Zeitschrift *Düsseldorfer Debatte* erschienen, die nach der erfolglosen Kampagne gegen die Raketenstationierung eine Strategiedebatte im DKP-Umfeld begann. Die Herausgeber waren Thomas Neumann, der frühere stellvertretende Chefredakteur der *Deutschen Volkszeitung*, der Schriftsteller Peter Maiwald, den ich aus der Neusser Parteiorganisation kannte, und der Journalist Michael Ben. Die Antwort der Partei auf derart kritische Geister: Parteiordnungsverfahren. Alle drei verließen die Partei: zwei durch Ausschluss, einer ging von selbst. Das war nicht das, was ich mir unter innerparteilicher Demokratie und lebendigem Meinungsstreit vorgestellt hatte. Hier entschieden ein paar ältere Herrschaften, deren Loyalität offensichtlich in erster Linie Ost-Berlin galt, darüber, wer dazugehörte, wie und worüber diskutiert werden und wie Kritik vorgetragen werden durfte. Der Ausschluss der *Debatten*-Herausgeber war ein klares Signal. Diese Parteiführung würde Diskussionen nur nach ihren Regeln akzeptieren. Der Widerstand innerhalb der Partei gegen dieses Vorgehen war sehr zurückhaltend. Mir war klar, jeder Versuch, diese Partei zu modernisieren und auf einen eigenständigen Kurs zu bringen, war zum Scheitern verurteilt. Hier konnte ich nichts mehr ausrichten.

Nach diesen und weiteren mir die Augen öffnenden Erfahrungen verließ ich die DKP und alle anderen politischen Organisationen wie die SDAJ und die DFG-VK. Die ideologischen Gewissheiten waren dahin, mein Weltbild zerbrochen. In den folgenden Jahren beschäftigte ich mich intensiv mit der Geschichte der KPD in Westdeutschland von 1945 bis zum Verbot 1956. Dabei entdeckte ich, wie sehr die Partei ihre eigene Geschichte geschönt hatte. Von den »Parteisäuberungen« Ende der 1940er-Jahre bis zum Tod Stalins 1953 war nie die Rede gewesen. Niemand sprach vom Bundestagsabgeordneten Kurt Müller, stellvertretender KPD-Vorsitzender und zweiter Mann hinter Max Reimann, der im März 1950 in Ostberlin verhaftet und im Stasi-Gefängnis Hohenschönhausen gefoltert und vom damaligen Staatssekretär Erich Mielke persönlich verhört worden war und dann in ein sowjetisches Arbeitslager nach Wladimir deportiert wurde.[1] Die KPD verlor dadurch sogar ein Bundestagsmandat. Uns hatte man immer erzählt, dass das KPD-Verbot der Grund für die Probleme der Partei und die schlechten Wahlergebnisse gewesen war. Dass man aber die Partei selbst systematisch zugrunde gerichtet hatte, sodass sie 1956 nur noch ein Schatten ihrer selbst war, davon hatte niemand gesprochen.

Auf meine Frage nach Kurt Müller erhielt ich vonseiten der alten KPDler keine Antwort. Die, die immer und bei jeder Gelegenheit die Vergangenheit der anderen ins Spiel brachten und sie zum Anlass für politische Kampagnen nutzen, waren nicht bereit, über diese Vergangenheit zu sprechen. Je tiefer ich grub, desto mehr kam zum

Vorschein: Verrat, Folter, Mord. Gegenüber diesen Geschichten verblassten selbst die griechischen Tragödien. Und für diese politische Formation hatte ich mich eingesetzt, hatte andere überzeugt und als neue Mitglieder gewonnen. Und nun musste ich erkennen, dass ich ein getäuschter Täuscher, ein betrogener Betrüger war. Mit dieser Partei und ihrem Umfeld wollte ich nichts mehr zu tun haben. Vor allem nicht mit ihrer Ideologie, die sich als wissenschaftliche Weltanschauung ausgab, tatsächlich aber nur die Funktion hatte, ihre Träger in einer Art geistiger Hypnose zu halten.

Ein Satz des polnischen Philosophen Leszek Kolakowski in seinem »Traktat über die Sterblichkeit der Vernunft« machte mir diese Funktion schlagartig klar. Er schrieb: »Die meisten Weltanschauungen sind Mittel, die dazu dienen, in der Welt ein solches Prinzip ausfindig zu machen, auf dessen Konto wir die Schulden unseres Lebens schreiben dürfen; dieses Prinzip kann ebensogut die Vorsehung wie ein so oder anders verstandenes Naturfatum sein, ebensogut der Fortschritt der Menschheit wie eine Autorität, die Offenbarung ebensogut wie die Geschichte. Die meisten Weltanschauungen«, so Kolakowski, »sind Ansammlungen von Instrumenten, die dazu dienen, sich der Eigeninitiative zu entledigen – sind Methoden zur unbegrenzten Verlängerung der Kindheit.«[2]

Genau das war es, was der Marxismus erlaubte: älter zu werden, ohne erwachsen werden zu müssen. Es war kein Zufall, dass mir dieser Text aus dem Jahre 1967 in die Hände fiel, als ich mich im Zuge meiner Recherchen über die Geschichte der KPD auch auf die Suche nach den Ursachen von 68 machte. Denn diese Frage war unbeantwortet geblieben: Was war mit 68 und was war 68 überhaupt gewesen? Welche Verpflichtung und welches Vermächtnis waren damit verbunden?

Ich suchte nach den Ursachen dafür, dass eine ganze Generation und die nachfolgenden Kohorten ihr Aufwachsen als eine politische Rebellion in radikaler Opposition zur Gesellschaft inszeniert hatten. Ich suchte den Zusammenhang zwischen der Modernisierung der Bundesrepublik in den 1950er-Jahren und der Rebellion Ende der

1960er-Jahre. Warum versuchte eine junge Generation das zu zerstören, was ihre Eltern gerade mühsam aufgebaut hatten?

Sicherlich, es hatten sich die Bedingungen des Aufwachsens geändert. Es war ein neuer Freiraum entstanden, der erobert und gestaltet werden musste. Aber warum wurde er so gestaltet? Warum wurde ausgerechnet die marxistische Scholastik mit ihrer Dogmatik zur attraktivsten Ideologie der jungen Generation?

Ich begann mich zu fragen, warum eine junge Generation, die vom Leben noch gar keine richtige Ahnung hatte, so daran interessiert war, die Verhältnisse umzustürzen. Doch eine überzeugende Antwort konnte ich in den vorhandenen, teilweise sehr unterschiedlichen Erklärungsansätzen nicht finden. Erst als sich nach dem Ende der DDR die Archive öffneten und sich zeigte, wie sehr die DDR bzw. die an der Macht befindliche SED sich über verschiedene Kanäle in die Politik der Bundesrepublik eingemischt hatte, da begann es mir zu dämmern. Die treibende Kraft hinter der Rebellion der 1960er-Jahre lag nicht in sozialen und/oder ökonomischen Problemen der Bundesrepublik oder in den Bedingungen des Aufwachsens. Die treibende Kraft, das waren die deutschen Kommunisten, die ihre Machtposition in der DDR dazu nutzen, die Machtverhältnisse in der Bundesrepublik zu ihren Gunsten zu ändern.

Da sich die Einflussnahme aus dem Osten an so vielen Stellen zeigte, stellte ich mir die Frage, wie die 68er-Revolte in diesen Zusammenhang passte und ob sich eine Einflussnahme bei den beiden für 68 zentralen Ereignissen – dem Tod Benno Ohnesorgs am 2. Juni 1967 und dem Attentat auf Dutschke am 11. April 1968 – eine solche Einflussnahme zu finden sei. Ich wertete im Sommer 2008 deshalb die Akten der Prozesse gegen Karl-Heinz Kurras, den Polizisten, der Ohnesorg getötet hatte, und gegen Josef Bachmann, der Dutschke niedergeschossen hatte, aus. Die Rekonstruktion des Todes von Ohnesorg ergab eine Reihe von Merkwürdigkeiten. Der Kopfschuss wurde erst am nächsten Tag im Verlauf der Obduktion festgestellt. Der behandelnde Arzt hatte die Einschussstelle mit einer Knochenzange unkenntlich gemacht. Der Todesschütze berichtete, dass eine Gruppe von Leuten ihn überwältigt und den Todesschuss ausgelöst hatte. Schließlich war ein Mann aufgetaucht, der sich als Schiffsarzt ausgegeben hatte, um an den verletzten Ohnesorg heranzukommen. Aber weder existierte das Schiff, auf dem er angeblich als Arzt arbeitete, noch war er zugelassener Arzt.

Aber nicht einmal in meinen kühnsten Spekulationen wäre ich auf die Idee gekommen, dass ausgerechnet der Todesschütze selbst, der Kriminalobermeister Karl-Heinz Kurras, Kommunist und Agent des Staatssicherheitsdienstes gewesen war. Als diese Tatsache im Mai 2009 bekannt wurde, hatte ich mich zwar mit meinen Mutmaßungen bei einer Reihe von Details geirrt, aber die These vom maßgeblichen Einfluss der in der DDR herrschenden SED auf Entstehung und Weiterentwicklung der 68er-Revolte hatte damit ihren hypothetischen Charakter verloren. Bei dem zentralen Ereignis, das den Auftakt für das bildete, was wir heute 68 nennen, hatte die SED über die Stasi auf die eine oder andere Weise ihre Finger im Spiel gehabt. Auch bei dem zweiten zentralen Ereignis von 68, dem Attentat auf Rudi Dutschke am 11. April 1968, ergeben sich Verdachtsmomente, die eine Einzeltäterschaft Bachmanns unwahrscheinlich machen. Betrachtet man schließlich die Studentenrevolte 1968 aus einer anderen Perspektive und vergrößert die Flughöhe, dann wird deutlich, dass 68 und die Folgen keine spontane Eruption, sondern das Ergebnis eines systematischen und zielgerichteten Vorgehens waren. Die Drahtzieher nutzten geschickt die vorhandene Unzufriedenheit über veraltete Konventionen, die tiefe Verunsicherung, die der Zweite Weltkrieg und die Massenmorde der Nazis hinterlassen hatten und den Drang nach neuen Freiräumen, der Studenten und junge Arbeiter motivierte.

Prolog

Das Bemerkenswerteste an der 68er-Revolte ist die Plötzlichkeit, mit der sie in der Bundesrepublik ausbrach. Es gab für sie keine greifbaren sozialen und/oder ökonomischen Ursachen in der bundesdeutschen Gesellschaft. Es revoltierten nicht die verelendeten, unterdrückten oder zu kurz gekommenen Unterschichten der Bundesrepublik. Im Gegenteil, es war ein Aufruhr im Wirtschaftswunderland, getragen von einer Jugend, die alle Möglichkeiten hatte, am wirtschaftlichen Aufschwung und am sozialen Aufstieg teilzunehmen. Sie konnten am gewachsenen Bildungsangebot partizipieren, die Universitäten besuchen und hatten die besten Aussichten, in Zukunft Fach- und Führungsaufgaben in der Gesellschaft zu übernehmen.

Wenn man die Entwicklung der Bundesrepublik vom Ende des Zweiten Weltkrieges bis in die Mitte der 1960er-Jahre betrachtet, dann findet man eine Erfolgsgeschichte, die man nicht ohne Grund »Wirtschaftswunder« genannt hat. Anfang der 1950er-Jahre erfolgte die Integration in die Weltwirtschaft und bereits 1953 erreichte das Nettosozialprodukt in der Bundesrepublik Deutschland das Vorkriegsniveau von 1938.[1] Die Wachstumsraten des Bruttosozialprodukts waren atemberaubend: In der ersten Hälfte der 1950er-Jahre lagen sie im Durchschnitt bei neun Prozent und Anfang der 1960er-Jahre immer noch bei fünf Prozent.[2] Es gab eine Wachstumsdynamik, wie man sie heute nur noch in Asien findet.

Es war ein Aufschwung, an dem insbesondere die Arbeiterklasse teilhatte. Innerhalb von zehn Jahren verdoppelten sich ihre Einkommen. Die monatlichen Nettoeinnahmen des statistischen Vier-Personen-Arbeitnehmerhaushalts stiegen in dieser Zeit sogar um 120 Prozent, und zwar auf 670 DM im Jahr 1960. Die Spareinlagen vervierzehn-

fachten sich von 3,8 Mrd. DM (1950) auf 53,1 Mrd. DM (1960).[3]
Anfang der 1960er-Jahre herrschte Vollbeschäftigung. Die Arbeitslosigkeit war 1960 auf ein Prozent gesunken. Die Zahl der Erwerbstätigen erreichte am Ende der 1950er-Jahre 26,5 Millionen, ein Zuwachs innerhalb von zehn Jahren um 30 Prozent. Anfang der 1960er-Jahre war nicht Arbeitslosigkeit ein Problem, sondern Arbeitskräftemangel. Es wurden deshalb Arbeitskräfte im Ausland angeworben, deren Zahl sich in der ersten Hälfte der 1960er-Jahre verdoppelte.[4]

In den 1950ern entstand eine moderne Konsumgesellschaft. Neue, erschwingliche Haushaltsgeräte veränderten die Hausarbeit, Motorräder und PKWs führten zu einer neuen Mobilität. Das neue Massenmedium Fernsehen erweiterte Informations- und Unterhaltungsmöglichkeiten. Die Arbeitszeit wurde schrittweise reduziert, die Fünf-Tage-Woche eingeführt und es entstand eine Freizeitgesellschaft mit einem sich rasch entwickelnden Massentourismus. Es wuchs nicht nur der statistische Reichtum der Gesellschaft, auch die Zahl derer, die tatsächlich etwas davon hatten, nahm zu. Die sozialen Verhältnisse verbesserten sich und die Schichten glichen sich aneinander an, sodass man begann, von einer nivellierten Mittelstandsgesellschaft zu sprechen.

Man konnte sich Bildung leisten und sich die Ausbildung der Kinder etwas kosten lassen. Man war nicht darauf angewiesen, dass sie möglichst schnell arbeiten gingen, um ihren Teil zum Monatseinkommen beizusteuern. Folglich wuchs die Zahl der Schüler von 1960 bis 1970 von 6,6 Millionen auf 9 Millionen.[5] 1960 waren 17 Prozent aller Schüler der 7. Klassen Gymnasiasten und ihre Zahl wuchs weiter, 1970 waren es bereits 22 Prozent. Die Zahl der Studenten verdreifachte sich von 1950 bis 1965 und stieg von 130 000 auf 384 400. An den Universitäten nahm mit der Zahl der Studenten die der Hochschullehrer und Assistenten zu, in den Jahren von 1960 bis 1968 um 141 Prozent. Der universitäre Mittelbau legte sogar um 330 Prozent auf rund 9000 zu. Es gab ein stabiles Parteiensystem, das sich durch Kontinuität auszeichnete. Insgesamt war die Attraktivität der Bundesrepublik so groß, dass innerhalb von zwölf Jahren

2,7 Millionen Menschen die DDR verließen, um im Westen zu leben. Im Systemwettstreit lag die Bundesrepublik klar vorn, die DDR war weit abgeschlagen. Im August 1961 sah sich die DDR deshalb gezwungen, ihre Grenze nach West-Berlin vollständig abzuriegeln.

Anstatt bleierner und auf der Stelle tretender Zeit waren dies zwei Jahrzehnte dynamischer Modernisierung. Jahr für Jahr verbesserten sich die Lebensverhältnisse und es boten sich Aufstiegsmöglichkeiten, von denen man in früheren Zeiten nicht einmal zu träumen gewagt hatte. Die Jugend hatte glänzende Aussichten. Warum sollte man diese Lebensverhältnisse, diese Gesellschaft, diese Ordnung abschaffen oder zerstören wollen? Warum entstand mit 68 in diesem Land plötzlich eine Bewegung, die die revolutionäre Umgestaltung der Bundesrepublik zum Ziel hatte? Warum kam es zu einer Rebellion, wenn es weder eine soziale noch eine ökonomische Krise gab? Und warum begann sie ausgerechnet in West-Berlin?

Auch aus der Entfernung von 40 Jahren konnten trotz einer inflationären Literatur insbesondere 2008, im Jubiläumsjahr der Revolte, bisher keine plausiblen Erklärungen dafür geliefert werden, warum sich die Jugend – vor allem die akademisch gebildete Jugend – einer westlichen, freien, demokratischen Gesellschaft quasi über Nacht von dieser abwandte, zu ihren Gegnern überlief und sich mit den Feinden der »offenen Gesellschaft« verbündete. Und so rätselten Soziologen, Jugendforscher, Politologen und Historiker über die Ursachen.

Einige sahen die Ursache darin, dass ein Wandel von »materialistischen« zu »postmaterialistischen« Werten stattgefunden habe. Die Prioritäten in den Wertesystemen hätten sich insbesondere bei Akademikern verändert. Nicht mehr Sicherheit und Wohlstand hätten im Vordergrund gestanden, sondern Selbstverwirklichung und Lebensqualität.[6] Ein Grund für den »rätselhaften Ausbruch«[7] und den Beginn »einer einschneidenden gesellschaftlichen Transformation«[8] wurde in der Enttäuschung über die Konsumkultur gesehen. Eine Enttäuschung, die zu einer »säkularreligiösen« Bewegung der Weltentsagung geführt habe.[9] In einer ganzen Serie von Bewegungen war es die letzte, »die über eine gesamtgesellschaftliche Utopie, einen Gegenentwurf zur bestehenden Gesellschaft, verfügte«[10].

Doch warum kam es zu einer Verschiebung des Wertesystems? Wodurch wurde dieser Wandel hervorgerufen, der unter anderem dazu führte, dass die Kinder der Konsumgesellschaft 13 Jahre nach dem Ende des Krieges, einer Zeit, in der es am Lebensnotwendigsten gemangelt hatte, ausgerechnet die Orte des Konsums, sichtbare Zeichen gewachsenen Wohlstands, nämlich Warenhäuser in Brand steckten?

Den Auftakt zur 68er-Revolte in Westdeutschland bildete der 2. Juni 1967. An diesem Tag wurde der Student Benno Ohnesorg während der Aktionen gegen den Schah-Besuch in West-Berlin von einem Polizisten erschossen. Der Tod Ohnesorgs war eines der folgenschwersten Ereignisse in der Geschichte der Bundesrepublik. Es war der Beginn einer politischen Linksentwicklung, die die Geschichte der Bundesrepublik nachhaltig verändert hat.[11]

Zwei Drittel der deutschen Hochschüler wurden durch den Tod Ohnesorgs entscheidend beeinflusst.[12] Nicht wenige glaubten, wie der Schriftsteller Peter Schneider, an diesem 2. Juni »in die offene Fratze des Faschismus«[13] gesehen zu haben und verloren, so wie der spätere Innenminister Otto Schily, ihren Glauben an den Rechtsstaat.[14]

Ende Mai 2009, 42 Jahre später, stellte sich heraus, dass der Polizist Karl-Heinz Kurras, der am 2. Juni 1967 geschossen hatte, ein Geheimagent der DDR gewesen war. Kurras war nicht etwa ein verkappter Faschist, wie viele angenommen hatten, sondern ein überzeugter Kommunist, für den die DDR das bessere Deutschland war. Seit Mitte der 1950er-Jahre arbeitete er für die Staatssicherheit, 1964 wurde er Mitglied der SED. Das wirft ein neues Licht auf die Revolte, die er buchstäblich »ins Leben geschossen«[15] hat.

Die Kurras-Enttarnung reiht sich ein in eine ganze Serie von Enthüllungen, die eine sehr viel stärkere äußere Einflussnahme der DDR-Führung auf die Geschichte der Bundesrepublik belegen, als das bisher vermutet wurde. Spektakulär waren in diesem Zusammenhang die Enthüllungen über die Zusammenarbeit zwischen linksterroristischen Organisationen wie der Roten Armee Fraktion (RAF) und der Bewegung 2. Juni und dem Ministerium für Staatssicherheit (MfS).

Nach dem Gefängnisausbruch von Andreas Baader Mitte Mai 1970 konnten unter anderem Ulrike Meinhof, Horst Mahler und Gudrun Ensslin, die zusammen mit Baader das Führungsquartett der sich formierenden RAF bildeten und alle im Westen polizeilich gesucht wurden, ungehindert über den Ost-Berliner Flughafen Schönefeld in das Ausbildungscamp der Fatah nach Jordanien fliegen, um sich dort im Schießen, Bombenbauen und in Waffentechnik ausbilden zu lassen. Es war jedoch mehr als ein Wegschauen. Die DDR-Organe waren sehr genau über die RAF und ihre Pläne informiert: Als Jürgen Bäcker Anfang August 1970 aus dem jordanischen Ausbildungscamp über Berlin-Schönefeld nach Deutschland zurückkehrte, wusste das MfS bereits genau Bescheid, man kannte sogar Details wie seinen Decknamen, den er erst kurz zuvor in Jordanien erhalten hatte.[16]

1973 gab Michael Baumann (Spitzname: »Bommi«) von der Bewegung 2. Juni der Staatssicherheit bereitwillig Auskunft und erstellte sogar eigenhändig ein 125-seitiges Dossier mit 95 Einzelportraits. Ein regelrechtes »›Who's Who‹ des bewaffneten Kampfes«, so der Historiker Wolfgang Kraushaar.[17] Über die Geheimschleuse Friedrichstraße, die Baumann liebevoll »Ho-Tschi-Minh-Pfad« nannte, gelangte er dann unerkannt nach West-Berlin. 1975 nutzten die Entführer des CDU-Vorsitzenden Peter Lorenz, es handelte sich ebenfalls um die Bewegung 2. Juni, erneut den Übergang Friedrichstraße und konnten so ungehindert durch die DDR entkommen.[18]

1978 flohen Mitglieder der Bewegung 2. Juni aus dem Gefängnis Moabit ebenfalls über den Grenzübergang Friedrichstraße mithilfe der DDR-Behörden. Sogar ihre Pistolen durften die Terroristen behalten und konnten ungehindert nach Bulgarien weiterreisen. Damit hatte das MfS die einige Wochen zuvor gegenüber den »Genossen« von der Bewegung 2. Juni gegebene Zusage, dass sie die Transitwege der DDR ungehindert nutzen könnten, eingehalten.[19]

Die DDR gewährte jedoch nicht nur ungehinderten Transit, einige RAF-Kämpfer erhielten in der DDR eine »umfassende Ausbildung«[20]. Mitarbeiter des MfS erteilten Unterricht im Pistolenschießen, Judo, Spreng- und Schießtechnik. Auf einem Truppenübungsplatz der Nationalen Volksarmee (NVA) wurden sogar praktische Schießübungen durchgeführt. Um nicht aufzufallen, trugen die RAF-Kämpfer, darunter Christian Klar, Inge Viett, Helmut Pohl und Adelheid Schulz, Uniformen der NVA.[21] Der Höhepunkt der Ausbildung war das Schießen mit einer sowjetischen Panzerfaust vom Typ RPG7 auf einen Mercedes 200. In den Wagen wurden vier mit Sägemehl gefüllte Puppen und ein lebendiger Schäferhund gesetzt, um die Wirkung der Panzerfaust studieren zu können.[22]

Noch nicht vollständig geklärt ist allein der Zeitpunkt des Trainings. Die Autoren des Buches Die RAF-Stasi-Connection Müller und Kanonenberg sind sich sicher, dass die Schießausbildung und die Übung mit der Panzerfaust im März 1981 stattgefunden haben. Hierfür benennen sie eine Reihe von Zeugen[23] und führen den Umstand an, dass die RAF-Kämpfer das Gelernte am 15.9.1981 in die Tat umsetzten: Sie verübten mit einer sowjetischen Panzerfaust vom Typ RPG 7, dem gleichem Typ, mit dem sie in der DDR trainiert hatten, einen Anschlag auf den Oberbefehlshaber der US-Truppen in Europa, den Vier-Sterne-General Frederick Kroesen. Vom Heidelberger Schlossberg aus, so stellte ein Gericht später fest, feuerte Christian Klar zwei Granaten auf den Mercedes des Generals, der den Anschlag jedoch unverletzt überlebte.[24] Die Behauptung von ehemaligen Stasi-Offizieren die RAF-Übung habe erst im Frühjahr 1982 stattgefunden,[25] halten die Autoren für eine wenig glaubhafte Schutzbehauptung, denn warum sollte man ein Jahr später für einen Anschlag üben, der längst schon ausgeführt worden war.[26]

Es gibt weitere Belege für die Unterstützung der RAF durch das MfS. Im Juni 1990, wenige Monate nach dem Fall der Mauer, wurden zehn demobilisierte Guerilla-Kämpfer der RAF, einige waren früher auch bei der Bewegung 2. Juni gewesen, enttarnt. Sie hatten in der DDR eine neue Identität erhalten.[27] Darunter auch Susanne Albrecht, die

1977 an der Ermordung von Jürgen Ponto, Vorstandssprecher der Dresdner Bank, beteiligt gewesen war.[28] Die Loyalität der RAF-Veteranen zum ersten sozialistischen Staat auf deutschem Boden ging so weit, dass einige von ihnen sogar als Informelle Mitarbeiter (IM) für die Staatssicherheit arbeiteten und über ihre Mitbürger Informationen sammelten.[29]

Im Oktober 2007 wurde bekannt, dass der prominente DDR-Rechtsanwalt Friedrich Karl Kaul, der schon in den 1950er-Jahren die KPD im Verbotsverfahren gegen die Bundesrepublik vertreten hatte, die RAF im Stammheim-Prozess 1977 heimlich unterstützt hatte. Und zwar mit ausdrücklicher Zustimmung des SED-Politbüros. Die Schlussfolgerung, die Jochen Staadt, Projektleiter im Forschungsverbund SED-Staat, nach dem Aktenfund zog: »Ohne die Unterstützung durch die DDR wäre die RAF nie die Terrororganisation geworden, die sie in den siebziger und achtziger Jahren war.«[30] Dieses Urteil wird dadurch erhärtet, dass sich auch die RAF nach der Auflösung der DDR endgültig auflöste. Offenbar deswegen, weil ihr nun die entscheidende Unterstützung fehlte, ihren Kampf fortzusetzen. Jedoch sind längst nicht alle Details dieser Beziehung bekannt. Aber das, was bisher bekannt geworden ist, lässt vermuten, dass da noch einige Überraschungen zu erwarten sind.

Weniger spektakulär waren nach dem Ende der DDR publik gemachte Informationen über die Unterstützung linker Organisationen in der Bundesrepublik durch die DDR. Dass die DKP und die ihr nahestehenden Organisationen wie SDAJ und MSB Spartakus finanzielle Zuwendungen aus dem Osten erhalten hatten, war stets ein offenes Geheimnis. Mit dem Zusammenbruch des Herrschaftssystems der SED wurde es zur Gewissheit. Auf einmal fehlte einem umfangreichen Geflecht von politischen Organisationen, Firmen, Verlagen, Zeitungen, Zeitschriften, Buchhandlungen und anderen Wirtschaftsbetrieben in der Bundesrepublik die finanzielle Unterstützung. Sie mussten deshalb über Nacht Konkurs anmelden. Allein beim Parteiapparat der DKP handelte es sich um ein Volumen von rund 100 Millionen DM pro Jahr.[31] Auch Organisationen der sogenannten

»Friedensbewegung« waren davon betroffen. Die DFG-VK musste Anfang der 1990er-Jahre einräumen, dass auch sie Geld von der DKP erhalten hatte.[32]

Mittlerweile gibt es eine ganze Reihe von Belegen, dass die »Friedensbewegung« ganz maßgeblich mithilfe der DKP und ihrem Umfeld initiiert und gesteuert worden war.[33] Bereits Anfang der 1960er-Jahre, als die KPD in der Bundesrepublik verboten war und sie mit ihrem nach wie vor intakten Apparat in enger Abstimmung mit der SED von Ost-Berlin aus agierte, war die Friedensbewegung eines ihrer wichtigsten Tätigkeitsfelder.

Hinsichtlich der Arbeit in der Friedensbewegung wurde im März 1962 von der KPD das Ziel formuliert, die Friedensbewegung gegen die Innen- und Außenpolitik Adenauers zu mobilisieren. Adenauer betreibe »eine Politik am Rande des atomaren Vernichtungskrieges« und er strebe »die Errichtung einer Militärdiktatur durch Notstandsgesetze« an.[34]

Der Katalog an Maßnahmen zur Verbesserung der Friedensarbeit reichte von der Bildung eines nationalen Friedensforums, einer Unterschriftenkampagne für einen nationalen Friedensappell über Aktionen am 1. Mai und am 1. September (Antikriegstag), der Teilnahme an den Ostermärschen, der Mitarbeit in Friedenskomitees bis hin zur Unterstützung der DFU bei den Landtagswahlen.

Einen Schwerpunkt der Friedensarbeit bildeten bald die Ostermärsche. In einem vertraulichen Beschluss des Politbüros vom 7.11.63 wurde jedes Parteimitglied verpflichtet, sich aktiv daran zu beteiligen. Wörtlich hieß es dort: »Entsprechend der Aufgabenstellung der Partei ist es Pflicht eines jeden Kommunisten, aktiv an der Vorbereitung und Durchführung der Ostermärsche teilzunehmen.« Die Aufgabe der Kommunisten bestehe darin, den Menschen in der Aktion bewusst zu machen, »daß die Kriegsgefahr von der Politik der westdeutschen Militaristen ausgeht« und »die DDR und die Sowjetunion eine Politik des Friedens betreiben«[35].

Manfred Kapluck, der in den 1950er- und 1960er-Jahren Sekretär für Massenarbeit und Mitglied des Politbüros und des Zentralkomitees

der KPD war, erklärte vor einigen Jahren: »Selbst die Ostermarschbewegung ist komplett von uns inszeniert worden.«[36] Kapluck war
zudem an der Gründung des »Bundes der Deutschen« und der
Deutschen Friedens Union (DFU) beteiligt. 1968 gehörte er zu den
Mitbegründern der DKP und spielte dort später in Parteivorstand
und Präsidium eine führende Rolle.

Herbert Mies wiederum, der damalige Vorsitzende der DKP, schrieb
in seinen Erinnerungen, dass er am Zustandekommen des »Krefelder Appells« beteiligt war. »Das Papier«, so Mies, »war das Resultat
vieler Gespräche mit Josef Weber und Gert Bastian, den ich daheim
in Würzburg besuchte. Das war der Beginn einer Freundschaft.«
1987 erhielt Mies für seine Arbeit sogar den »Lenin-Friedenspreis«,
eine Art »sozialistischer Friedensnobelpreis«.[37] Der »Krefelder Appell«
hatte eine zentrale Rolle beim neuerlichen Aufschwung der »Friedensbewegung« in den 1980er-Jahren gespielt. Es handelte sich um
eine Unterschriftenkampagne, mit der gegen den NATO-Nachrüs-
tungsbeschluss mobil gemacht und die von mehreren Millionen
Menschen in der Bundesrepublik unterzeichnet wurde. Die organisatorische Leitung der Kampagne hatte Josef Weber von der DFU
übernommen, der seit Anfang der 1950er-Jahre Erfahrung in verschiedenen Friedenskampagnen gesammelt hatte. Bereits 1973
wurde er für diese Tätigkeit mit der Friedensmedaille des DDR-Frie-
densrates ausgezeichnet und 1985, noch zwei Jahre vor Herbert
Mies, erhielt er den »Lenin-Friedenspreis«.[38]

Ein besonderes Augenmerk der Kommunisten galt bereits 1962 den
»befreundeten Friedensgruppierungen« Deutsche Friedensgesellschaft (DFG) und Internationale der Kriegsdienstgegner (IdK).[39]
Hinsichtlich der Arbeit in der IdK wurde weniger darauf orientiert,
»daß möglichst viele Genossen Mitglieder dieser Organisation werden«. Viel wichtiger war es der KPD, den Einfluss in dieser Organisation zu erweitern. In allen Landesverbänden und in den wichtigsten Kreisen sollten Stützpunkte aufgebaut werden. Man wollte die
IdK dahingehend steuern, dass sie »neue größere Initiativen gegen
Kriegsvorbereitung aller Art, besonders gegen die Stationierung von

Raketenbasen und gegen die atomare Aufrüstung«[40] entwickeln könnte. 1960 hatte unter anderem auf Initiative der IdK der erste Ostermarsch in Deutschland stattgefunden.

Auch über Buch- und Zeitschriftenverlage versuchte man, auf die Bürger der Bundesrepublik Einfluss zu nehmen. Einer der KPD/SED-Verlage war der Pahl-Rugenstein Verlag (PRV) in Köln und als es mit der SED-Herrschaft vorbei war, gehörte er zu den Unternehmen, die Konkurs anmelden mussten. Dort war unter anderem auch die 1956 gegründete Zeitschrift *Blätter für deutsche und internationale Politik* erschienen, die im Unterschied zu den im Westen offen oppositionell agierenden SED/KPD-Publikationen wie die AZ (*Andere Zeitung*), *Konkret* oder die *Deutsche Volkszeitung* das Image einer linksliberalen Zeitschrift pflegte.

Eingebunden war die Zeitschrift in die Struktur der Westarbeit der SED und wurde vom Arbeitsbüro der KPD angeleitet. Der Geschäftsführer des PRV und Chefredakteur der *Blätter*, Paul Neuhöffer, fuhr regelmäßig nach Ost-Berlin, um an Beratungen mit Vertretern des Arbeitsbüros der KPD teilzunehmen und das weitere Vorgehen zu beraten.

Erhalten geblieben ist das Protokoll einer Beratung zwischen Neuhöffer und dem Arbeitsbüro vom 6.1.1969, das belegt, dass es sich bei den *Blättern* um eine ganz spezielle Zeitschrift gehandelt hatte. Die Zeitschrift sollte mithelfen, demokratische Alternativen im Sinne von SED/KPD (später dann DKP) auf allen Gebieten des gesellschaftlichen Lebens zu entwickeln. Dabei würden die ideologischen Fragen von der Redaktion »mehr oder weniger marxistisch angepackt«, hauptsächlich jedoch in der Linie einer »antiimperialistischen Propaganda«. Die Auflage wurde mit rund 7000 Exemplaren angegeben, davon waren 6000 ständige Abonnenten. Unter den Abonnenten befänden sich etwa 250 Professoren und Gewerkschaftsfunktionäre sowie gut 2000 linksorientierte Studenten – das liberale Bildungsbürgertum sollte angesprochen werden.[41]

Nicht zuletzt standen Politiker und besonders der Deutsche Bundestag im Fadenkreuz der DDR. Bisher liegt zwar nur eine Pilotuntersuchung über die Einflussnahme des MfS auf den Bundestag während der 6. Legislaturperiode von 1969 bis 1972 vor. Doch dabei stellte sich heraus, dass zehn Prozent der Bundestagsabgeordneten bei der Staatssicherheit als IM-Vorgänge registriert waren.[42] In diese Legislaturperiode fiel auch das Misstrauensvotum von CDU/CSU, durch das Bundeskanzler Willy Brandt im April 1972 abgewählt werden sollte. Das MfS wusste das durch ihre Verbindungen zu verhindern und bestach mindestens einen Bundestagsabgeordneten.[43]

Es zeigt sich ein ganzes Geflecht von Manipulationen und Lenkungsversuchen auf verschiedenen Ebenen in unterschiedlichen Bereichen und längst ist dieses Dickicht nicht gelichtet. Es reduziert sich auch keineswegs nur auf die Stasi. Sie war nur Dienstleister der Partei, ihr Schild und ihr Schwert, und folgte letztlich dem Primat der SED-Politik.

Im Kontext der oben genannten Beispiele, deren Zahl sich mühelos um viele weitere ergänzen ließe, stellt sich auch die Frage nach 68 neu – operierten doch etliche Organisationen auch in Zusammenhang mit der Studentenrevolte. Die Einflussnahme der DDR-Agenten erzählt eine Geschichte, die nahelegt, dass der Schuss von Karl-Heinz Kurras auf Benno Ohnesorg kein Zufall war. Seine Enttarnung als Stasi-Spitzel wirft alte Fragen neu auf. Fragen nach 68 und danach, was das eigentlich gewesen war, was als 68 chiffriert wurde. Der Schuss des als faschistoiden Polizisten wahrgenommenen Kurras' goss Öl in das Feuer einer sich schnell entwickelnden Protestbewegung. Er lieferte den Vorwand dafür, dass zurückgeschossen werden konnte. Kurras' Schuss wurde als gewichtiges Argument gebraucht, die Bundesrepublik als ein Land zu inszenieren, das sich mithilfe der Notstandsgesetze auf dem Weg in die Notstands-Diktatur befand. So konnte der SDS-Vorsitzende Reimut Reiche nach dem 2. Juni 1967 erklären: »Das politische System der Bundesrepublik ist zu einem präfaschistischen geworden.«[44] Damit war die Bühne bereitet für eine große Inszenierung, die unter dem Titel »Achtundsechzig« die Geschichte der Bundesrepublik nachhaltig verändert hat.

Im Hintergrund wurden Fäden gezogen, gab es konspirative Apparate und geheime Verbindungen. Aber welche Fäden liefen wohin und wo liefen sie zusammen? Welche Kräfte waren hier tatsächlich am Werk, die man nicht sah? Wer hatte die Regie für diese Inszenierung übernommen? Und warum beteiligten sich die Angehörigen dieser Generation so bereitwillig an dem Spektakel und inszenierten ihr Aufwachsen als Rebellion? Wer kannte das Stück und wer gab die Stichworte für den Aufstand im Wirtschaftswunderland?

Wer sorgte für die passenden Kulissen, für das rechte Licht und die richtigen Perspektiven? Wer übte mit den Schauspielern Haltungen und Posen ein? Wer dirigierte die Komparsen zur rechten Zeit an den richtigen Ort? Wie textsicher waren die Sprecher, wie viel Freiraum hatten sie für ihre Improvisation? Warum erschien alles so echt, so authentisch, so überzeugend? Wer wählte die Symbole, die Ikonen und Feldzeichen für die Kohorten, die die Massenszenen mit all den Statisten bevölkerten?

Der erste Akt spielt in der Nähe der Oper, abends in der Dämmerung in einem Hinterhof. Ein Schuss fällt und ein Mann bleibt blutend zurück. Die Szenerie wird verständlich durch einen Ausflug hinter die Kulissen, hinter die Bühne und auf ihre Mechanik. Der zweite Akt folgt auf den ersten. Nach Ohnesorg kommt Dutschke und wieder liegt einer blutend auf dem Pflaster und ein anderer schießt um sich. An den Tod des Unbekannten in der Abenddämmerung in einem Hinterhof schließt sich das Attentat auf den Anführer mitten auf der Hauptstraße am helllichten Tag an. Betroffenheit schlägt um in Aggression, in Wut, in Gewalt. Es kracht. Der Krawall liegt nicht mehr nur in der Luft, es ist die Stunde der Komparsen, der großen Massenszenen.

Im letzten Akt trennen sich die Wege: Unterwelt oder die Mühen der Ebenen? Der lange Marsch. Oder ist auch das nur Täuschung und trennen die Wege sich gar nicht, bleibt es das gleiche Ziel? Oder ist alles Zufall, alles ganz spontan, situationsgebunden? Kein Plan, kein Drehbuch, nicht einmal eine Skizze oder ein Zettel mit Stichworten? Die reine Lust am Aufruhr und am Spektakel? Sehen Sie selbst.

I. Der erste Akt

Der 2. Juni 1967

Am Freitag, dem 2. Juni 1967, kam Schah Mohammed Reza Pahlavi im Rahmen seines Staatsbesuchs nach West-Berlin. Er landete gegen 11 Uhr auf dem Flughafen Tempelhof, um 12.15 Uhr besuchte er den Regierenden Bürgermeister, Heinrich Albertz, im Schöneberger Rathaus. Draußen kam es zu ersten Auseinandersetzungen zwischen regierungstreuen Iranern, sogenannten »Jubelpersern«, und Schah-gegnern.[1]

Abends folgten Aktionen vor der Oper. Demonstranten und Schau-lustige hatten sich gegenüber der Oper versammelt, einige Demons-tranten trugen Papiertüten mit den Karikaturen des iranischen Herrscherpaares. Der Schah, Bundespräsident Heinrich Lübke, der Regierende Oberbürgermeister von Berlin, Heinrich Albertz, sowie zahlreiche weitere Vertreter aus Politik, Wirtschaft und Kultur trafen einige Minuten vor 20 Uhr an der Oper in der Bismarckstraße ein. Empfangen wurden sie von Sprechchören und einem Bombarde-ment von Tomaten, Eiern, Milchtüten, Rauchbomben, Steinen etc. Die Vorstellung der *Zauberflöte* begann um 20 Uhr und um 20.10 Uhr räumte die Polizei die Bismarckstraße.

Dann kam eine Meldung, dass ein Polizist von Demonstranten durch Messerstiche lebensgefährlich verletzt bzw. sogar getötet wor-den sei.[2] Diese Meldung führte dazu, dass die Polizisten mit ihren Schlagstöcken immer brutaler und aggressiver gegen die Demons-tranten vorgingen. Der Großteil der Demonstranten wurde in Rich-tung Ernst-Reuter-Platz abgedrängt. Ein Teil wich in die Krumme Straße aus. Dort bildeten etwa 30 uniformierte Polizisten eine Absperrkette quer über die Straße, um die Demonstranten in Richtung Süden, zur Schillerstraße hin, abzudrängen. Bei den uniformierten Polizisten waren Kriminalbeamte in Zivil, unter ihnen auch Karl-Heinz Kurras.

Die Polizeikette kam in Höhe des Grundstücks Krumme Str. 68 zum Stehen und gegen 20.30 Uhr standen sich Polizisten und Demonstranten in einer Entfernung von sieben bis zehn Metern gegenüber.[3] In dieser Situation fiel der Student R. mit einer lauten Trillerpfeife auf, die Polizisten versuchten, ihn festzunehmen. R. flüchtete auf das Grundstück Krumme Str. 66/67, die Beamten, darunter auch Kurras, folgten ihm in den Innenhof.

Als andere Demonstranten erkannten, dass einer von ihnen verhaftet werden sollte, liefen sie hinterher, um das zu verhindern. Darunter auch Benno Ohnesorg, der sich von seiner Frau und seinem Freund mit dem Hinweis verabschiedete, dass »da vorne« etwas los sei.[4] Binnen kurzer Zeit war eine große Anzahl von Demonstranten auf dem Grundstück, es gab Tätlichkeiten zwischen ihnen und den Polizisten. Zunächst befanden sich die Polizisten in der Minderheit, erhielten dann aber Verstärkung und so wurde der Innenhof innerhalb kurzer Zeit geräumt.[5]

Es war bereits dämmrig und die Szene wurde lediglich durch Blitzlichter und Lampen der Fotoreporter erleuchtet. Durch den stetigen Wechsel von Hell und Dunkel waren die Sichtmöglichkeiten erheblich beeinträchtigt. Doch Ohnesorg trug ein auffallend rotes Hemd, eine helle Hose und Sandalen. Er hatte ein weißes Transparent in der Hand und war mit seinen 1,84 überdurchschnittlich groß. Als ein Polizist Ohnesorg festnehmen wollte, versuchte dieser in Richtung Krumme Straße zu entkommen. Doch bevor er in der Mitte des Grundstücks war, wurde er von zwei Polizisten gestellt und mit Gummiknüppeln verprügelt. Er hielt seine Arme schützend über den Kopf und rief: »Aufhören!«

Kurras stand nördlich der Klopfstange und in unmittelbarer Nähe Ohnesorgs. Plötzlich fiel ein Schuss aus seiner Pistole. Das Geschoss traf den ca. zehn Meter von ihm entfernten Ohnesorg von hinten tödlich in den Kopf. Der Polizist Geier drehte sich unmittelbar nach dem

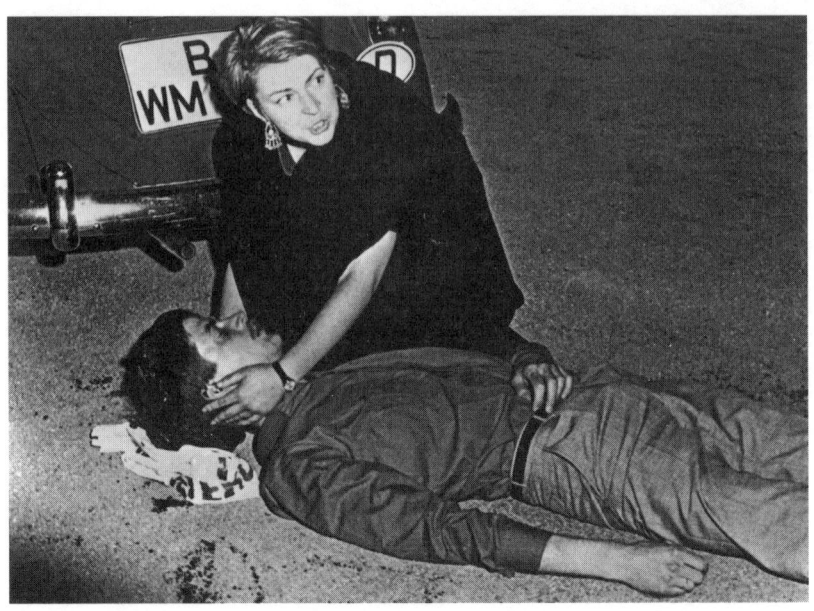

Der Student Benno Ohnesorg nach dem tödlichen Schuss des Kriminalbeamten Kurras im Arm der Passantin Friederike Hausmann (damals: Dollinger)

Schuss um und sah in einer Entfernung von eineinhalb bis drei Metern Kurras mit der Pistole in der herunterhängenden Hand aufrecht stehen und rief ihm zu: »Bist du wahnsinnig, hier zu schießen!« Woraufhin Kurras antwortete: »Die ist mir losgegangen.« Das plötzliche, spiralförmige Zusammensacken Ohnesorgs brachten die Polizisten, die immer noch auf ihn einschlugen, jedoch nicht mit dem Schuss in Verbindung. Ohnesorg wurde um 21.25 Uhr zum Moabiter Krankenhaus gebracht.[6] Von dem behandelnden Arzt wurden Schädelverletzungen durch Einwirkung stumpfer Gegenstände festgestellt. Als offizieller Todeszeitpunkt wurde 22.55 Uhr[7] angegeben, tatsächlich starb er aber wohl bereits 21.55 Uhr.[8] Auf die ausdrückliche Rückfrage, veranlasst vom internen Einsatzleiter Kriminalrat Eitner, ob bei dem Toten eine Schussverletzung festgestellt worden war, wurde das von dem behandelnden Arzt ausdrücklich verneint.[9] Kurras meldete gegen 21 Uhr dem Einsatzleiter vor Ort, Kriminalhauptkommissar

Starke, dass er zwei Warnschüsse abgegeben habe. Dieser informierte daraufhin den Polizeipräsidenten, der sich vor Ort befand, und gab Kurras die Weisung, sich in die Dienststelle Tempelhofer Damm zu begeben und eine Schusswaffengebrauchsmeldung zu machen.

Gegen 3.00 Uhr erhielt Kurras die Anweisung, sich in die Polizeiklinik nach Spandau zu begeben, um sich dort wegen seiner Verletzungen vom Polizeiarzt untersuchen zu lassen.[10] Bei der Untersuchung, die gegen 3.45 Uhr begann, stellte der Obermedizinalrat Heinz Pokorny Blutergüsse im Nackenbereich sowie Schulter und Rippenprellungen fest und erklärte ihn für dienstunfähig. Die Verletzungen wurden später durch eine Nachuntersuchung des Gerichtsmediziners bestätigt.[11] Außerdem bemerkte Pokorny, dass Kurras' Kleidung erheblich beschmutzt war und der Polizist sich in einem »aufgeregten Zustand« befand. Dass aber eine Person getötet worden war, davon hatte der Arzt zu diesem Zeitpunkt noch nichts gehört. Auch Kurras sprach darüber nicht. Bis zu diesem Zeitpunkt ging man davon aus, dass Ohnesorg an einem Schädelbruch gestorben war. Der Redakteur der *Berliner Morgenpost*, Dr. Michael Müller, erfuhr kurz nach 24.00 Uhr von einem Toten. In der Nacht änderte die *Berliner Morgenpost* deshalb noch mehrmals ihre Titelseite. Als Todesursache galt aber immer noch »Schädelbruch«.[12] Auch *Der Spiegel*, der am Montag, dem 5.6.1967, erschien, nannte diese Todesursache.[13]

Christa Ohnesorg erfuhr vom Tod ihres Mannes, mit dem sie seit April verheiratet und von dem sie schwanger war, erst in der Nacht, als sie in ihrer Wohnung in Wilmersdorf in der Prinzregentenstraße ankam und von Zeitungsreportern erwartet wurde.[14]

Die Obduktion

Am Samstagmorgen führte der Gerichtsmediziner Prof. Dr. med. Walter Krauland die Obduktion an Benno Ohnesorg durch. Sie begann um 10.00 Uhr. Um 11.00 Uhr stellte Krauland die Schussverletzung fest. Da der Chirurg im Moabiter Krankenhaus mit einer Knochenzange

33

gearbeitet hatte, konnte Krauland die genaue Einschusslücke nicht mehr feststellen. Er fand im Kopf des Toten ein deformiertes Metallgeschoss, das durch das Auftreffen auf den Knochen abgeflacht worden war. Da das Geschoss mit erheblicher Kraft aufgetroffen war, schloss Krauland aus, dass es sich um ein verirrtes, irgendwo abgepralltes Geschoss gehandelt haben könnte. Abschließend stellte er fest, dass die Todesursache ausschließlich auf die Wirkung des Schusses zurückzuführen war. Erst die Obduktion ergab also, dass Ohnesorg von hinten durch einen Kopfschuss getötet worden war. Da eine Schwärzung der Wundränder fehlte, konnte der ärztliche Sachverständige über die Entfernung des Schusses nichts sagen.[15] Prof. Krauland machte später den Versuch, aus den aufgefundenen Knochensplittern die Einschussstelle zu rekonstruieren, aber das gelang nicht, weil die entscheidenden Splitter fehlten. Weil der behandelnde Arzt die Schädelknochen um die Einschussstelle herum herausgebrochen hatte, war wichtiges Beweismaterial vernichtet worden. Die ärztliche Behandlungsmethode war zudem vollkommen unüblich. Im Falle einer Schädelverletzung hätte ein Arzt zunächst ein Röntgenbild angefertigt und das Metallgeschoss sofort entdeckt. Einen Schädelbruch hätte man in keinem Fall durch das Herausbrechen von Schä-

Asserviertes Schädeldach Ohnesorgs von der Seite mit rekonstruierter Schussrichtung in Pfeilrichtung. Gut sichtbar die herausgebrochenen Schädelstücke um die Einschussstelle

delstücken behandelt. Schließlich ist es auch höchst unwahrscheinlich, dass ein Arzt die Einschussstelle nicht erkannt hätte.[16]
Es muss deshalb angenommen werden, dass die geschwärzten Wundränder entfernt wurden, um zu verhindern, dass man daraus Anhaltspunkte über die Entfernung des Schusses und/oder den Schusswinkel ziehen konnte. Die Knochensplitter wurden so entsorgt, dass sie später nicht mehr gefunden werden konnten. Offenbar hatte jemand versucht, die Schussverletzung zu vertuschen, und hatte angenommen, dass die Todesursache bei einer Obduktion nicht festgestellt werden würde.[17]
Um zu klären, aus welcher Entfernung der Schuss abgegeben worden war, wurde die Kleidung Ohnesorgs von der Kriminaltechnik auf Schmauchspuren hin untersucht. Da sich in der Kleidung keine Pulverschmauchspuren befanden, musste, so die Schlussfolgerung der Kriminaltechnik, der Schuss aus einer Entfernung von mehr als 1,5 Metern abgegeben worden sein.[18] Die Gerichte gingen aus nicht näher erläuterten Gründen von einer Entfernung von zehn Metern aus.[19] Zusätzlich wurde der Beton am Tatort auf Geschossspuren hin untersucht. Das Ergebnis der mikroskopischen und spektralanalytischen Untersuchung ergab keinerlei Schussspuren.[20]
Abgesehen von dem Loch in der Schädeldecke stellte der Gutachter bei Ohnesorg Blutunterlaufungen an Armen, Gesäß und Nacken fest, die von rundlichen stockähnlichen Instrumenten stammten. Diese Blutunterlaufungen waren auf diese Stellen beschränkt und waren für den tödlichen Ausgang ohne Bedeutung.[21] Folglich war Ohnesorg, bevor er erschossen wurde, von Polizisten verprügelt worden – und, wie das Gericht im abschließenden Verfahren im Dezember 1970 mutmaßte, wohl auch noch, als er bereits tot am Boden lag.[22]

Benno Ohnesorg

Wer war Benno Ohnesorg, das Opfer, das im Hinterhof in der Nähe der Oper den Tod fand? Über Benno Ohnesorg war lange Zeit wenig bekannt und das wenige, das über ihn in den vergangenen 40 Jahren verbreitet worden ist, war offenbar vor allem von der Absicht bestimmt, eine Opferfigur zu erschaffen, die auch nicht den leisesten Zweifel daran aufkommen ließ, dass er vollkommen schuldlos den Tod gefunden hatte. Da konnte man beispielsweise lesen, dass Ohnesorg »charakterlich völlig ungeeignet zur Aggression« gewesen sei[23], oder es wurde behauptet, dass es sich bei Ohnesorg um einen »kaum politisch aktiven Studenten« gehandelt habe[24], der »zum ersten Mal in seinem Leben an einer Demonstration« teilgenommen hatte.[25] So als ob Benno Ohnesorg, wenn er politisch und demonstrationserfahren gewesen wäre, eventuell ein gewisses Maß Mitschuld an seinem Tod getragen haben könnte. Auch wurde behauptet, er sei »Theologiestudent«[26] gewesen – man brachte ihn so in die Nähe des christlichen Mythos von Opferlamm und Kreuzigung. Ohnesorg war tot, man konnte nach Belieben mit ihm verfahren, widersprechen konnte er nicht mehr.

In der Dutschke-Biografie von Ulrich Chaussy gibt es sogar einen von Gunter Soukup frei erfundenen Benno Ohnesorg. Am Abend des 1. Juni 1967 sei dieser, so habe es Soukup gegenüber Chaussy berichtet, im Jugendclub Ça ira in der Münster'schen Straße aufgetaucht. Ein Student, »der erst vor kurzem von Westdeutschland nach West-Berlin umgesiedelt war«, habe am Tresen mit den Jugendlichen ein Bier getrunken und sich als völlig unerfahren mit den Berliner Verhältnissen gezeigt. Der Neuling habe die »Erzählungen über die Zustände in Berlin und besonders das brutale Verhalten der Polizei auf den Demonstrationen der vergangenen Monate rundheraus und in einem (…) als naiv empfundenen Brustton der Überzeugung als überspitzt, ja hysterisch« abgetan. Die Jugendlichen hätten ihm dann den Vorschlag gemacht, dass er sich am nächsten Tag persönlich beim Staatsbesuch des Schahs von den Methoden der Berliner Polizei überzeugen könne. Und so gelangte der »ungläubige Neue« auf die Anti-Schah-Demonstration und fand prompt in der Krummen Straße den Tod.[27]

Doch was kann man über die Person Benno Ohnesorg überhaupt gesichert sagen? Benno Ohnesorg wurde am 15. Oktober 1940 in

Hannover als der mittlere von drei Brüdern geboren.[28] Er machte nach der Mittelschule, die er mit der mittleren Reife beendete, eine Lehre als Schaufensterdekorateur, danach besuchte er von 1961 bis 1963 ein Kolleg in Braunschweig und machte das Abitur nach. 1963 begann er, in West-Berlin an der Freien Universität (FU) Germanistik und Romanistik zu studieren. 1967 war er im siebten Semester. Am Vorabend des 2. Juni 1967 war Benno Ohnesorg allerdings nicht im Club Ça ira und auch nicht auf einer Abendveranstaltung an der FU, wie Nirumand behauptet hatte,[29] sondern zuhause in Wilmersdorf in der Prinzregentenstraße. Dietz Bering berichtete vor einigen Jahren, dass er an diesem Abend bei Benno und Christa Ohnesorg zum Essen eingeladen gewesen war.

In einem Artikel für den *Kölner Stadt-Anzeiger* beschrieb der Freund Ohnesorg so: »Benno, Mitglied der evangelischen Studentengemeinde, war an diesem Abend so, wie er eigentlich von allen beschrieben worden ist: feinsinnig, sanft, eher zurückhaltend, nachdenklich und doch entschieden im Urteil – auch gegenüber den Terrormethoden des persischen Schahs, der anderntags in Berlin empfangen werden sollte.«[30]

In seinem Buch über den 2. Juni 1967 lieferte Uwe Soukup 2007 eine Reihe weiterer Details über den politischen Ohnesorg, der bisher auf »geradezu groteske Weise bekannt und doch unbekannt«[31] geblieben war. Als Quelle dienten Soukup hier die Aussagen eines ehemaligen Freundes Ohnesorgs, Alex Schubert, eines Deutsch-Chilenen, der später im Regierungsapparat des Sozialisten Salvador Allende als Ökonom tätig werden sollte. Ohnesorg hatte Schubert Pfingsten 1964 auf dem Deutschlandtreffen der FDJ in Ost-Berlin kennengelernt. Er war damit einer der 1000 Teilnehmer aus West-Berlin. »Der Benno«, so Schubert, »erscheint immer so als ein unpolitischer Mensch, das war er nicht. Dass wir uns beim FDJ-Treffen kennen gelernt haben, zeigt auch schon, dass der Benno keine unpolitische Person war. (…) Er hat sich sehr über die Ungerechtigkeit in den Ländern der Dritten Welt, auch im Iran aufgeregt. Das Buch von Nirumand hatte er gelesen, und es hat ihn sehr empört. Was ich heute noch genau nachvollziehen kann, was auch zeigt, dass Benno kein unpolitischer Mensch (…) gewesen ist, dass er es war, der mich politisiert hat.«[32] Schubert betonte nochmals: »Ich kam aus Chile und war kein Linker. Benno, nicht nur sein Tod, hat mich zu einem Linken gemacht.«[33] Ohnesorg, so Schubert, habe ihn mit seiner eigenen reaktionären Einstellung konfrontiert, er selbst sei damals politisch ziemlich weit rechts außen gewesen und diese Haltung habe Ohnesorg damals infrage gestellt.[34]

Über den politischen Ohnesorg hielt Soukup außerdem fest, dass dieser bereits vor der Demonstration gegen den Schah-Besuch eine Petition einer Kampagne für Abrüstung der Organisatoren der Ostermärsche unterschrieben und an einer Demonstration gegen die Bildungspolitik teilgenommen hatte. Er war in der evangelischen Studentengemeinde[35] aktiv und soll auch Mitglied im Argument-Club, einem marxistisch orientierten Diskussionszirkel um die von Wolfgang Fritz Haug 1959 gegründete Zeitschrift *Das Argument*, gewesen sein.[36] Da der Argument-Club zusammen mit anderen Gruppen im Dezember 1964 zu einer Anti-Tschombé-Demonstration aufgerufen hatte, ist es durchaus möglich, dass Benno Ohnesorg bereits an dieser teilgenommen hatte – die Versammlung gegen den Schah am 2. Juni 1967 also nicht seine erste politische Aktion war.[37] Im Dezember 1964 war es zum ersten Mal zu Auseinandersetzungen zwischen Demonstranten und der Polizei gekommen. Auch dass Ohnesorg im Mai 1967 seine Empörung über das härter gewordene Vorgehen der Berliner Polizei äußerte, deutet darauf hin, dass er zu den politisch interessierten linksorientierten Studenten an der FU gehörte.[38]

Nicht zuletzt ist interessant, dass Ohnesorg, laut Uwe Soukup, gerne und oft nach Ost-Berlin gefahren sei, um sich unter anderem im Berliner Ensemble Brecht-Stücke anzusehen.[39] Die Idee, West-Berliner Studenten gezielt dadurch zu beeinflussen, dass man sie beispielsweise zu Theateraufführungen des Berliner Ensembles einlud, hatte bereits der umtriebige Walter Barthel geäußert. Barthel war langjähriges SED-Mitglied, in den 1950er-Jahren aus der DDR nach West-Berlin gekommen und seit 1960 für die Stasi innerhalb des SDS tätig – einige Zeit sogar als hauptamtlicher Landessekretär.[40]

Barthel hatte sich Anfang der 1960er-Jahre Gedanken darüber gemacht, wie die »oftmals dilettantisch durchgeführte kommunistische Beeinflussung West-Berliner Studenten verbessert werden könnte. Immer wieder wies er darauf hin, dass man diese doch verstärkt zu Kulturveranstaltungen, beispielsweise zu Theateraufführungen des ›Berliner Ensembles‹, einladen sollte, um sie zunächst auf dieser Ebene für die Politik der SED zu gewinnen.«[41] Barthel gehörte auch zu den Mitbegründern des Berliner *Extra-Dienstes*, einem Zeitschriftenprojekt, das wiederum von der Staatssicherheit »massiv gefördert« wurde.[42]

Die Wege Barthels und Ohnesorgs kreuzten sich am 2. Juni 1967. Barthel war ebenfalls auf der Demonstration vor der Oper. *Der Spiegel* zitierte ihn in seiner Ausgabe vom 12. Juni als einen der Augenzeugen, der gesehen hatte, wie ein Polizist einen wehrlos am Boden liegenden Mann mit den Stiefeln gegen den Kopf getreten hatte.[43]

Interessanterweise soll Ohnesorg am Tag der Anti-Schah-Demonstration den Berliner *Extra-Dienst* abonniert und den entsprechenden Coupon an die Redaktion geschickt haben. Laut Uwe Soukup fand diese den Brief am Montag, dem 5. Juni, in ihrem Briefkasten.[44] Ob Ohnesorg tatsächlich den linken *Extra-Dienst* an diesem Tag abonnierte, wie Soukup schrieb, oder ob es sich dabei auch um eine der vielen Ohnesorg-Legenden handelt, ist fraglich. Michael Baumann jedenfalls behauptete 1975, dass Ohnesorg den *Extra-Dienst* schon am 31.5.1967 abonniert hätte. Er schrieb: »Zwei Tage vorher war er [gemeint ist Ohnesorg, d. Verf.] beim Extradienst und hat den abonniert, und ich habe da gerade ausgeholfen bei der Abonnementstelle, und habe ihn dann noch so kurz gesehen.«[45]

Ohnesorg war ein typischer Vertreter eines Teils seiner Generation. Er war Teil eines linken Politisierungsprozesses. Er unterstützte die Ostermarschbewegung und besuchte das FDJ-Treffen 1964 in Ost-Berlin. Er fuhr häufig und gerne nach Ost-Berlin, beschäftigte sich mit dem Marxismus und demonstrierte gegen den Schah, in dem man eine Marionette des US-Imperialismus sah. Der linke Politisierungsprozess vollzog sich zunächst latent und wurde in der zweiten Hälfte der 1960er-Jahre immer manifester. Von den Protagonisten der 68er wurde Ohnesorg jedoch zu einer Kunstfigur stilisiert, von der jegliche Spuren einer linken Politisierung getilgt wurden, um ihn als einen völlig arglosen Monsieur Sanssouci zu inszenieren, mit dem sich jeder Student identifizieren konnte. Und der sich gut als Beleg für die Behauptung eignete, dass es jeden hätte treffen können.

Kurras' Aussagen

Als der Einsatzleiter der Polizei am Samstagmorgen die Mitteilung erhielt, dass Ohnesorg erschossen worden war, ließ er sofort die Dienstwaffe des Polizisten Kurras, eine Walter, Modell PPK, Kaliber 7,65 mm, mit Magazin sicherstellen.[46] Einige Tage später lieferte Kurras auch ein zweites zur Waffe gehörendes Ersatzmagazin, das beschädigt war, auf der Dienststelle ab.[47] Im kriminaltechnischen Gutachten wurde festgestellt, dass die Kugel aus Ohnesorgs Kopf eindeutig aus der Waffe des Polizisten Kurras stammte.[48] Allerdings konnte nicht eruiert werden, wie viele Schüsse aus der Waffe abgefeuert worden waren.[49]

Kurras machte mehrere Aussagen zum Tathergang. Zunächst machte er am Abend des 2. Juni gegen 23.00 Uhr eine mündliche Schusswaffengebrauchsmeldung. Erst um 2.00 Uhr gab er dann seinen schriftlichen, zweiseitigen Bericht ab.[50] Bevor er seinen Bericht ablieferte, begab Kurras sich nochmals zum Tatort: »Vor der Abgabe meiner Schußwaffengebrauchsmeldung«, so Kurras, »mußte ich in den Nachtstunden zur Krummen Straße zurückgehen, um überhaupt einmal die Örtlichkeiten einzusehen, denn diese waren mir nicht mehr gegenwärtig.«[51] Schließlich schrieb er:

»Im Zuge des Vorgehens und Herausholens eines erkannten Rädelsführers, der mit Steinwürfen einen Beamten der Schutzpolizei erheblich verletzt hatte, wurde ich in Ausübung meines Dienstes, gegen 21.00 Uhr, in Berlin-Charlottenburg, in der Krumme Straße, in Richtung

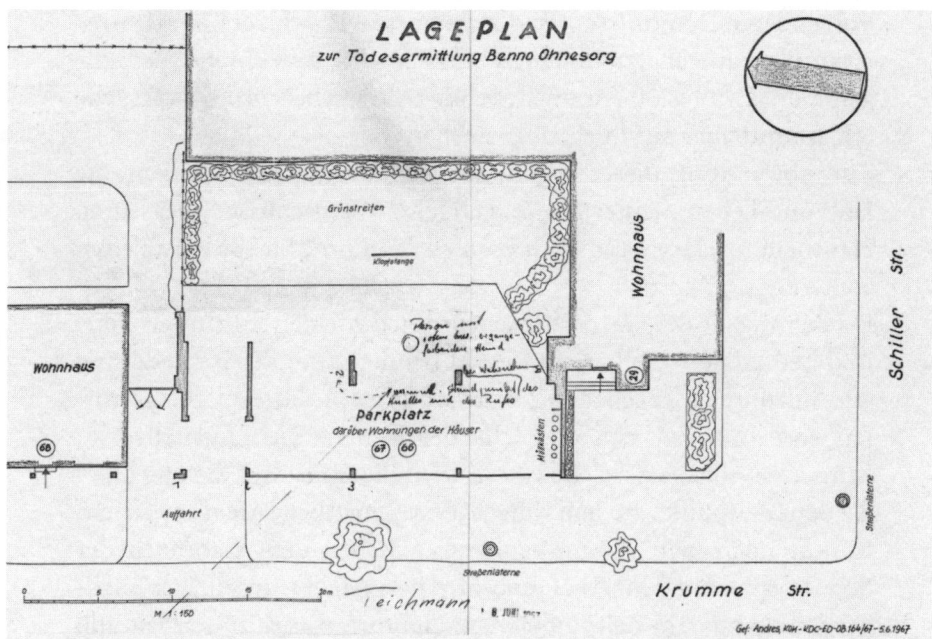

LAGEPLAN
zur Todesermittlung Benno Ohnesorg

Der am 5. Juni 1967 für die polizeilichen Ermittlungen angefertigte Lageplan zur Todesermittlung Benno Ohnesorgs

Kantstraße, von etwa 8–10 unbekannten Aufrührern, die mich durch den heutigen Einsatz als Kriminalbeamten erkannt hatten, auf den privaten Parkplatz des Grundstückes – Krumme Straße 68[52] – abgedrängt und mit schmerzempfundenen Faust- und Handkantenschlägen in der Genick- und Schulterpartie getroffen und zu Boden gestoßen.

Leicht gelähmt durch die getroffenen Schläge an der Halsseite, ergriff ich am Boden liegend meine Dienstpistole und lud sie unter Behinderung der Aufrührer durch.

Von etwa 8 Aufrührern wurde versucht, meine Dienstpistole aus der Hand zu entreißen. Vom Erdboden wurde ich hochgerissen und nach vorn in Richtung Krumme Straße gestoßen.

Ein Ausweichen aus dieser Situation war nach hinten nicht möglich, da hier auf diesem Parkplatz quadratisch die Hauswandseite des o.a. Grundstückes angrenzte.

41

Von anderen Demonstranten durch Worte wie ›schlagt ihn tot‹, ›tretet ihn tot‹ aufgehetzt, brachten blitzschnell 2 Aufrührer je ein längeres, etwa 15 bis 20 cm feststehendes Messer hervor und versuchten, unmittelbar auf mich einzustechen.

Zur Abwendung dieser gegenwärtigen unmittelbaren Gefahr für Leib und Leben meiner Person gab ich 2 Warnschüsse in Richtung Hausbetondecke ab, um nach vorn zur Krumme Straße entweichen zu können.

Bei der Abgabe der Warnschüsse wurde ich von den Aufrührern hin- und hergerissen. Ob bzw. inwieweit bei der unter der Behinderung der Aufrührer abgegebenen 2 Warnschüsse ein Tatbeteiligter getroffen worden ist, ließ sich angesichts der Sachlage nicht feststellen.

Kurz nach Abgabe der Schüsse ergriffen die Aufrührer die Flucht.«[53]

Zu dem Zeitpunkt, zu dem Kurras diese schriftliche Meldung machte, war noch kein Zusammenhang zwischen dem Gebrauch der Schusswaffe und dem Tod Ohnesorgs hergestellt worden. Der Einzige, der das zu dem Zeitpunkt wissen konnte, war Kurras selbst und er brauchte drei Stunden, um ein knapp zweiseitiges Protokoll zu schreiben.

Eine wesentlich ausführlichere Aussage machte er eine Woche später vor der Staatsanwaltschaft. Darin gab er zunächst Auskunft zu seiner Abteilung und seinen Aufgaben am 2. Juni 1967: Kriminalobermeister Kurras war zum damaligen Zeitpunkt 39 Jahre alt und bei der Kriminalpolizei in der Abteilung I beschäftigt, die vor allem für politische Vergehen zuständig war. Am Freitag, dem 2. Juni 1967, war er ab 7.30 Uhr zunächst am Flughafen Tempelhof eingesetzt, um zu überprüfen, ob persische Studenten in Berlin eintrafen. Danach machte er zusammen mit mehreren Kollegen sogenannte »Streckenvorausfahrten«, das heißt, er fuhr zusammen mit einem Kollegen die geplante Fahrtroute des Staatsgastes ab, um die Strecke abzusichern. Abends fuhr er dann vom Charlottenburger Schloss zur Deutschen Oper. Gegen 19.30 Uhr traf er mit zwei Kollegen in der Bismarckstraße ein und beteiligte sich dann an der Räumung in der Krumme Straße. Nach eigenen Aussagen befand Kurras sich hinter der Polizeikette und ungefähr in der Höhe des Hauses Krumme Str. 68 standen sich Polizisten und Demonstranten in einem Abstand von ca. 10 bis 15 m gegenüber. Kurras erkannte in den vor der Polizeikette stehenden Demonstranten einige Rädelsführer. Er durchschritt die Kette, um seinen Kollegen, die sich in Richtung der Demonstranten bewegten, nachzugehen. Er folgte dann dem Kriminaloberkommissar Werner, der im zügigen Schritt auf die Demonstranten zuging. Kurras gab weiter an, er sei plötzlich von einem Dutzend Demonstranten umringt gewesen, die ihn auf das Grundstück Krumme Straße 66/67 drängten:

»Die mich umgebenden Demonstranten, es mögen jetzt 10 bis 12 gewesen sein, waren außer Rand und Band. Ich dachte, daß diese Demonstranten, die mehrfach sinngemäß riefen: ›Schlagt ihn tot‹, ihre Drohung wahrmachen würden, und flüchtete auf den Parkplatz des Grundstücks Krumme Straße 66/67. Die Demonstranten rannten hinter mir und neben mir her. Ich rannte nunmehr weiter nach hinten in die linke hintere Ecke des Grundstücks. (…) Vor mir erkannte ich plötzlich eine Hauswand und seitlich links von mir einen Zaun. Ich hörte, dass die mich verfolgenden Personen auf dem Wege dorthin sinngemäß riefen: ›Schlagt ihn tot, macht ihn fertig, das ist der Bulle‹. Ich bekam dann von den mich umgebenden Demonstranten Schläge, ich möchte sagen, zum Teil gezielte Handkantenschläge zur Genick-, Kopf- und Schulterpartie. Durch diese Schläge bin ich zu Fall gekommen. Ich war nunmehr bemüht, meinen Rücken freizubekommen, und drehte mich mit dem Rücken zur Hauswand. (…) Ich wurde hinuntergedrückt und wieder hochgerissen. Ich habe mich gegen diese Behandlung gewehrt und habe auf die Demonstranten mit Fausthieben eingeschlagen. Als ich am Boden lag, griff ich nach meiner Waffe. Diese war vor diesem Zeitpunkt gesichert. Die Waffe hatte ich im linken Schulterhalfter. Ich holte sie mit der rechten Hand heraus. Ich lud die Waffe in der rechten Hand durch, d. h., ich habe den Schlitten mit der linken Hand durchgezogen. Auch nach dem Durchladen war die Waffe noch gesichert. Am Boden liegend, nahm ich die Waffe in die linke Hand. Mit der rechten Hand verteidigte ich mich gegen die Schläge der Demonstranten. Ich bin der Meinung, daß die Demonstranten die Waffe erkannten und nunmehr versuchten, sie mir zu entreißen. Auch zu diesem Zeitpunkt wurde ich von den mich bedrängenden Personen hin und her gezerrt, d. h. hochgerissen, nach vorn geschubst und erneut mit Schlägen bedacht. (…) Ich würde sagen, ich bewegte mich ohne mein eigenes Zutun ungefähr in Richtung Mitte Parkraum. Die mich bedrängenden Personen äußerten nun nochmals sinngemäß: ›Schlagt ihn tot, tretet ihn tot, geht zur Seite‹. In dieser Situation versuchte ich, einen Warnschuss in die Luft abzufeuern. Der Schuss ging aber nicht los, weil die Waffe noch gesichert war. Es gelang mir dann, die Waffe, die ich immer noch in der linken Hand hielt und ungefähr in Kopfhöhe, zu entsichern. Unmittelbar danach sah ich rechts von mir zwei Personen stehen. Jeder dieser Personen hatte ein Messer in der Hand. Von der linken Seite wurde ich auch angegriffen, d. h., die Demonstranten versuchten, mir die Pistole aus der linken Hand zu reißen. Ich hatte in diesem Augenblick Angst vor den beiden Angreifern mit den Messern und den anderen Demonstranten.

Ich versuchte nun, den beiden Personen, die das Messer in der Hand hielten, auszuweichen und mich durch alle Kräfteaufbietung durch einen Ruck nach vorn freizumachen. In dieser Situation feuerte ich einen Schuß in die Luft ab. Durch diesen Schuß wollte ich mich von den Demonstranten freimachen. Von einem der Messer habe ich eine Wunde am rechten Mittelfinger innen. Ob ich diese Verletzung vor Abgabe des Schusses erhielt, kann ich nicht mehr sagen. Die Demonstranten ließen trotz dieses Schusses nicht von mir ab. Sie versuchten nun, in einer gesteigerten Form meine Waffe, die ich in der linken Hand hielt, zu entreißen. Ich wurde auch jetzt noch von den mich umringenden Personen schwer bedrängt und erneut zu Boden geschlagen, und zwar durch Fausthiebe. Ich wollte den Demonstranten in dieser Situation zurufen, daß sie vernünftig sein und von mir ablassen sollten. Mir war aber die Zunge gelähmt, und ich war benommen. Als ich am Boden lag, erhielt ich weitere Schläge und wurde dann weiter hin und her gerissen. Zu diesem Zeitpunkt wollte ich aus meiner in der linken Hand befindlichen Pistole einen weiteren Warnschuss abgeben. Durch das schon beschriebene Hin- und Herreißen durch die Demonstranten konnte ich jedoch meinen linken Arm nicht frei bewegen. An diesem Arm zerrten mehrere Demonstranten. Ich habe noch dunkel in Erinnerung, dass ich alle Kräfte aufbringen mußte, um zu verhindern, daß die Mündung der Pistole auf mich gerichtet war. Plötzlich löste sich der Schuß. Ich hatte zwar zu diesem Zeitpunkt meinen Finger am Abzug, wollte in diesem Augenblick den Schuß aber nicht abgeben, da ich Richtung und Zeit des Schusses nicht bestimmen konnte. Ich will damit sagen, daß dieser Schuß nur mit Zutun der mich bedrängenden Demonstranten losgegangen ist. Aus welcher Lage der Schuss losgegangen ist, kann ich beim besten Willen nicht sagen. Ich will damit erklären, daß ich nicht mehr sagen kann, ob ich zu diesem Zeitpunkt gelegen, gehockt oder gestanden habe. In dieser Phase des Geschehens bin ich wiederum ca. 5 bis 10 m nach vorn, wahrscheinlich in Richtung Parkraummitte, ich möchte sagen von den Demonstranten unfreiwillig befördert worden.

Die vorher von mir beschriebenen Situationen haben sich meiner Erinnerung nach in ganz kurzer Zeit abgespielt. Ich kann hier nicht von Minuten sprechen.

Als ich aus dem benommenen Zustand zu vollem Bewußtsein kam, waren die Demonstranten nicht mehr um mich herum.«[54]

Kurras erklärte weiter, dass er nicht wahrgenommen habe, wann die Demonstranten von ihm abgelassen hätten und dass er nicht bewusstlos, aber benommen war, sodass er nur eine ungenaue Vorstellung von dem Verschwinden der Demonstranten hatte.

Er sagte aus, dass er zu diesem Zeitpunkt nicht mehr wusste, wo sich seine Waffe befand, ob er sie in der Hand hielt oder ob er sie eingesteckt hatte. In klarer Erinnerung habe er dann wiederum die Situation, in der er eine männliche Person auf der Erde liegen sah. Kurras konnte sich aber nicht darauf besinnen, ob diese Person mit einem roten Hemd bekleidet war, ob sie im Parkraum oder auf der Straße lag. Seine nächste Erinnerung war, dass ein völlig nervöser Beamter in Uniform »herumlamentierte«, ohne dass Kurras begreifen konnte, was er wollte. Nach eigener Aussage verließ Kurras dann das Grundstück und meldete seinem Einsatzleiter vor Ort, Kriminalhauptkommissar Starke, den Schusswaffengebrauch.

Es gab nur eine Zeugin, die Teile der Aussage von Kurras bestätigte. Es handelte sich um die 32-jährige Ursula S., die in dem Haus wohnte, in dessen Innenhof Ohnesorg starb. Am 5. Verhandlungstag des ersten von drei Prozessen im November 1967 sagte sie aus, dass sie zunächst aus ihrem Fenster auf die Krumme Straße gesehen habe. Als dann viele Personen in den Hof geströmt seien, sei sie auf ihren Balkon gegangen und habe von dort auf den Hof geguckt: »Auf der Rasenfläche links in der Ecke«, so die Zeugin, »waren die meisten Personen. Ich hörte die Worte: ›Schlagt den Bullen tot!‹ Als dann der Schuss fiel, waren noch keine uniformierten Beamten auf dem Hof. Nach dem Schuss verließ ich sofort den Balkon und ging wieder in meine Wohnung.«[55]

Da die Zeugin bei ihrer Befragung durch die Polizei unmittelbar nach dem Ereignis diese Schilderung nicht gegeben hatte, gingen Prozessbeobachter davon aus, dass es sich um eine frei erfundene Gefälligkeitsaussage gehandelt habe, war die Zeugin doch die Frau eines Polizisten. Auch die Gerichte berücksichtigten ihre Aussage letztendlich nicht.

Von dieser Zeugin abgesehen konnte Kurras' Aussage durch keinen der über 50 in der Hauptverhandlung 1967 vernommenen Zeugen bestätigt werden. Der Einsatzleiter Starke hatte Kurras hinter dem Kriminaloberkommissar Werner auf den Hof gehen sehen.[56] Danach war er bis zur Abgabe des Schusses nicht mehr sichtbar. Auf keinem der zahlreichen Fotos war Kurras abgebildet. Der Erste, der Kurras dann wieder sah, war der Polizeiobermeister Geier, der über den Schuss, der etwa eineinhalb bis drei Meter seitlich hinter ihm abgefeuert worden war, so erschrocken war, dass er sich blitzschnell umdrehte. Und da sah er Kurras, der sich wiederum blitzschnell von ihm wegdrehte. Er sah ihn aufrecht mit der Pistole in der am Körper herunterhängenden Hand stehen. Dieses Bild hatte sich dem Zeugen so eingeprägt, dass er jeden Zweifel an der Richtigkeit der Aussage ausschloss.[57] Geier hatte zudem in der Nähe von Kurras keine anderen Personen wahrgenommen. Zwischen ihm und dem zwei bis drei Meter entfernten Kurras befand sich niemand. Eine Notwehrsituation hatte er nicht beobachtet.

Für den von Kurras geschilderten Kampf gab es also keinen glaubwürdigen Zeugen. Der Einzige, der ihn unmittelbar nach dem Schuss sah, der Polizist Geier, sah ihn nicht am Boden, sah ihn nicht in einer Notwehrsituation und er sah niemanden flüchten.[58] Auch die Gerichte hatten Zweifel an Kurras' Schilderung. Trotzdem sprachen sie ihn frei – in dubio pro reo –, denn sie sahen keinen Grund, an seiner Glaubwürdigkeit zu zweifeln.[59] Sie wussten damals noch nichts von seiner Doppelexistenz.

Kurras alias »Otto Bohl«

Erst im Mai 2009 informierten Mitarbeiter der Birthler-Behörde die Öffentlichkeit darüber, dass Karl-Heinz Kurras für die Stasi gearbeitet hatte. Kurras war seit 1950 Mitglied der West-Berliner Polizei, im April 1960 kam er zur Kriminalpolizei und war ab Januar 1965 Mitglied der Abteilung I, die sich vor allem um politische Straftaten kümmerte. Die Abteilung I beschäftigte sich mit der Arbeit der DDR-Staatssicherheit im Westen, mit Spionage und Überläufern aus dem Osten. Diese Abteilung arbeitete mit dem Verfassungsschutz und den alliierten Sicherheitsoffizieren zusammen. Sie wurde auch bei Demonstrationen eingesetzt. Als Kurras den tödlichen Schuss auf den Studenten Benno Ohnesorg abgab, war er aber nicht nur Mitarbeiter der West-Berliner Kriminalpolizei, sondern auch seit zwölf Jahren ein Agent des Staatssicherheitsdienstes der DDR. Sein Deckname: »Otto Bohl«. Zudem war er seit 1964 Mitglied der SED.[60]

Kurras war nicht irgendein Informeller Mitarbeiter (IM). Er arbeitete aus Überzeugung für die DDR und hatte die Verbindung selbst gesucht. Das Ministerium für Staatssicherheit (MfS) schätzte seine Dienste, er war nach ihrer Beurteilung ehrlich, gewissenhaft und entwickelte bei der Erfüllung der gestellten Aufträge Eigeninitiative. Er berichtete über interne Vorgänge bei der West-Berliner Polizei. So beschaffte er dienstliche Unterlagen, Informationen über die Struktur der Polizei, über Alarmpläne usw. Er lieferte Hinweise auf Festnahmen von IMs, berichtete dem MfS über die Aussagen von Überläufern und von verhafteten IMs und gab Informationen über Demonstrationseinsätze wie z. B. beim 1. Mai weiter. Insgesamt waren seine Führungsoffiziere mit ihm sehr zufrieden. In einer Beurteilung aus dem Jahr 1962 hieß es, dass Kurras bereit sei, »jeden Auftrag für das MfS durchzuführen«[61]. Er besitze Mut und Kühnheit, um auch schwierige Aufgaben zu lösen. Für seine Arbeit erhielt er damals vom MfS monatlich 200 DM (West).[62]

Kurras traf sich regelmäßig mit seinen Instrukteuren in West- und Ost-Berlin. Er übergab Fotos, die er mit einer Minox-Miniaturkamera gemacht hatte, Berichte, die im Geheimschreibverfahren abgefasst waren, und übertrug Informationen per Funk. Nachdem er Mitte der 1960er-Jahre die Aufnahme in die für seine Spitzeltätigkeit wesentlich »lukrativere« Abteilung I erreicht hatte, wurde die Vergütung für seine Dienste auf 500 DM monatlich erhöht. Gemessen an seinem Gehalt waren das ganz erhebliche zusätzliche Einkünfte.[63]

Insgesamt 17 Bände umfassen die ihn betreffenden Akten des MfS, rund 4000 Blatt. Nach Sichtung der ersten fünf Bände sprach *Die Welt* angesichts der Fülle des von Kurras gelieferten Materials und der Häufigkeit der Treffen vom »Verrat im Akkord«[64]. Kurras war nach Einschätzung von Fachleuten ein Top-Spion.[65]

Doch wie war Kurras zum Spitzel geworden? Was hatte ihn dazu veranlasst, für die DDR tätig zu werden? Karl-Heinz Kurras wurde am 1.12.1927 in Barten, Ostpreußen, geboren. Der Vater war

Polizeibeamter, er starb 1945 als Soldat im Krieg. Nach Abschluss der mittleren Reife machte Kurras von 1942 bis 1944 eine Lehre, um Verwaltungsangestellter zu werden, und arbeitete als Inspektor-Anwärter in Braunsberg, Ostpreußen. Im November 1944 wurde er zur Wehrmacht eingezogen und im Februar 1945 verwundet. Er kam zunächst in ein Lazarett nach Lüneburg und ging dann im März 1945 nach Berlin, wo er die Kapitulation erlebte.[66]

Ende April 1945 traf in Berlin aus Moskau die »Gruppe Ulbricht« ein. Es handelte sich dabei um eine Gruppe ausgesuchter Funktionäre der KPD, die zusammen mit der sowjetischen Armee den politischen Wiederaufbau in Deutschland in die Hand nehmen sollten. Hierzu gehörte auch der Aufbau der Berliner Verwaltung.[67] Die »Gruppe Ulbricht« setzte Bürgermeister und Bezirksverwaltungen ein. Dabei war man vor allem darauf bedacht, dass diese politisch richtig zusammengesetzt waren, was aber keineswegs bedeutete, dass man überall Kommunisten einsetzte. Man achtete sehr genau darauf, dass bürgerliche Politiker und Sozialdemokraten an der Spitze der Verwaltungen standen und dass nur bestimmte Schlüsselpositionen, wie die Dezernate für Personalfragen und Volksbildung sowie die Polizei, in den Händen zuverlässiger Genossen waren. Ulbrichts Devise lautete: »Es muß demokratisch aussehen, aber wir müssen alles in der Hand haben.«[68]

Ab Ende April 1945 arbeitete Kurras beim Bezirksamt Mitte in der Hauptfahrbereitschaft als Angestellter. Am 19. Dezember 1946 wurde er wegen des Besitzes einer Pistole, die er im Schreibtisch seines Dienstraumes aufbewahrt hatte, von Angehörigen der Roten Armee verhaftet und in das Internierungslager Sachsenhausen gebracht. Dort wurde er als Melder für persönliche Dienste des Lagerkommandanten eingesetzt; das heißt, er hatte eine besondere Stellung im Lager inne, ihm ging es besser als anderen Gefangenen und das hatte – so legen es die Akten des MfS nahe – auch seinen Grund in seiner positiven politischen Haltung gegenüber dem Regime in der sowjetischen Besatzungszone.[69] Kurras wurde am 13. März 1950 entlassen und bewarb sich zunächst bei der Volkspolizei, wo er schroff abgewiesen wurde, und ging dann zur Polizei in West-Berlin; am 16.3.1950 begann er bei der Einsatzpolizei seinen Dienst.[70] Nach einem Streit mit seiner damaligen Ehefrau, die ihn bei seinem Vorgesetzten als DDR-Sympathisanten angeschwärzt hatte und mit der er mittlerweile in Scheidung lebte, ging Kurras am 19.4.1955 nach Ost-Berlin und nahm Kontakt mit der Staatssicherheit auf: Er wollte nach Ost-Berlin übersiedeln. Da sie seinen Nutzen als Spitzel erkannt hatten, überzeugten die MfS-Mitarbeiter ihn jedoch, »noch einige Zeit in West-Berlin bei der Stummpolizei weiter[zu]arbeiten und den Kampf, den viele Menschen auch dort für die Ziele der DDR führen« zu unterstützen.[71]

Innerhalb kurzer Zeit entwickelte sich Kurras zu einem qualifizierten Mitarbeiter. In einer Einschätzung vom 7. August 61, die wenige Tage vor dem Mauerbau in Zusammenhang mit Kurras' Ausbildung im Funken und Chiffrieren verfasst worden war, hieß es: »Er erledigt Aufträge mit schwierigem Charakter und besitzt die erforderliche Kühnheit unter Beachtung der notwendigen Absicherung. Es sind von ihm umfangreiche Unterlagen aus Dienstanweisungen, Alarmordnungen und Adressmaterial beschafft worden. Die Arbeitsergebnisse wurden durch andere IM überprüft und als einwandfrei befunden.«[72]

In zahlreichen Auskunftsberichten und Beurteilungen werden immer wieder Kurras' Mut, Kühnheit und Eigeninitiative erwähnt. Außerdem wird immer wieder auf seine Tätigkeit für den Polizei-Schießverein und sein Hobby, das Schießen, hingewiesen. Auch das Losungswort zur Kontaktaufnahme mit den Kurieren des MfS lautete: »Guten Tag, Herr Kurras, ich komme wegen der Schießabteilung.«[73]

Im Dezember 1962 stellte Kurras den Antrag, Mitglied der Sozialistischen Einheitspartei Deutschlands zu werden. Der Leiter der Abteilung VII, Hauptmann Ehrhardt, schrieb in seiner Einschätzung[74], seit seiner Tätigkeit für das MfS im Jahre 1955 leiste Kurras eine »vorbildliche Arbeit«. Er habe während der Zusammenarbeit bewiesen, »dass er fest zur Partei und zur DDR steht«. Kurras setze seine ganze Kraft ein, um dem MfS gute Informationen zukommen zu lassen. Die Grundlage der Zusammenarbeit sei Kurras' politische Überzeugung, er beschäftige sich, so Ehrhardt, »sehr stark« mit den aktuellen politischen Tagesfragen und nutze jede Gelegenheit, um über politische Fragen zu diskutieren. Abschließend hielt der Hauptmann fest, dass durch die ständige Erziehungsarbeit vonseiten des MfS erreicht worden war, dass Kurras die führende Rolle der SED erkannt und den Wunsch geäußert habe, SED-Mitglied zu werden. Ein Wunsch, den die Leitung der Abteilung VII befürwortete.

Zunächst wurde Kurras Kandidat der SED, das war das normale Aufnahmeverfahren. Bevor der Kandidat Kurras etwa sieben Monate später per Beschluss des Sekretariats der Kreisleitung vom 27.7.1964[75] ordentliches SED-Mitglied wurde, gab Abteilungsleiter Ehrhardt seine Einschätzung zur Aufnahme in die Partei ab. Er beurteilte Kurras als ehrlichen und zuverlässigen Mitarbeiter, der die gestellten Aufgaben »gewissenhaft« erfülle, er zeige Mut und die »notwendige Initiative«. »Dabei stellt er niemals seine persön-

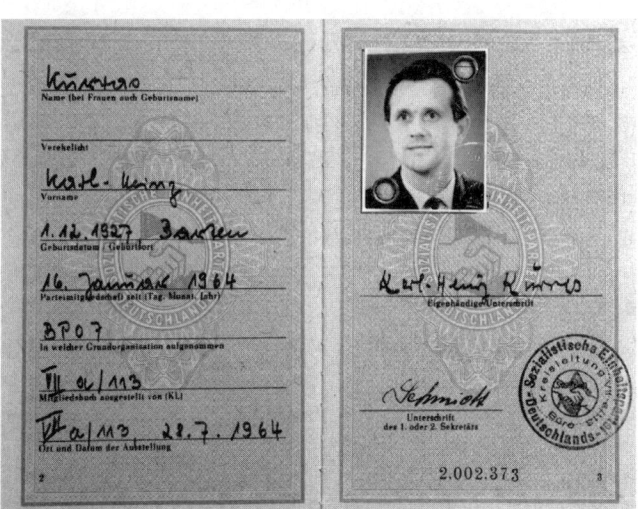

Karl Heinz Kurras' SED-Parteibuch, ausgestellt am 28.7.1964. Parteimitglied seit 16.1.1964, Mitglieds-Nr. 2.002.373

lichen Interessen in den Vordergrund. Er ist zu jeder Zeit bereit, Aufträge für das Ministerium für Staatssicherheit zu erfüllen, auch wenn er dadurch seine persönlichen Interessen zurückstellen muß. Durch seine erfolgreiche Arbeit für das MfS hat er bewiesen, daß er treu zur Deutschen Demokratischen Republik steht. Seine Tätigkeit für das MfS schätzt er selbst als einen Auftrag der Partei ein.« Ehrhardt stellte abschließend fest, dass Kurras über die »notwendigen Eigenschaften und Fähigkeiten verfügt, um Mitglied der SED zu werden«[76].

Tschekistische Einsatzgruppen

Die Stasiakten belegen, dass Kurras ein fähiger und fleißiger Spitzel war. Doch was hatte Kurras' Spitzeltätigkeit für den Osten mit seinem Einsatz am 2. Juni 1967 vor der Oper zu tun? Welche Verbindung besteht zwischen dem Tod Ohnesorgs, dem exzellenten Schützen Kurras und dem MfS?

Das MfS bildete seit Anfang der 1960er-Jahre systematisch in geheimen Ausbildungszentren Spezialisten aus, die als Einzelkämpfer oder in kleinen Gruppen in der Bundesrepublik und West-Berlin – dem sogenannten »Operationsgebiet« – tätig werden sollten. Auf der Grundlage mehrerer Geheimbefehle Mielkes wurde ab dem 1.2.1964 mit der Ausbildung der »Tschekisten« begonnen.[77] Dabei, so die Anweisung Mielkes, sei das Ausbildungsprogramm so abzustimmen, »daß keinerlei Beziehungen zum Ministerium für Staatssicherheit erkennbar werden«. Innerhalb des MfS gab es nachweislich eine zusätzliche konspirative Struktur, die über die Arbeitsgruppe des Ministers gesteuert wurde, sodass auch direkte Führungsoffiziere aus Gründen der besonderen Geheimhaltung nichts von solchen Sondereinsätzen erfuhren.

Nach der erfolgten Ausbildung sollten sämtliche Teilnehmer wieder zu ihren Diensteinheiten zurückkehren. So wurden beispielsweise geeignete Mitarbeiter der Grenztruppen unter einer entsprechenden Legende in einem auch innerhalb des MfS konspirativen Objekt ausgebildet, anschließend kehrten sie zu ihrer ursprünglichen Einheit zurück. Von dort sollten sie erst im Bedarfsfall für besondere Einsätze in Westdeutschland und West-Berlin abkommandiert werden.[78] Ab 1964 sollten jährlich 100 MfS-Mitarbeiter für den Einsatz im Westen ausgebildet werden. Auf die Verwaltung Groß-Berlin entfielen für das Lehrgangsjahr 1964/65 vier Einzelkämpfer und für das Lehrgangsjahr 1965/66 zwei Einzelkämpfer und ein Führungskader.[79]

Zu den Ausbildungsinhalten gehörten neben »Parteierziehung und politischer Schulung« auch der Bereich »Waffenausbildung und Kampfschießen«. Hinsichtlich des Kampfschießens wurde festgehalten, dass im Mittelpunkt die Aneignung einer unbedingten Treffsicherheit in allen Lagen stehe. Die Schwerpunkte der Ausbildung: Schießen mit Pistolen verschiedener Systeme aus allen Lagen auch bei Nacht.[80] Zum Ausbildungsprogramm gehörte auch das Töten von Menschen, in der Sprache der Staatssicherheit: »Das Liquidieren«[81].

Dass das Töten von Menschen, die »physische Vernichtung«, zu den Methoden des MfS gehörte, machte Mielke 1979 auch in einer Rede deutlich, die er vor der SED-Grundorganisation der Bezirksverwaltung Cottbus hielt. Darin sagte er wörtlich: »Man muß solche jungen Tschekisten heraussuchen, herausfinden und erziehen, daß man ihnen sagt, du gehst dorthin, den erschießt du dort im Feindesland. Da muß er hingehen und selbst wenn sie ihn kriegen, dann steht er vor dem Richter und sagt: ›Jawohl, den hab ich im Auftrag meiner proletarischen Ehre erledigt!‹ So muß es sein! (...) Der Auftrag, der gegeben wird, wird durchgeführt und selbst wenn man dabei kaputt geht.«[82]

Schließlich galt für die »tschekistischen Einsatzgruppen« die strikte Beachtung der Konspiration und Geheimhaltung. Tarnung und Verschleierung sollten die entscheidenden Voraussetzungen für den Erfolg sein.[83] In dem Dokument über »Die Aufgaben tschekistischer Einsatzgruppen im Operationsgebiet« vom März 1982 hieß es: »Es

kommt also immer darauf an (…) vom Wirksamwerden tschekistischer Einzelkämpfer (…) abzulenken.«[84]

Im geheimen Mielke-Befehl 107/64 über den Beginn des geheimen
Ausbildungsprogramms, der nur in zwei Exemplaren gefertigt worden war, wurde abschließend verfügt, dass die Leiter der beteiligten
Diensteinheiten in die betreffenden Abschnitte des Befehls »mündlich« einzuweisen seien.[85] Aufgrund dieser äußerst hohen Geheim-
haltungspraktik liegt die Schlussfolgerung nahe: Wenn schon bei der
Einweisung in den Befehl nur mündlich verfahren werden durfte,
dann dürfte erst recht der Auftrag zur Durchführung von entsprechenden »tschekistischen« Einsätzen in West-Berlin oder dem
Bundesgebiet mündlich erteilt worden sein.

Dass solche Einsatztruppen ausgebildet wurden, steht außer Frage;
die Frage ist jedoch, könnte es sein, dass Kurras an einer solchen Aus-
bildungsmaßnahme teilgenommen hat? Da eine solche Maßnahme
auch innerhalb des MfS konspirativ erfolgte, wird man hierzu kaum
Akten finden. Aber man kann sich der Frage auch auf andere Weise
nähern: Gehörte Kurras überhaupt zu den dafür infrage kommen-
den Personen? Welche Eigenschaften wurden von solchen Spezialisten erwartet?

In den »Grundsätzen zur Durchführung besonderer Qualifizierungs-
maßnahmen für Teilkräfte des Ministeriums für Staatssicherheit«
vom 20.4.1963 wurden unter anderem folgende Eigenschaften genannt: gewissenhafte und konsequente Einhaltung der festgelegten
Normen, Treue und Ergebenheit zur Partei, Mut, Kühnheit, Ausdau-
er, Opferbereitschaft, Ehrlichkeit. Die Fähigkeit, für längere Zeit ein-
zeln Aufgaben zu lösen. Das Vermögen, selbständig die Lage einzu-
schätzen, Initiative zu entwickeln und eigenständig zu handeln.[86]

Betrachtet man die Beurteilungen, die Kurras durch seine Vorgesetzten erhalten hatte, dann kann man eine große Überschneidung
zwischen den bei ihm genannten und den hier verlangten Eigenschaften feststellen. Ob es für Kurras eine solche Maßnahme gegeben hat, bleibt Spekulation. Auch welche Rolle in diesem Zusammenhang ein konspiratives Treffen in der ČSSR anlässlich eines

Österreich-Urlaubs im August 1965 gespielt haben könnte, bleibt ungeklärt.[87]

Sicher sagen lässt sich dagegen: Kurras war kein einfacher IM, der »nur« Informationen übermittelte. Immer wieder wurde in den Treffberichten darauf hingewiesen, dass eine politische Diskussion stattgefunden hatte. 1965 hieß es in einem Konzeptpapier seiner Führungsoffiziere, dass die Aufgabenstellung an Kurras im »politischen Gespräch« erfolgen sollte, dieses sollte sich an einer Broschüre mit Ausführungen von Hermann Axen (Mitglied des ZK der SED) orientieren. Dabei ging es um die Einschätzung der politischen Entwicklung, das Verhältnis zwischen der DDR und der Bundesrepublik, die geplanten Notstandsgesetze und deren Auswirkungen auf West-Berlin.[88]

Bei einem weiteren Treffen am 16.5.1967 unterhielt man sich über den VII. Parteitag der SED, der im April 1967 stattgefunden hatte. Der MfS-Kurier konnte den Führungsoffizieren mitteilen, dass Kurras »gut über die Ergebnisse des VII. Parteitages unterrichtet« war.[89]

Kurras arbeitete aus politischer Überzeugung für das MfS, er gehörte zu den Geheimen Mitarbeitern; sein Profil entsprach dem eines tschekistischen Einzelkämpfers. Das Töten von Menschen gehörte zu den legitimen Mitteln, die ein Tschekist im Einsatz anwenden sollte. Da schon die Einweisungen nur mündlich erteilt wurden, liegt es nahe, dass erst recht über Planung und Durchführung entsprechender Aufträge keine Unterlagen erstellt wurden. Es kann deshalb nicht verwundern, dass bisher keine Akten hinsichtlich einer konkreteren Planung für den 2. Juni 1967 gefunden werden konnten. Vermutlich wurden hierzu keine schriftlichen Aufzeichnungen angefertigt. Aber auch die vorhandenen Akten des MfS im unmittelbaren zeitlichen Umfeld des 2. Juni sind nachweislich ganz erheblich ausgedünnt worden – ebenso wie die des Spitzels selbst. Kurras meldete am 11.6.1967 per Funk, dass er alles vernichtet habe.[90]

Auch wenn es keine schriftlichen Beweise gibt, so legen dennoch einige Indizien nahe, dass Kurras nicht aus Versehen geschossen hatte. Getreu der Maxime, unbedingt »vom Wirksamwerden tschekistischer Einzelkämpfer (…) abzulenken«, wurde unmittelbar, nachdem Kurras Ohnesorg erschossen hatte, vom MfS die Legende des Waffennarren in die Welt gesetzt. Bis zum 2. Juni 1967 hatte Kurras die besten Beurteilungen durch das MfS erhalten, danach wurde aus dem absolut ehrlichen und zuverlässigen Mitarbeiter plötzlich ein schießwütiger Waffennarr und Uniformfetischist.

Im Auskunftsbericht des MfS vom 8. Juni 1967 hieß es auf einmal, dass Kurras deshalb zur Polizei gegangen sei, weil »er aus Leidenschaft Uniformträger ist und eine große Leidenschaft für Waffen besitzt«, dass er den größten Teil seiner Freizeit auf dem Schießplatz verbringe, den größten Teil seines Geldes für Waffen ausgebe und eine umfangreiche Waffensammlung besitze.[91] Eine charakteristische Schwäche von Kurras bestehe darin, daß er für sein Hobby, den Schießsport, und um auf die Jagd zu gehen, die Interessen anderer Menschen nicht beachte.[92] Bis zum 2. Juni 1967 war in den Beurteilungen seiner Vorgesetzten davon keine Rede gewesen, im Gegenteil, man hatte ihn und seine Selbstlosigkeit in den höchsten Tönen gelobt. Woher kam also die plötzliche Meinungsänderung?

In einer ersten Ergänzung zum Auskunftsbericht wurde am 9. Juni 1967 diese Legende sogar noch weiter verfeinert und psychologisch grundiert. So hieß es dort: Karl-Heinz Kurras »ist sehr verliebt in Waffen und hat einen übermäßigen Hang zum Uniformtragen und für den Polizeidienst. Dabei spielt seine bürgerliche Erziehung, die in jungen Jahren erfolgte, sowie die Beeinflussung durch die faschistische Ideologie eine große Rolle.« Da der Vater Polizist war, sei der Sohn bereits im Kindesalter mit Uniform und Waffen in Verbindung gekommen.[93]

Obwohl Karl-Heinz Kurras bei der Kriminalpolizei schon seit vielen Jahren keine Uniformen mehr trug, wurde er zum Uniformfetischisten gemacht. Man unterstellte ihm Waffenverliebtheit und implizierte damit, dass ein Waffennarr auch ein Mörder wäre. Indem man das SED-Mitglied Kurras abschließend in die Nähe der Faschisten rückte, war vonseiten der SED bzw. des MfS die größtmögliche Distanz hergestellt.

An demselben Tag, an dem die erste Ergänzung zum ersten Auskunftsbericht verfasst wurde, am 9.6.1967, fand man zufällig in einer früheren Wohnung von Kurras eine polnische Armeepistole vom Kaliber 9 mm und 1460 Schuss Munition. Angeblich hatte Kurras dort bis 1961 als Untermieter gewohnt. Nach der Darstellung der Wohnungsinhaberin, mit der Kurras früher verlobt gewesen sein soll, entdeckte man »auf einem Hängeboden eine verschlossene Kiste mit der Waffe und der Munition, einem Gummiknüppel und Privatsachen«[94], die Kurras dort zurückgelassen haben soll.

Kurras wurde wegen dieses Waffen- und Munitionsfundes schließlich durch Strafbefehl des Amtsgerichts Tiergarten vom 24. Oktober 1967 zu einer Geldstrafe in Höhe von 400 DM verurteilt.[95] Damit war das Image des Waffennarren öffentlichkeitswirksam gesetzt – es bestimmt bis heute die Beurteilung von Kurras.[96]

Bei der Pistole, die sich zufällig auf dem Hängeboden fand, handelte es sich um eine polnische Armeepistole. Eine polnische Armeepistole vom Typ Radom, No E 3757, Kaliber 9 mm, hatte Kurras auf eigenen Wunsch am 20.7.1961 tatsächlich vom MfS mitsamt Tasche und zwei Magazinen erhalten und den Erhalt quittiert.[97] Im Gegenzug dafür gab er seine eigene Waffe, eine Sportpistole, High Standard, Kaliber 6 mm/22 Lg., dem MfS. Unter dem Datum des 3.8.1961 quittierte der Mitarbeiter den Erhalt dieser Waffe und schrieb erklärend: »Als Gegenleistung gab IM ›Bohl‹ aus freien Stücken seine Sportpistole.«[98]

Für einen Waffennarren ein ungewöhnliches Verhalten. Ungewöhnlich auch, eine Waffe und rund 1500 Schuss einfach sechs Jahre lang auf einem Dachboden herumliegen zu lassen. Immerhin verbrachte er einen großen Teil seiner Freizeit mit dem Schießen. Die hierfür benötigte Munition war, wie verschiedentlich in den Akten erwähnt, ziemlich teuer. Warum sollte Kurras so viel ungenutzte Munition einfach zurücklassen, zusammen mit einer Pistole, die er sich ausdrücklich vom MfS gewünscht hatte? Viel wahrscheinlicher ist, dass das MfS dafür gesorgt hatte, dass man eine Waffe dieser Bauart und eine große Menge an Munition an einem Ort fand, den man mit

Kurras in Verbindung bringen konnte, um das Kurras-Image vom Waffennarren und faschistoiden Polizisten glaubhaft inszenieren zu können.

Die politische Situation West-Berlins

Nicht außer Acht gelassen werden darf bei der Frage nach den Motiven des Stasi-Spitzels Kurras die Situation in West-Berlin im Juni 1967. Ein Blick auf die Geschichte der West-Berliner Polizei, die politische Situation West-Berlins und die Studentenbewegung in West-Berlin, die sich seit Mitte der 1960er-Jahre entwickelt hatte, lassen vieles deutlicher werden.

Der erste Berliner Polizeipräsident nach dem Zweiten Weltkrieg war Paul Markgraf, Jahrgang 1910. Er war Ritterkreuzträger und ehemaliger Offizier der Wehrmacht. Im Krieg in sowjetische Kriegsgefangenschaft geraten, wurde er von den Sowjets auf einer sogenannten »Antifa-Schule« politisch neu ausgerichtet und für die Aufgabe als Polizeipräsident von Berlin vorbereitet. Markgraf wurde Mitglied im Nationalkomitee Freies Deutschland, Ende April 1945 bestieg er zeitgleich mit der Gruppe Ulbricht in Moskau ein Flugzeug und flog nach Berlin. Seine Aufgabe: der Aufbau der Berliner Polizei im Sinne der sowjetischen Besatzungsmacht. Von 1945 bis 1948 war er Polizeipräsident von Berlin, nach der Teilung der Stadt von 1948 bis 1949 dann von Ost-Berlin. Er wurde 1946 Mitglied der SED, machte dann zunächst in der Nationalen Volksarmee (NVA) und in der Stasi Karriere und war 1967 Offizier des Staatssicherheitsdienstes.[99]

Offiziell begann der Neuaufbau der Berliner Polizei mit dem Befehl des sowjetischen Stadtkommandanten Bersarin am 25.5.1945.[100] Allerdings hatte die Gruppe Ulbricht unmittelbar nach ihrer Ankunft am 30. April 1945 begonnen, die Berliner Verwaltung neu zu organisieren. Die Alleinherrschaft der Sowjets in Berlin dauerte zweieinhalb Monate, die Interalliierte Militärkommandantur begann ihre Tätigkeit erst am 11. Juli 1945.

Im Mai und Juni 1945 unternahm die KPD mit Unterstützung der sowjetischen Besatzungsoffiziere und des von ihnen eingesetzten Polizeichefs Markgraf intensive Anstrengungen, den polizeilichen Machtapparat mit eigenen Leuten aufzubauen und die Schlüsselpositionen zu besetzen. Für die KPD hatte die Polizei bei der Neuordnung Deutschlands eine zentrale Bedeutung und so sorgte man dafür, dass möglichst viele Kommunisten innerhalb der Polizei tätig wurden und dort strategisch wichtige Funktionen einnahmen. Allein von den 300 Kommunisten, die im Zuchthaus Brandenburg gesessen hatten, wurden nach ihrer Befreiung mehr als 200 mit der Arbeit in der Polizei beauftragt. Auch Erich Mielke begann damals seine Karriere bei der Polizei, und zwar als Inspektionsleiter in Berlin-Lichtenberg.[101]

1948 vermutete die CDU, dass die Kommunisten in der Anfangsphase auch im mittleren und unteren Stellenbereich mindestens 90 Prozent der Posten besetzt gehalten hatten. Während der Blockade West-Berlins wurde Ende Juli 1948 ein zweites Polizeipräsidium im Westen gebildet. Mit der Teilung Berlins 1948/49 setzte auch ein Prozess der politisch motivierten Entlassungen von Polizeiangehörigen in allen vier Sektoren ein.

Angesichts der Arbeitsweise der SED, die 1946 aus dem Zusammenschluss von KPD und Ost-SPD entstanden war, und ihres geheimen Apparats kann man davon ausgehen, dass sie an wichtigen Positionen innerhalb der West-Berliner Polizei verlässliche Gewährsmänner positioniert hatte, die nach außen hin nicht als Kommunisten in Erscheinung getreten waren, zur Tarnung in andere Parteien eingetreten waren und so auch nach der Teilung der Stadt weiterarbeiten konnten.

Auch der Stasi-Mann Kurras hatte zunächst für die von der Gruppe Ulbricht aufgebaute Berliner Stadtverwaltung gearbeitet. Ende April 1945 begann er im Bezirk Mitte bei der Fahrbereitschaft. Im Zusammenhang mit seiner Enttarnung im Mai 2009 wurde auch bekannt, dass in den Beständen der Stasi-Unterlagen Behörde mindestens 180 Aktenbände zur Arbeit des MfS in der West-Berliner

Polizei liegen, denn Kurras war kein Einzelfall. Seine Kontaktperson, die MfS-Kurierin Charlotte Müller, unterhielt in den 1950er- und 1960er-Jahren Verbindungen zu einer Reihe von Polizisten, die ebenfalls für das MfS arbeiteten.[102] Einige davon hatten nach dem Krieg ihre Tätigkeit bei der Polizei begonnen, darunter beispielsweise Hans Weiß, ein Kommunist, der am 5. Mai 1945 bei der Berliner Kriminalpolizei angefangen hatte und später zusammen mit seiner Frau für das MfS gearbeitet hatte. Zeitweise wurde er vom selben Führungsoffizier geführt wie Kurras, den Kontakt hielt dieselbe Kurierin: Charlotte Müller.[103]

Die Abteilung »Agitation« des MfS gab sogar eine eigene Zeitschrift für die West-Berliner Polizei mit dem Titel *Demokratische Polizei* heraus, die ein- bis zweimal im Monat erschien und gezielt Polizeibeamten im Westen zugestellt wurde – die diese freilich nicht bestellt hatten. Die Zeitschrift sorgte regelmäßig für Wirbel, weil sie über ausgezeichnete interne Quellen verfügte und sogar aus vertraulichen Dienstbesprechungen berichtete. Allein 1964 erschienen 21 Ausgaben mit insgesamt 53 846 Exemplaren. Zusätzlich gab die Abteilung »Agitation« unter dem Titel *Berolina* einen Rundbrief für die Ehefrauen der Beamten heraus.[104] Das MfS verfügte über entsprechende Quellen in den Reihen der West-Berliner Polizei, deshalb kam es auch an die internen Informationen heran und konnte sie entsprechend verwenden.

Nicht nur unterwanderte das MfS die Berliner Polizei, die Führung der DDR war seit der Teilung in Ost- und West-Berlin bestrebt, West-Berlin in die DDR zu integrieren. Im November 1958 kündigte Chruschtschow einseitig die Abkommen über die gemeinsame Verwaltung von Berlin aus den Jahren 1944/45 und forderte die westlichen Alliierten ultimativ zum Rückzug aus Berlin auf. In einer entsprechenden Note an die drei Westmächte, die Bundesrepublik und die DDR forderte er die »Beendigung der unrechtmäßigen Besetzung West-Berlins« durch die USA, Frankreich und Großbritannien. Berlin wurde von Moskau als Teil der DDR betrachtet, »dessen westlicher Teil jedoch infolge fremder Besetzung von der DDR losgerissen« sei. West-Berlin befände sich, so Chruschtschow, auf dem »Hoheitsgebiet der DDR«.

Den Alliierten setzte Chruschtschow eine Frist von sechs Monaten, um die aus seiner Forderung resultierenden Fragen zu klären. Kurzfristig solle West-Berlin in eine »selbständige politische Einheit – in eine Freie Stadt« umgewandelt werden, »in deren Leben sich kein Staat, auch keiner der beiden bestehenden deutschen Staaten einmischen dürfte«. West-Berlin sollte entmilitarisiert werden, sollte eine eigene Regierung erhalten und »könnte ihre Wirtschaft, Verwaltung und sonstigen Angelegenheiten selbst lenken«. Allerdings machte Chruschtschow keinen Hehl daraus, dass langfristig die »richtige und natürlichste Lösung (…) die Wiedervereinigung des westlichen Teils Berlins, der heute faktisch von der DDR losgelöst ist, mit dem östlichen Teil [wäre], wodurch Berlin zu einer vereinigten Stadt im Bestande des Staates würde, auf dessen Gebiet sie sich befindet«[105].

Den Zeitgenossen war klar, was diese »Note« bedeutete. *Der Spiegel* schrieb: »Chruschtschow hat dem Westen (…) ein rein machtpolitisches Arrangement auf deutschem Boden vorgeschlagen. (…) Die marxistische Sowjet-Union verzichtet auf ihren Anspruch, Gesamtdeutschland gesellschaftlich umzubauen, und erhält dafür das Recht, Mitteldeutschland nach ihren Vorstellungen zu gestalten und gleichzeitig West-Berlin – freilich so langsam und schmerzlos wie möglich – in die DDR zu überführen.«[106]

Die Antwort der Amerikaner bestand in der Abgabe von Garantieerklärungen für West-Berlin und der Demonstration ihrer Entschlossenheit, Worten gegebenenfalls auch Taten folgen zu lassen. Kennedy erklärte auf dem Wiener Gipfel 1961 gegenüber Chruschtschow, dass die USA an West-Berlin festhalten und es verteidigen würden, selbst auf die Gefahr eines Atomkriegs hin.[107]

Nach der Blockade West-Berlins 1948/49 war dies der zweite Versuch, West-Berlin in die DDR zu integrieren. Denn die leicht zu passierende Grenze zum Westteil der Stadt, die einer wachsenden Zahl von Menschen die Möglichkeiten zur Flucht bot, wurde für die DDR zu einem immer größeren Problem. Bereits 1952 hatte die DDR den

Tatbestand der Republikflucht eingeführt und Ende 1957 die Strafen dafür verschärft, dennoch nutzte eine wachsende Anzahl von Menschen die offene Grenze nach West-Berlin und kehrte der DDR den Rücken.[108] Als der Strom der Ausreisenden immer weiter anschwoll, allein im Juli 1961 lag die Zahl der Flüchtlinge bei 30 000, und für die DDR bereits zur Existenzbedrohung wurde, gab Ulbricht den Befehl, in der Nacht vom 12. auf den 13. August 1961 West-Berlin vollständig von Ost-Berlin und dem Brandenburger Umland abzuriegeln und mit dem Bau der Mauer zu beginnen. West-Berlin war nun eine »kapitalistische« Enklave mitten im Roten Meer.

Es war auch nach dem Mauerbau weiterhin das Ziel der DDR-Führung, West-Berlin von der Bundesrepublik abzulösen und an die DDR anzuschließen. Alle Maßnahmen, die die Bindung West-Berlins an die Bundesrepublik zum Ausdruck brachten, hierzu gehörten Staatsbesuche, Sitzungen von Verfassungsorganen der Bundesrepublik in West-Berlin, Sitz des Bundespräsidenten oder von Bundesbehörden in West-Berlin, stießen auf den Widerstand der DDR. Sie vertrat die Auffassung, dass West-Berlin auf dem Territorium der DDR läge und versuchte, diese Position auch international zu etablieren.

So protestierte das Außenministerium der DDR am 5.1.1966 gegen die geplanten Sitzungen der Fraktionen und Ausschüsse des westdeutschen Bundestages in West-Berlin – sie seien eine neue vorsätzliche Provokation seitens der herrschenden Kreise Westdeutschlands.[109]

Hinsichtlich der Ministerpräsidentenkonferenz der Bundesländer, die in West-Berlin stattfinden sollte, erklärte das Außenministerium der DDR am 16.2.1966, dass die Veranstalter den Eindruck erwecken wollten, »als sei West-Berlin ein Land der westdeutschen Bundesrepublik. Es ist jedoch eine unabdingbare Tatsache«, so die Position der DDR, »daß West-Berlin niemals Bestandteil der westdeutschen Bundesrepublik war noch in Zukunft sein wird.«[110] Die Einberufung der Konferenz widerspräche den Normen und der Praxis des Völkerrechts.

In fast identischem Wortlaut war die Erklärung des DDR-Außenministers aus demselben Jahr zu »völkerrechtswidrigen Sitzungen der westdeutschen Regierung in West-Berlin« gehalten, in der gegen die Ausübung von »Hoheitsakten für Westdeutschland« protestiert wurde. In der Protestnote hieß es: »Es muß wiederholt und mit allem Ernst darauf hingewiesen werden, daß Westberlin, das auf dem Territorium der DDR liegt, zu keiner Zeit Bestandteil der Bundesrepublik war und auch niemals sein wird.« [111]

Diesen Beispielen für Proteste der DDR, die sich auf den Status West-Berlins beziehen, lassen sich zahlreiche weitere hinzufügen. So gab es 1967 Einwendungen gegen Besuche des Bundeskanzlers Kiesinger, den Besuch des amerikanischen Vizepräsidenten Humphrey Anfang April 1967, zum »rechtswidrigen« Aufenthalt des Bundespräsidenten Lübke, gegen die Tagungen des Bundestages und des Bundeskabinetts in West-Berlin im Juni 1967. [112] Auffällig ist, dass in der Sammlung der außenpolitischen Dokumente der DDR eine Protestnote gegen den Schah-Besuch am 2. Juni 1967 und den damit verbundenen Aufenthalt des Bundespräsidenten Lübke in West-Berlin fehlt. Warum gab es keine offizielle Stellungnahme der DDR? Hatte das etwas mit Kurras' Todesschuss zu tun? Immerhin war er Geheimer Mitarbeiter der Staatssicherheit. Oder war dies den außenpolitischen Zielen der Sowjetunion geschuldet, die versuchte, gute Beziehungen zum Iran herzustellen, und die Beziehungen zum Schah nicht durch eine solche Protestnote belasten wollte?

»Die Einverleibung West-Berlins in die DDR«, so der Historiker Staadt in seiner Analyse der Westpolitik der SED, »blieb bis zuletzt ein strategisches Kalkül der militärischen Planungen der SED.« Noch 1985 entwarf das Ministerium für Staatssicherheit einen Maßnahmeplan zur Übernahme West-Berlins. [113] 1978 hatte die Berliner Bezirksverwaltung des Staatssicherheitsdienstes einen Katalog von 170 Zielobjekten in West-Berlin zusammengestellt, die am »Tag X« durch die Stasi eingenommen werden sollten, darunter befanden sich Rundfunk- und Fernsehanstalten, das Polizeipräsidium, das Rathaus Schöneberg und das Verlagshaus Axel-Springer. [114] In West-

Berlin sollte eine zweite Bezirksverwaltung der Stasi mit 12 Kreis-
dienststellen errichtet werden, ein detaillierter Stellenplan sah 604
hauptamtliche Mitarbeiter vor. Als Erstes sollten Verhaftungen auf
der Grundlage vorbereiteter Listen durchgeführt werden. Die
Hauptaufgaben am Tag X: »Festnahme, Isolation bzw. Internierung
der feindlichen Kräfte auf der Grundlage der vorhandenen Dokumente, Zuführung in die festgelegten Zuführungspunkte.« Bei den
West-Berlinern, die verhaftet werden sollten, handelte es sich vor
allem um folgende Personenkreise: »Schwerpunkte sind Geheim-
dienstmitarbeiter, Leitungskräfte der bekannten Feindorganisatio-
nen, leitende Polizeikräfte, Spitzenpolitiker, PID-Mitarbeiter in den
Medien [PID: politisch-ideologische Diversion, d. Verf.], Spitzenbe-
amte aus Schwerpunktbereichen des Staatsapparates und Geheim-
nisträger aus Wirtschaft, Wissenschaft und Technik.« Hierbei sollten
insbesondere die vorhandenen »IM aus Westberlin und der Hauptstadt« zur Aufklärung, zum Eindringen, zum Unschädlichmachen
und »Brechen des gegnerischen Widerstandes« eingesetzt werden.[115]
Diese von der Stasi erstellten Verhaftungslisten existierten nach Aussagen von in den Westen übergelaufenen MfS-Mitarbeitern bereits
in den 1970er-Jahren, Belege für die 1960er-Jahre liegen bisher nicht
vor; da die »Einverleibung« West-Berlins jedoch seit der Rede
Chruschtschows 1958 dezidiertes Ziel der DDR war, ist es sehr wahrscheinlich, dass diese Listen auch damals existierten und fortlaufend
aktualisiert wurden. 1988 verfügte die Abteilung XV der Berliner
Bezirksverwaltung schließlich über eine Personenkartei von rund
1400 West-Berlinern mit entsprechenden Dossiers.[116]

Die Studentenbewegung in West-Berlin

In West-Berlin gab es rund 30 000 Studenten, der Großteil war an
der Freien und der Technischen Universität (TU) eingeschrieben,
25 Prozent der Studenten kam aus dem Bundesgebiet und etwa sieben Prozent aus dem Ausland.

In der ersten Hälfte der 1960er-Jahre kam es vor allem innerhalb der studentischen Jugend zu einer merklichen Linksentwicklung. Bereits in den Jahren 1960/61 hatte sich die SPD vom Sozialistischen Deutschen Studentenbund (SDS) getrennt und einen Unvereinbarkeitsbeschluss gefasst. Der Hintergrund: Der SDS hatte sich in wichtigen Fragen, vor allem in der Deutschlandpolitik, Positionen der SED/KPD angenähert. Die SPD gründete daher 1960 eine eigene Studentenorganisation, den Sozialdemokratischen Hochschulbund (SHB). Der SDS arbeitete als selbständige Organisation weiter, versuchte verstärkt, über den Allgemeinen Studentenausschuss (AStA) Einfluss auf die Studentenschaft zu gewinnen, und setzte sich zunächst im Interesse der Studenten für einen Demokratisierungsprozess an den Universitäten ein. Ab 1964/65 verschärfte sich die Auseinandersetzung zwischen SDS/ AStA und Universitätsleitung der FU. Der erste große Konflikt war die sogenannte »Kuby-Affäre« im Mai 1965. Der AStA plante für den 8. Mai 1965 die Veranstaltung »Restauration und Neubeginn – die Bundesrepublik 20 Jahre danach«. Der damalige linke AStA, der Vorsitzende war Wolfgang Lefèvre vom SDS, hatte ausgerechnet den linken Publizisten Erich Kuby zu dieser Veranstaltung eingeladen, obwohl bekannt war, dass dieser an der FU Hausverbot hatte – er hatte sieben Jahre zuvor, am 12.6.1958, auf einer Veranstaltung des AStA der FU zum Thema »Die Wiedervereinigung Deutschlands« der Freien Universität vorgeworfen, dass sie in ihrem Namen »ein äußerstes Maß von Unfreiheit zum Ausdruck bringt«.[117]

Es war klar, dass die Einladung Kubys zu einem Konflikt zwischen AStA und Rektor führen würde. Uwe Wesel, von 1968 bis 2001 Professor an der FU, äußerte die Vermutung, »dass die SDS-Studenten im AStA etwas im Hinterkopf hatten, einen ähnlichen Konflikt, der sich in Berkeley, USA, an der Universität von Kalifornien abgespielt hatte. Dort gab es einen Präsidenten, der hieß Cark Kerr und hat sich ähnlich autoritär verhalten wie Rektor Lüers, hat ähnliche Fehler mit Klapptischen gemacht wie Lüers mit Räumen. (...) Kerr hat die

Tische verboten. Das gab eine Riesenrevolte und endete mit einem Erfolg der Studenten.«[118]

Das, worauf Wesel anspielte, war das Verbot von Infoständen auf dem Universitätscampus in Berkeley, das im September 1964 zur »Free Speech Movement« geführt hatte. Die Bewegung für die Redefreiheit stand am Anfang der amerikanischen Studentenbewegung und so wurde an der FU ganz nach dem Muster von Berkeley folgende Resolution beschlossen: »Wir fordern den Rektor auf zu bestätigen, dass wir an unserer Universität jedermann, zu jeder Zeit, zu jedem Thema hören und mit ihm darüber diskutieren können.«[119]

Im gleichen Kontext kam es wenig später zur sogenannten »Krippendorf-Affäre«. Der Politologe Ekkehart Krippendorf, Assistent am Otto-Suhr-Institut Berlin, hatte im *Spandauer Volksblatt* geschrieben, der Rektor der FU, Herbert Lüers, hätte verhindert, dass auf der Veranstaltung zum 8. Mai der Philosoph Karl Jaspers spräche. Der Rektor widersprach, Krippendorf entschuldigte sich, doch der Rektor wollte den Assistenten-Vertrag nicht mehr verlängern, die linken Studentenvertreter werteten dies als Entlassung aus politischen Gründen. Es folgten zahlreiche weitere Aktionen, Resolutionen, Sit-ins, Go-ins, Demonstrationen, Diskussionen.

Bei der Wahl zum 19. Konvent Ende 1966 erhielten die verschiedenen linken Gruppen die Mehrheit. Von den 78 Sitzen im Studentenparlament erhielten die, die sich zur Linken zählten, 46 Sitze (59 Prozent). Bei der Wahl zum AStA erhielt Hartmut Häussermann vom Sozialdemokratischen Hochschulbund (SHB) 36 Stimmen, der Gegenkandidat Jürgen Bernd Runge vom Ring Christlich Demokratischer Studenten (RCDS) lediglich 22 Stimmen. Der stellvertretende AStA-Vorsitzende wurde Bernhard Wilhelmer von den ebenfalls links orientierten Freunden der Publizistik. Der neunköpfige AStA bestand aus drei SHB-, drei SDS-Mitgliedern und aus drei Unabhängigen.

Das Ausmaß des politischen Klimawandels innerhalb der Studentenschaft, das sich schon in der Wahl zum 19. Konvent gezeigt hatte, wurde beim Besuch des Vizepräsidenten der USA, Humphrey, im April 1967 deutlich. War Kennedy bei seinem Besuch 1963 noch unter der großen Anteilnahme der Studenten zum Ehrenbürger der FU ernannt worden, so hatte sich in den Folgejahren innerhalb der Studentenschaft die Haltung gegenüber den USA vor allem wegen des Vietnamkrieges grundlegend verändert. So gab es Demonstrationen gegen den Vizepräsidenten der USA und Ausschreitungen, unter anderem vor dem Springer-Verlag, wo ein Empfang für ihn stattfand.

Vonseiten der DDR-Führung wurden die Aktionen der Studenten sehr genau beobachtet. Erhalten geblieben ist eine umfangreiche Sammlung von Zeitungsausschnitten, die im April 1967, also einige Monate vor dem Tod Benno Ohnesorgs, beginnt. Der Schwerpunkt der Berichte lag in den Jahren 1967 und 1968, zum Teil waren auch Artikel aus den 1970er-Jahren darunter.[120] Die damaligen Berichterstattungen machen deutlich, wie aufgeladen die Stimmung bereits vor dem 2. Juni 1967 war. Man gewinnt den Eindruck einer permanenten, seit Jahren andauernden Konfrontation und Eskalation vor allem an der FU. Kaum ein Tag verging, an dem es keine Berichte über Auseinandersetzungen gab.

Die Lage war so gespannt, dass der Akademische Senat der Freien Universität Ende April 1967 einen Vier-Stufen-Plan vorlegte, um gegen weitere Unruhen an der FU vorzugehen. Erwogen wurde sogar, den Universitätsbetrieb für einige Monate auszusetzen, wie das *Spandauer Volksblatt* unter der Überschrift »Schließung der FU?« am 26.4.1967 berichtete.[121] Die *Berliner Morgenpost* schrieb am selben Tag über die fristlose Kündigung der Dienstverträge für den AStA-Vorsitzenden Häussermann, den stellvertretenden AStA-Vorsitzenden Wilhelmer und den Konventspräsidenten Lefèvre durch die Universität.[122] Außerdem plante der Senat der FU, dem Berliner SDS die Förderungswürdigkeit zu entziehen.[123]

Bereits ab Mitte Mai wurde der Schah-Besuch in der Presse zum Thema. Auch über die kontroversen Diskussionen dazu an der FU wurde berichtet. Der AStA plante am Vorabend des Besuchs eine

Podiumsdiskussion unter anderem mit Kritikern des Iran, sodass man bereits den Schah-Besuch gefährdet sah.[124] Kurz vor dem Eintreffen des iranischen Oberhaupts fasste der Konvent einen Beschluss zum Vietnamkrieg, worin der gegen die USA kämpfende Vietcong unterstützt wurde, was für heftige Kontroversen sorgte.[125] Die *Frankfurter Allgemeine Zeitung* (31.5.1967) berichtete, dass ein Sonderbeauftragter der Bundesregierung zu dem Beschluss des Konvents erklärt habe, dass das, was dort geschähe, die Existenz des freien Berlins bedrohe.

Nachdem bereits im April eine Trauerfeier für den am 19.4.1967 verstorbenen ersten Kanzler der Bundesrepublik, Konrad Adenauer, von Studenten gestört worden war, kam es auch am 31.5.1967 erneut zu Krawallen von FU-Studenten. Dieses Mal wurde der Ablauf einer akademischen Festveranstaltung behindert, an der auch Bundespräsident Lübke teilnahm. Das Zentralorgan der SED, *Neues Deutschland*, nahm den Krawall mit Genugtuung zur Kenntnis und schrieb: »Hunderte Studenten (…) haben am Mittwoch mit Pfuirufen und Sprechchören gegen die widerrechtliche Anwesenheit des westdeutschen Präsidenten Lübke protestiert.«[126]

Diese wenigen Beispiele aus den Pressespiegeln der Staatssicherheit vor dem 2. Juni 1967 bestätigen den Eindruck, dass es seit 1964/65 eine systematische Eskalation an der FU gegeben hat. Dort gab es vor allem um den SDS herum eine wachsende Anzahl linksorientierter Studenten, die die Konfrontation mit der Universitätsleitung suchten und die kaum eine Gelegenheit ausließen, die Lage weiter zu verschärfen. Man schreckte weder davor zurück, eine Trauerfeier für Adenauer zu stören noch eine akademische Festveranstaltung mit dem Bundespräsidenten. Aufseiten der linken Studenten unterstützte man mit dem Vietcong offen die Feinde der USA und nutzte die Mehrheit im Studentenparlament, um entsprechende Beschlüsse zu fassen. Am Vorabend des 2. Juni 1967 war die Lage bereits so weit zugespitzt, dass der Senat der FU darüber nachdachte, die FU für mehrere Monate zu schließen, die Arbeitsverträge von Studentenvertretern waren bereits fristlos gekündigt worden und es wurde angekündigt, dem SDS die Förderungswürdigkeit zu entziehen. Genau in dieser bereits sehr angespannten Lage kam es dann am 2. Juni mit den gewalttätigen Auseinandersetzungen zwischen Polizei und Demonstranten vor der Oper und vor allem durch Kurras' tödlichen Schuss zu einer weiteren Ausweitung des Konflikts, erreichte die Konfrontation eine neue Stufe der Eskalation.

Exkurs: Iran

Warum protestierten die Studenten 1967 überhaupt gegen den Besuch aus dem Iran? Was hatten sie gegen den Schah? Was wussten sie über den Iran, seine Gesellschaft und seine Geschichte? Warum interessierten sie sich plötzlich für ein Land, das Tausende von Kilometern entfernt an der Südflanke der Sowjetunion lag und genauso wie die Bundesrepublik eine gemeinsame Grenze mit dem sozialistischen Lager hatte?

Das Bild, das die Studenten sich vom Iran machten, war maßgeblich von Bahman Nirumand, einem linksgerichteten Iraner, geprägt, der 1951 mit 15 Jahren in die Bundesrepublik gekommen war. Er hatte zunächst in Stuttgart die Schule besucht und dann in München und Tübingen Germanistik, Philosophie und Iranistik studiert. Mit einer Arbeit über Brecht, das moderne Drama und die neupersische Literatur promovierte er 1960 in Tübingen.[127]

Zusammen mit anderen iranischen Kommilitonen hatte er 1960 in Heidelberg die »Conföderation iranischer Studenten – National Union« (CISNU) gegründet und war 1967 Teil des fünfköpfigen Vorstands. Mit dieser Organisation, so Nirumand, »konnten wir, egal wo auf der Welt – wir waren im ganzen Westen in Amerika, Japan, Indien, Frankreich, England vertreten – innerhalb von 48 Stunden demonstrieren, Aktionen, zum Beispiel Hungerstreiks durchführen, Botschaften besetzen«.[128]

Die CISNU, die der iranischen kommunistischen Tudeh-Partei nahestand,[129] war auch die treibende Kraft hinter den Anti-Schah-

Aktionen, die nicht nur in West-Berlin, sondern auch in Hamburg, München und Bonn stattfanden.[130]

Angeregt von dem Linksintellektuellen Hans Magnus Enzensberger, den Nirumand im Frühjahr 1963 oder 1965 in Teheran kennengelernt hatte[131], schrieb er das Buch »Persien, Modell eines Entwicklungslandes oder Die Diktatur der freien Welt«. Enzensberger hatte auch den Kontakt zu Fritz J. Raddatz hergestellt, der damals stellvertretender Verlagsleiter beim Rowohlt Verlag war. Nirumands Iran-Buch erschien im März 1967, Ende Mai waren davon bereits 25 000 Exemplare verkauft[132], in den folgenden Monaten stand es auf den Bestsellerlisten. Noch Ende September 1967 stand es im *Spiegel* auf Platz 10 (Vorwoche Platz 8).[133] Insgesamt wurden rund 200 000 Exemplare verkauft.[134]

Die Journalistin Ulrike Meinhof lernte Nirumand im Frühjahr 1967 in Hamburg während einer Veranstaltung, auf der sein Buch vorgestellt wurde, kennen. Meinhof formulierte als Quintessenz ihrer Lektüre einen »Offenen Brief an Farah Diba«, der in der Juni-Ausgabe der Zeitschrift *Konkret* erschien. Zusätzlich wurde der offene Brief als Flugblatt am 1. Juni 1967 auf einer Iran-Veranstaltung in der FU-Berlin, auf der auch Nirumand einen Vortrag zur Lage im Iran hielt, verteilt.[135] In dem offenen Brief wurde von Ulrike Meinhof das folgende Iran-Bild gezeichnet: 80 Prozent der Perser litten an erblicher Syphilis. Jedes zweite Kind sterbe vor Hunger, Armut oder Krankheit. Die Kinder hätten einen 14-Stunden-Tag als Teppichknüpfer und der Großteil der Bevölkerung hungere. 85 Prozent der persischen Bevölkerung seien Analphabeten. Die Armee bereite sich darauf vor, gegen das eigene Volk zu kämpfen. Der Schah verdiene sein Geld mit Opium. Gefangene würden gefoltert, indem sie auf heißen Kochplatten sitzen müssten und sie würden mit in Säure getränkten Gummiknüppeln verprügelt.[136]

Meinhofs offener Brief und Nirumands Buch bestimmten das Bild vom Iran – sie dienten als Illustration für die Behauptung, die USA und andere Länder der sogenannten »Freien Welt« betrieben Neokolonialismus. Die Iran-Darstellung diente als Beleg für die These, dass der Imperialismus die Länder der Dritten Welt ausbeute und die Ursache für die Verhältnisse in Ländern wie dem Iran sei. Letztlich sei der Iran ein von den USA abhängiges Land und der Schah eine Marionette, der im Auftrage der USA das Land ausplündere.

Allerdings handelte es sich bei der Darstellung Nirumands um ein Zerrbild des Iran, ein Bild, das vor allem ideologischen Motiven gehorchte und das auf manipulierten Fakten, veralteten Zahlen und falschen Vergleichen basierte. Auch um dieses Bild richtig zu stellen, machte das Nachrichtenmagazin *Der Spiegel* im Oktober 1967 im Rahmen einer Titelgeschichte Iran zum Thema.[137] Die *Spiegel*-Autoren wiesen darauf hin, dass Nirumands Buch das Bild eines Steinzeit-Persiens zeichne und dass seine Zahlen fast alle aus der Zeit vor 1962 stammten, während das Reformprogramm des Schahs erst im Januar 1963 begonnen hatte. Die Angaben über das Handelsbilanzdefizit, die angeblichen Rückgänge beim Anbau von Gerste und Reis basierten, so der *Spiegel*, auf falschen Zahlen. Die Zahl ausländischer Firmen, die im Iran investierten, sei übertrieben, Privatbanken würden mit gemischten Banken verwechselt und der Verkaufspreis für Öl falsch berechnet.

Schließlich hätten sich auch Nirumands Angaben zur Bodenreform als falsch erwiesen. Während Nirumand schrieb, dass der Privatbesitz infolge der Bodenreform um neun Prozent sank, wiesen die *Spiegel*-Autoren darauf hin, dass diese Angaben vom Februar 1964 stammten, aber die erste Phase der Bodenreform sei jedoch erst im September 1966 abgeschlossen worden.[138]

Neben dem *Spiegel* setzten sich weitere Publikationen wie *Orient*, *Christ und Welt* und die *Frankfurter Allgemeine Zeitung* äußerst kritisch mit der Darstellung Nirumands auseinander.[139] Bei Iranern, die damals im Iran aufgewachsen waren, erntete man allenfalls Kopfschütteln, wenn man sie auf die sogenannten »Fakten« des Buches ansprach. Das von Nirumand gezeichnete Land war jedenfalls nicht das, in dem sie gelebt hatten.[140] Doch am 2. Juni 1967 bestimmte Nirumands Iran-Bild die Vorstellungen der Studenten, das war der Grund, warum sie gegen den Schah demonstrierten.

Der Protest gegen Schah Reza Pahlevi kam der Sowjetunion sehr gelegen, richtete er sich doch gegen ein mit dem Westen verbündetes Land. Einer der ersten offenen Konflikte des »Kalten Krieges« war 1945/46 der um die Besetzung von Teilen des Irans durch die Sowjetunion. Der Iran war Ende August 1941, einige Wochen nach dem Angriff Deutschlands auf die Sowjetunion, von britischen und sowjetischen Streitkräften besetzt worden. Nach Kriegsende, so hatten es die Alliierten vereinbart, sollten die Besatzungsmächte gleichzeitig aus Persien abziehen. Doch die sowjetischen Truppen blieben im Nordiran, setzten in Azerbaidschan eine von ihnen kontrollierte Regierung ein und schürten gleichzeitig den Aufstand gegen die Zentralregierung. Es gab heftige Auseinandersetzungen im UN-Sicherheitsrat, im Mai 1946 zogen die sowjetischen Truppen sich schließlich unter dem Druck der öffentlichen Meinung aus dem Iran zurück.[141] Doch damit waren die Bemühungen der Sowjetunion, Einfluss im strategisch so wichtigen Nachbarland Iran zu gewinnen, keineswegs beendet.

Iran war zudem einer der wichtigsten Verbündeten Israels. Seit Ende der 1950er-Jahre unterhielten beide Länder sehr enge Beziehungen.[142] Diese Zusammenarbeit blieb jedoch weitgehend geheim, eine offizielle Anerkennung des Staates Israel und offizielle diplomatischen Beziehungen gab es mit Rücksicht auf die arabischen Nachbarn nicht.[143] Das Bündnis zwischen Iran und Israel war den Mullahs ein Dorn im Auge. Es wurden sogar Gerüchte verbreitet, dass der Schah heimlich zum Judentum übergetreten sei.[144] Im Mai 1967 spitzte sich der Nahost-Konflikt erneut zu. Ein vorläufiger Höhepunkt wurde mit der ägyptischen Blockade des israelischen Hafens von Eilat erreicht.

Die Studenten, die 1967 gegen den Schah demonstrierten, wussten von dieser komplexen Bündniskonstellation nichts. Von Khomeini, der bereits seit 1963 öffentlich als Gegenspieler des Schahs angesehen wurde, hatten sie noch nie gehört, und Enzensberger schrieb in völliger Verkennung der tatsächlichen Lage im Iran im Nachwort zu Nirumands Buch: »Der iranische Islam ist nicht imstande, revolutionäre Energien freizusetzen. Er gehört im Gegenteil zu den Stützen des Regimes.«[145]

Man folgte also einem Bild vom Iran, das vor allem ideologischen Motiven gehorchte. Der Iran sollte als Beispiel für ein vom Imperialismus unterdrücktes und ausgebeutetes Land der Dritten Welt dienen. Entsprechend wurden das Land und seine Regierung als eine neokolonialistische Diktatur dargestellt, in der ein Despot im Auftrag des Imperialismus regierte. Sicherlich war der Iran damals keine liberale westliche Demokratie, aber er war auch nicht jene finster brutale Diktatur, als die das Land dargestellt wurde. Als der Schah am 2. Juni 1967 Berlin besuchte, war die Lage im Nahen Osten äußerst angespannt. Der sogenannte »6-Tage-Krieg« stand kurz bevor – er begann am 5. Juni. Eine Destabilisierung des Iran hätte auch für Israel und das Kräfteverhältnis im Nahen Osten erhebliche Auswirkungen gehabt.

Mörder Kurras?

Am 2. Juni 1967 mischte sich die Empörung über das »Unrechtsregime« mit der durch gezielte Eskalation aufgeheizten Stimmung an der FU und entlud sich in der Demonstration gegen den Schah. In diese Situation hinein fiel der Schuss auf Benno Ohnesorg. Der Schütze, Karl-Heinz Kurras, war dabei kein loyaler West-Berliner Polizist, sondern ein Anhänger der DDR. Er war Mitglied der SED, deren Ziel die Destabilisierung West-Berlins und die sozialistische Umgestaltung der Bundesrepublik war. Bevor seine wahre Identität und Loyalität bekannt wurde, sah man in ihm einen West-Berliner Polizist, der sich in einer bedrohlichen Situation befunden hatte. Doch tatsächlich war er ein SED-Mann, der in der Verkleidung eines West-Polizisten diese gemäß der SED-Propaganda als faschistoid inszenierte.

Mit dem Wissen um seine Person hat seine Aussage über den Tathergang ihre Glaubwürdigkeit verloren: Kurras gab an, dass eine Reihe von Personen ihn bedroht hätte, einige davon seien mit Messern bewaffnet gewesen. Sie hätten Gewalt über ihn, seinen Arm und seine Pistole erlangt und in dem Augenblick von ihm abgelassen, als der tödliche Schuss gefallen war. Wenn es ihr Ziel gewesen wäre, einen Polizisten zu töten, ihn zu verletzen oder ihm seine Waffe zu entwenden, so hätten sie dazu die Gelegenheit gehabt – aber sie nutzten sie nicht, warum nicht? In Kurras' Schilderung waren die Personen darauf bedacht, eine Situation zu provozieren, in der ein West-Berliner Polizist auf einen Demonstranten schießt und nicht Demonstranten auf einen Polizisten. Angesichts der politischen Lage West-Berlins wäre die DDR-Führung die Nutznießerin einer solchen Konfrontation gewesen. Deshalb wäre es ein unglaublicher Zufall gewesen, wenn eine Gruppe von Personen, die es darauf angelegt hatte, den Schuss eines Polizisten zu provozieren und die dabei einen toten Demonstranten in Kauf nahmen, sich für ihre Aktion ausgerechnet ein Mitglied von Stasi und SED ausgesucht hätten. Diese Koinzidenz ist äußerst unwahrscheinlich.

Deshalb muss man wohl Folgendes annehmen: Kurras begab sich zusammen mit seinen Kollegen auf den Innenhof des Grundstücks Krumme Straße 66/67. Dort gab es Handgreiflichkeiten mit Demonstranten, es gab ein Durcheinander und wegen der einsetzenden Dämmerung immer schlechtere Sichtverhältnisse. Kurras hielt sich abseits, wahrscheinlich wie von ihm beschrieben in der nördlichen Ecke am Rande des Grundstücks und wartete auf einen günstigen Augenblick. Möglicherweise hatte er einige Wochen vorher sogar an den polizeilichen Nachtschussübungen teilgenommen, von denen er per Funkspruch Anfang April 1967 seine Leute in Ost-Berlin informiert hatte.[146] Als Kurras dann sicher war, dass ihn niemand beobachtete, schoss er auf eine Person, die er eindeutig als Demonstranten identifizieren konnte. Und das war der ziemlich große Ohnesorg mit seinem roten Hemd, der gerade von mehreren Polizisten festgehalten und verprügelt wurde. Kurras war einer der besten Schützen der West-Berliner Polizei.[147] Mit einem Schuss traf er Ohnesorg genau in den Kopf. Als der Schuss fiel, wurde er vom Polizisten Geier bemerkt und drehte sich blitzschnell weg.

Die wichtigste Voraussetzung dafür, dass Kurras überhaupt schießen konnte, war jedoch das aggressive Klima zwischen Demonstranten und Polizei. Das MfS verfügte über zahlreiche Leute innerhalb der West-Berliner Polizei und kannte ihre Strukturen und ihre psychologische Verfassung sehr gut. Sie hatten frühere Einsätze genau analysiert, entsprechende Informationen hatte auch Kurras geliefert. Es war ein Leichtes, durch entsprechende Maßnahmen die Aggressivität zu steigern und die Situation weiter zu eskalieren. Ein gezielt gestreutes Gerücht über einen durch einen Messerstich lebensgefährlich verletzten Polizisten heizte die Gewaltbereitschaft aufseiten der Polizei erheblich an. Und Kurras nutzte dieses Gerücht als Vorwand für seinen Schuss: Er behauptete, ebenfalls von Personen mit Messern bedroht worden zu sein.

Außerdem hatte das MfS eine zusätzliche interne konspirative Struktur für Einsätze von Einzelkämpfern und Einsatzgruppen aufgebaut, über die selbst die »regulären« Führungsoffiziere nicht informiert waren und in die Kurras eingebunden gewesen sein könnte. Viele Indizien sprechen dafür, dass Kurras am 2. Juni 1967 schoss, um die Konfrontation zwischen der entstehenden studentischen Protestbewegung und den staatlichen Autoritäten weiter zu eskalieren und die Situation in West-Berlin zu verschärfen. Die Lage an der FU war bereits politisch so angespannt, dass absehbar war, was ein solcher Schuss anrichten würde. Und der Schuss auf Ohnesorg passte haargenau in das strategische Konzept des Ostens. Ein toter Student als Märtyrer würde die Aktionen der Studenten weiter radikalisieren, würde zu Solidarisierungseffekten führen, die Bewegung weiter verbreiten. Und genau das trat dann auch ein. Kurras gab den Startschuss zu 68. Und beinahe hätte die DDR verraten, wie sehr sie an den Ereignissen tatsächlich beteiligt war. Zum ersten Mal verzichtete sie bei der Überführung des Leichnams Benno Ohnesorgs auf Grenzkontrollen und Transitgebühren. Sie ließ die beiden Konvois am Donnerstag, dem 8. Juni, und am nächsten Tag unkon-

Bei der Überführung von Benno Ohnesorgs Leichnam nach Hannover wurde der Fahrzeugkonvoi an der Transitstrecke von FDJlern mit Fahnen und Trauerflor empfangen.

trolliert passieren und sperrte hierfür sogar die Transitstrecke in beide Richtungen für eineinhalb Stunden.[148]

Die DDR postierte außerdem an der Autobahn von Berlin nach Helmstedt Tausende FDJler mit Blauhemden, die den toten Ohnesorg mit gesenkten Fahnen und Trauerflor begrüßten, so als handele es sich um einen Märtyrer des internationalen Klassenkampfes. Auf Plakaten hieß es: »Wir erklären unsere Solidarität« oder: »Polizeiterror zeigt die wahre Demokratie in West-Berlin«.[149] Am Kontrollpunkt Babelsberg waren sogar eine Ehrenkompanie der NVA und zwei Musikzüge der NVA angetreten.[150]

II. Ansichtssachen

Geburt einer neuen Jugendzeit

Eine ganz wesentliche Voraussetzung für die 68er-Revolte und ihre rasche Ausbreitung war die Entstehung einer neuen Jugendzeit. Eine immer größere Zahl von Jugendlichen nutzte das wachsende Bildungsangebot. Immer mehr Jugendliche besuchten weiterführende Schulen und Universitäten. Mit dieser Bildungsexpansion war die Ausdehnung der Jugendzeit in den 1950er- und 1960er-Jahren verbunden. Es entstand in Schulen und Universitäten ein neuer Freiraum, man musste sich noch nicht um eine Familie kümmern und war noch nicht Teil einer Maschine, die den Großteil der Zeit und Energie aufbrauchte. Man konnte über seine Zeit relativ frei verfügen. Dieser Freiraum, den frühere Generationen nicht gekannt hatten, wurde einer Jugendgeneration zuteil, die in den 1940er-Jahren geboren worden waren. Sie waren Kinder des Krieges, zum Teil gezeugt von Vätern, die aus dem Krieg nicht mehr zurückgekehrt waren. Die Zahl der Studenten stieg nach dem Krieg beständig an. Allein in der ersten Hälfte der 1960er-Jahre nahm sie um über 30 Prozent auf rund 400 000 zu.[1] Eine neue, zahlenmäßig starke Jugendgeneration erhielt Freiheiten, die für die vorhergehenden Generationen unerreichbar gewesen waren. Sie erkämpften und gestalteten diesen Raum.

Es entstand eine eigene Jugendkultur und damit in gewisser Weise eine eigene kleine Welt. Als Vorbilder konnten die Erwachsenen, insbesondere die eigenen Eltern nicht mehr dienen. Neue Vorbilder fand man in den von Schauspielern inszenierten Rebellen der 1950er-Jahre, bei James Dean, Marlon Brando oder Elvis Presley. Als Wegweiser dienten die Texte von Schriftstellern der Beat-Generation wie Jack Kerouac,

Allen Ginsberg und William S. Burroughs, die ihre Freiheitsvorstellungen nicht nur auslebten, sondern sie in der von ihnen geschaffenen Literatur den herrschenden Konventionen entgegenstellten.[2]

Nun ist Ungehorsam oder Rebellion an sich nichts Ungewöhnliches für die Jugend. Die Rebellion ist die typische Haltung der Adoleszenz, »ist die natürliche Zeitspanne des Protestes«[3].

Aber das Besondere im letzten Drittel der 1960er-Jahre war, dass die »Väter« bzw. die gesellschaftlichen Autoritäten diese Rebellion nun nicht mehr unter Kontrolle bekamen. Diese Jugendgeneration wurde wiederum Vorbild für die nachfolgenden Generationskohorten, die in dieser Tradition auch ihre Adoleszenz als politische Revolte inszenierten.

Ein Grund dafür, dass es der Jugend gelang, die entstehende Jugendzeit als eigenen Freiraum zu erobern und sich gegen den Widerstand der Väter, der Eltern, ja der Älteren insgesamt durchzusetzen, lag in nicht unerheblichem Maß in der deutlich geschwächten Position der Vätergeneration. Viele Väter hatten den Krieg nicht überlebt. Zwölf Prozent der männlichen deutschen Bevölkerung, 4,7 Millionen Männer, waren ums Leben gekommen. Die Gefallenen und Vermissten hinterließen mehr als 1,7 Millionen Witwen und 2,5 Millionen Kinder, die als Halb- oder Vollwaisen aufwuchsen. Nach Schätzungen von Experten wuchsen in Deutschland 25 Prozent aller Kinder nach dem Zweiten Weltkrieg auf Dauer ohne Vater auf. Auch kehrten viele Väter erst Jahre nach Kriegsende zurück, noch im Frühjahr 1947 befanden sich 3,1 Millionen Männer in Kriegsgefangenschaft, manche kehrten erst Mitte der 1950er-Jahre zurück. Das bedeutet, dass zusätzlich 25 bis 30 Prozent der Kinder über Jahre hinweg ohne Väter waren.[4] Damit wuchsen insgesamt über 50 Prozent aller Kinder jener Jahre über einen größeren Zeitraum hinweg ohne Vater auf.

Selbst wenn die Väter lebend zurückgekehrt waren, viele waren Krüppel oder litten unter Depressionen. Der verlorene Krieg und die Informationen über die ungeheuren Verbrechen des nationalsozialistischen Regimes, die nach dem Krieg stückweise bekannt wurden, hinterließen eine tiefe Verunsicherung. Die Väter, die den Krieg überlebt hatten, hatten sich außerdem mit Veränderungen innerhalb der Familien auseinanderzusetzen, mussten ihren Platz, den ihre Kinder und Frauen ausgefüllt hatten, zurückerobern.[5] Ihre Stellung als unangefochtener Patriarch wurde infrage gestellt. Nicht nur weil die Frauen während des Krieges eine neue Art der Selbständigkeit erlernt hatten, sondern auch weil die entstehende Konsumgesellschaft mit ihren neuen, modernen Haushaltsgeräten auch neue Freiräume für Lebensentwürfe jenseits tradierter Rollenbilder bot.

Diese geschwächte Väterwelt wurde mit den Allmachtsfantasien ihrer herangewachsenen Kinder, die Anfang der 1960er-Jahre in die Phase der rebellischen Adoleszenz eingetreten waren, konfrontiert. Diese Konfrontation wurde aufseiten der Jungen mit einem Antinazismus grundiert, der in der Lage war, den Älteren mit Verweis auf Auschwitz jegliche Legitimationsgrundlage zu entziehen. Die besiegten Väter sahen sich, kaum dass sie aus dem Krieg heimgekehrt waren und sich für das Wirtschaftswunder abgerackert hatten, dieser Herausforderung zumeist nicht mehr gewachsen und reagierten aus einer Position der Schwäche heraus oft falsch. Es war ein ungleicher Kampf, bei dem auf der einen Seite eine quantitativ wachsende Zahl an Jugendlichen stand – 1968 waren 30 Prozent (18 Millionen) der Gesamtbevölkerung Kinder und Jugendliche im Alter bis einschließlich 19 Jahre –, auf der anderen Seite eine durch den Krieg dezimierte und psychisch geschwächte Väterwelt, deren Zahl zudem weiter abnahm – nur rund 26 Millionen Erwachsene (42 Prozent der Gesamtbevölkerung) waren 40 Jahre und älter.

Schwache Väter führen aber nicht zu starken Kindern. Im Gegenteil. Es wuchs eine zutiefst verunsicherte Jugend heran, die nach Halt und Orientierung suchte. Die 68er, so der Historiker Götz Aly, »gerieten in den Nachkriegsjahren in eine psychosoziale Situation, die der ähnelte, die ihre zwischen 1910 und 1922 geborenen Eltern als Kinder nach der Niederlage von 1918 durchgemacht hatten. Mit anderen Worten: Die familiengeschichtlichen Folgeschäden aus zwei fürchterlichen Kriegen potenzierten sich in den Studenten von 1968.«[6] Sie suchten Zuflucht in der Gruppe der Gleichaltrigen, suchten nach

»zwischenmenschlicher Wärme« und hatten die Neigung, ihre eigene Schwäche dadurch wettzumachen, sich gegen die äußere Welt, die Älteren, die Gesellschaft und ihre Institutionen abzugrenzen und sich in ein Freund-Feind-Schema zu flüchten.

Das Referenzsystem

Die Ideologie, die am besten dazu geeignet war, dieser Generation mit ihren psychischen und emotionalen Dispositionen gerecht zu werden, war der Marxismus. Wenige Jahre nachdem das Ende des ideologischen Zeitalters prognostiziert worden war,[7] wurde der Marxismus zur einflussreichsten Ideologie innerhalb der jungen Generation. Die Attraktivität des Marxismus lag vor allem darin, dass für die jungen Menschen über diese Ideologie die nationalsozialistische Diktatur mit ihren ungeheuerlichen Verbrechen begreifbar wurde. »Nach einer Phase fast grenzenloser Überhöhung des nationalen Ideals«, so der Soziologe Norbert Elias in seinen Studien über die Deutschen, »sahen sich die nun heranwachsenden Generationen nicht nur mit dem Makel der Niederlage belastet, sondern darüber hinaus mit dem schwer zu bewältigenden Makel einer Nation, die zu barbarischen Gewalttätigkeiten neigte.«[8]
Der Marxismus ermöglichte eine »entschiedene Distanzierung von den Untaten der Väter und versprach den Eintritt in eine neue, gerechte Welt«. In einer Situation der »ideellen Entwurzelung«[9], die das Jahr 1945 mit sich gebracht hatte, bot er eine neue Orientierung. Der Marxismus erschien, so Elias, nicht »wenigen der während oder nach dem Kriege Geborenen als Inkarnation eines Auswegs aus einer Gesellschaft voll sinnloser Zwänge, als Inbegriff der Hoffnung auf das baldige Kommen einer Gesellschaft ohne Unterdrückung und Ungleichheit«[10]. Die in der kommunistischen Weltbewegung organisierten Marxisten erklärten den Faschismus als die aggressivste Herrschaftsform des Imperialismus, erklärten diese als eine Ausgeburt des kapitalistischen Systems und boten damit einerseits die

Möglichkeit, die Eltern, die in dieses System irgendwie verstrickt gewesen waren, von ihrer persönlichen Schuld zu entlasten. Andererseits konnten sich die jungen Menschen von den unvorstellbaren Gräueln dadurch auseinandersetzen, dass sie gegen das kapitalistische System und damit gegen die angeblichen Wurzeln des Faschismus kämpften. Der Einsatz für die sozialistische Alternative erschien in der marxistischen Ideologie als die einzige Möglichkeit, um einen Rückfall in einen neuen Faschismus zu verhindern.

Das Kursbuch

Eine Zeitschrift, die ganz wesentlich mit der Revolte verbunden war, ist *Das Kursbuch*. Im Juni 1965 erschien die erste Ausgabe der Zeitschrift im Suhrkamp Verlag. *Das Kursbuch* wurde in den folgenden Jahren zum »wichtigsten Verständigungsmittel der 68er«[11]. Der Herausgeber war kein Unbekannter. Es war der 1929 geborene Schriftsteller Hans Magnus Enzensberger. 1963 hatte er einen der wichtigsten Literaturpreise der Bundesrepublik erhalten: den Georg-Büchner-Preis der Deutschen Akademie für Sprache und Dichtung. Damit stand der 34-Jährige in einer Reihe mit Schriftstellern wie Erich Kästner, Paul Celan, Gottfried Benn und Wolfgang Koeppen.[12]
Enzensberger engagierte sich in der Anti-Atom-Bewegung und schrieb für die linken Zeitungen *Konkret* und *Blätter für deutsche und internationale Politik*.[13] 1955 war er auf Empfehlung von Alfred Andersch, für den er seit Mitte der 1950er-Jahre beim Süddeutschen Rundfunk arbeitete, Mitglied der Gruppe 47 geworden und nahm seitdem an deren Treffen teil. Andersch, Jahrgang 1914, war in der Weimarer Republik Mitglied der KPD und des kommunistischen Jugendverbandes gewesen, die Nazis hatten ihn für einige Monate ins KZ gebracht; nach dem Krieg gab er zusammen mit Hans Werner Richter, dem späteren Begründer und Organisator der Gruppe 47, die Zeitschrift *Der Ruf* heraus, die 1947 aufgrund ihrer prokommunistischen Einstellung von der amerikanischen Besatzungsmacht verboten wurde.

Richter und Enzensberger nahmen 1963 als Vertreter der Gruppe 47 an einem Schriftstellerkongress in Leningrad teil. Der Kongress fand parallel zur Unterzeichnung des Atomtest-Abkommens zwischen den USA und der Sowjetunion durch Kennedy und Chruschtschow statt, der durch die Präsenz einer Reihe prominenter Schriftsteller aus Ost und West die entsprechende Aufmerksamkeit erhielt. Unter ihnen waren neben Richter und Enzensberger unter anderem Jean-Paul Sartre, Simone de Beauvoir, Stefan Hermlin, Pier Paolo Pasolini und Ilja Ehrenburg. Auf Leningrad folgte als nächste Station Moskau, wo es im Theatersaal zu einem großen Vorlesen internationaler Lyriker kam. Enzensberger wurde vom Präsidenten mit erhobener Faust als »Organisator und Chef der antifaschistischen Kampfgruppe 47«[14] angekündigt.

Hans Werner Richter zog eine positive Bilanz der Reise: »Enzensberger, als Primaballerina, hat dort einen tollen Solotanz auf die Bühne gelegt, (…) während ich hinter der Bühne mit den Russen Politik trieb, den vielen Wodka trinkend, den ›Enzi‹ (so wurde er von den Italienern genannt) nicht verträgt. Wir waren die kleinste Delegation, aber wir hatten den größten Erfolg. Warum? Die Gruppe 47 und die Bundesrepublik. Das interessierte die Russen ungeheuer.«[15]

Im Wintersemester 1964/65 hielt Enzensberger in Frankfurt unter reger Anteilnahme der Studenten eine Poetikvorlesung und zog 1965, als die erste Nummer des *Kursbuchs* erschien, nach West-Berlin. Die Aufmerksamkeit für die neue Zeitschrift war von Anfang an groß. Bereits die erste Ausgabe konnte so renommierte Autoren wie Samuel Beckett, Uwe Johnson, Jean-Paul Sartre, Peter Weiss und Martin Walser vorweisen. Die politischen Akzente waren noch verhalten und sehr diskret gesetzt, aber die Linksorientierung war nicht zu übersehen. In dem Gedicht des wenig bekannten Finnen Pentti Saarikoski fanden sich Zeilen wie »Ich wurde Kommunist« und »ich unterstützte Chruschtschow«, Amerika führte »Europa am Hammelbein« und »Castro steht da als ein Standbild der Freiheit«.[16] Auch Trotzki tauchte in einem Beitrag auf und erzählte Revolutionsgeschichten, in denen ein mit Brille und Perücke verkleideter Lenin erschien.

Der *Kursbuch*-Redakteur Karl Markus Michel[17] stellte unter der Überschrift »Sprachlose Intelligenz« erste Gedankenspiele zur Revolution an. Als Aufhänger diente ihm ein 1770 geschriebener Text von Louis-Sébastien Mercier, in dem die Theoretiker der Revolution von Marx über Lenin bis Lukacs besprochen wurden. Michel machte sich Gedanken über die Rolle des sozialistischen Intellektuellen in einer Erziehungsgesellschaft und war hin- und hergerissen: »Man kann nicht Antikommunist sein, man kann nicht Kommunist sein.«[18]

Auch der Umgang der Bundesrepublik mit der NS-Zeit kam im *Kursbuch* zur Sprache. Martin Walser setzte sich anlässlich des Auschwitz-Prozesses, der 1963 in Frankfurt am Main begonnen hatte, mit Auschwitz und der nationalen Schuld auseinander. Er entwickelte eine Art von Kollektivschuld-Konzept, wobei das Volk als das Kollektiv bezeichnet wurde, in dem die Ursache für die Verbrechen zu suchen sei. Auschwitz sei, so Walser, eine großdeutsche Sache.

War das erste Heft der Zeitschrift *Das Kursbuch* noch stark literarisch geprägt und der politische Anstrich noch sehr verhalten, so änderte sich das mit der folgenden Ausgabe. Am Anfang der zweiten Nummer stand Franz Fanons Text »Von der Gewalt«. Fanon konstatierte eine Dreiteilung der Welt in Kapitalismus, Sozialismus und Dritte Welt. Da er sich von den westlichen Nationen nichts versprach und dort nur »Egoismus« und »Unmoral« verzeichnete, zielte seine Strategie der Dekolonisation, das heißt der Auflösung der Kolonialsysteme und der Etablierung unabhängiger Nationalstaaten, auf ein Bündnis zwischen den Staaten der Dritten Welt und den Massen Europas, die sich noch in einem »verantwortungslosen Dornröschenschlaf« befänden. Dieser Prozess der »Dekolonisation ist immer ein gewaltsames Phänomen«[19], der sich gegen den gemeinsamen Feind richtet: »unsern gemeinsamen Herren«[20], folgerte Fanon, womit die herrschenden Klassen der westlichen Staaten gemeint waren.

Um Gewalt ging es auch in dem darauffolgenden »Brief an die Bürger der USA«. Der mexikanische Schriftsteller Carlos Fuentes setzte darin die Revolution in Lateinamerika und den bewaffneten Kampf gegen die USA auf die Tagesordnung. Denn nur die bewaffnete

Revolution – das hätten die Entwicklungen in Kuba und Mexiko bewiesen – könne den Hüter der alten Ordnung zerschlagen. »Von Spartacus bis Fidel Castro (...) haben sich Revolutionen durch die Gewalt vollzogen.«[21] Die Revolution in den Ländern Lateinamerikas sei, so Fuentes weiter, identisch mit dem Unabhängigkeitskrieg gegen die USA.

Durch Fanon und Fuentes vorbereitet und in eine Reihe gestellt mit Spartakus, dem Anführer des Sklavenaufstands im Römischen Reich, betrat dann Fidel Castro die Bühne des *Kursbuchs*. Hatte der Mexikaner Fuentes sich als Vertreter Lateinamerikas an die Bürger der USA gewandt, richtete Castro sich an die ganze Welt. Abgedruckt wurde eine fünf Jahre alte Rede Castros, die er vor den Vereinten Nationen gehalten hatte. Darin pries er die Befreiung des Volkes der Kubaner von der Herrschaft der USA.[22] Castro stellte die USA in eine Reihe mit den europäischen Kolonialmächten und behauptete, die USA betrieben eine neue Form des Kolonialismus, die den abhängigen Staaten zwar den Anschein der nationalen Souveränität beließe, sie aber faktisch genauso beherrschte und ausbeutete.

Während sich Heft 3 mit Wahnsinn, Wahnwelten, Politik und Wahn beschäftigte, ging es in Heft 4, das im Februar 1966 erschien, um konkrete Deutschlandpolitik. Ein Katechismus zur deutschen Frage mit 74 Fragen und Antworten sorgte in der Bundesrepublik und in der DDR für Wirbel. Denn hier schlug Enzensberger vor, mit der DDR, die damals noch nicht von der Bundesrepublik anerkannt worden war, eine Konföderation zu bilden. Das entsprach den Zielen der DDR, die bereits im Juli 1957 die Bildung einer solchen vorgeschlagen hatte und die Ulbricht daraufhin erneut im April 1966 in seiner Rede anlässlich der Feier zum 20-jährigen Bestehen der SED propagierte.[23] Die DDR war so begeistert, dass der Vorschlag einer Konföderation im Westen von einem der führenden westdeutschen Intellektuellen aufgegriffen worden war, dass das *Neue Deutschland*, Zentralorgan der SED, diesen Katechismus umgehend nachdruckte.[24]

In Enzensbergers Artikel ging es allerdings nicht nur um die Konföderation. Es wurde ganz im Sinne der DDR und ihrer Rechtsposition

84

bezüglich West-Berlins vorgeschlagen, dass die Bundesregierung den Berliner Amtssitz des Bundespräsidenten nicht länger aufrechterhalten und alle Behörden, die nicht der Kooperation mit der DDR dienten, aus West-Berlin zurückziehen sollte. Außerdem solle der Radiosender RIAS aufgelöst und der Sender Freies Berlin umgestaltet werden.[25] Damit lag Enzensberger ganz auf DDR-Linie, denn die Auflösung beispielsweise des RIAS (Rundfunk im amerikanischen Sektor), der der Bevölkerung der DDR wichtige Informationen, gerade auch in Krisensituationen wie dem 17. Juni 1953 geliefert hatte, war ein Ziel, das die DDR-Führung seit langer Zeit verfolgte.

In der gleichen Ausgabe wurden auch einige Gedichte des DDR-Schriftstellers Volker Braun abgedruckt. Darunter auch »Die Mauer«, in dem die Berliner Mauer entsprechend der offiziellen Propaganda der DDR als Friedensgrenze gerechtfertigt wurde. In dem Gedicht hieß es: »Schrecklich / Hält sie, steinerne Grenze / Auf was keine Grenze/Kennt: den Krieg. Und sie hält / Im friedlichen Land, denn es muß stark sein / Nicht arm, die abhaun zu den Wölfen / Die Lämmer. Vor den Kopf / Stößt sie, das gehn soll wohin es will, nicht / In die Massengräber, das / Volk der Denker.«[26]

Damit waren innerhalb von vier Ausgaben die wesentlichen Elemente einer neuen Weltsicht präsentiert worden: eine dreigeteilte Welt, in der Sozialismus, Kapitalismus und Dritte Welt existierten, wobei die Dritte Welt von der kapitalistischen, westlichen Welt unterdrückt und ausgebeutet wurde. Der Sozialismus musste sich vor der Aggression der Wölfe schützen – mit einer »steinernen Grenze«. Als Ausweg wurde die gewalttätige Revolution, das Bündnis von Dritter Welt und Volksmassen in den kapitalistischen Ländern gegen die gemeinsamen Herren propagiert. Damit wurden die wesentlichen Parameter einer Weltsicht errichtet, die für die sich dann entwickelnde politische Bewegung grundlegend wurde. Mit genau diesen Positionen entwickelte sich *Das Kursbuch* in den folgenden Jahren zur führenden intellektuellen Revue, 1966 lag die Auflage bereits bei 15 000.

Hans Magnus Enzensbergers linkes Engagement war nicht nur auf die Herausgabe des *Kursbuchs* beschränkt. 1966 wurde er in der Anti-

Notstands-Kampagne aktiv. Auf der Abschlusskundgebung auf dem Frankfurter Römerberg am 30.10.1966 hielt er eine Rede und stellte dabei die Frage: »Leben wir in einer Bananenrepublik?« Der DDR gefiel sie und so druckte sie die Rede im *Sonntag* nach.[27]

Enzensberger entwickelte sich immer weiter nach links. Als er 1967 den Kulturpreis der Stadt Nürnberg erhielt, kündigte er an, das Geld an Personen zu spenden, die wegen Aktivitäten für die illegale KPD im Gefängnis saßen.

In einem Artikel, der im September 1967 im *Times Literary Supplement* erschien, machte er deutlich, dass für ihn die Revolution auf der Tagesordnung stehe.[28] Im Wintersemester 1967/68 erhielt er ein Stipendium an der Wesleyan Universität in Connecticut und fuhr in die USA. Im Januar 1968 reiste Enzensberger für einige Wochen nach Kuba und war ganz »entflammt«. Kuba sei ein Sozialismus in Eigenbau und unter Palmen, erklärte er. »Den Leuten fehlt alles Zwanghafte.«[29] Am 31.1.1968 schrieb Enzensberger einen offenen Brief an den Präsidenten der Wesleyan Universität und erklärte darin die Klasse, die in den USA an der Herrschaft sei, und die Regierung, die die Geschäfte dieser Klasse führte, für »gemeingefährlich«. Ihr Ziel sei die »politische, ökonomische und militärische Weltherrschaft« und ihr Todfeind sei die Revolution. Er rückte die USA in die Nähe des Faschismus und kündigte schließlich an, nach Kuba überzusiedeln. »Ich möchte im Herbst dieses Jahres nach Cuba gehen, um dort für längere Zeit zu arbeiten. Dieser Entschluß ist kein Opfer; ich habe einfach den Eindruck, daß ich den Cubanern von größerem Nutzen sein kann als den Studenten der Wesleyan University und daß ich mehr von ihnen zu lernen habe.«[30] Im Februar 1968 gab Enzensberger sein Stipendium auf, um ein Jahr in Kuba zu bleiben. *Kursbuch* Nr. 11, das im Januar 1968, im Monat vor seinem Umzug nach Kuba erschienen war, stand unter dem Titel »Revolution in Lateinamerika«. Es begann mit einer Lobeshymne auf den toten Che Guevara. Peter Weiss schrieb: »Als wir vom Tode Ches erfuhren, war unser erster Gedanke: Mußte er sterben, gerade jetzt, wo er unentbehrlicher geworden war denn je?«[31] Die folgenden Ausgaben gab Enzensberger 1968 von Kuba aus heraus. Mit einer Literaturzeitschrift hatte *Das Kursbuch* inzwischen keine Ähnlichkeit mehr. Im Mittelpunkt standen vor allem die Dossiers, die Diskussionsmaterial für die mittlerweile in Fahrt gekommene Studentenbewegung lieferten. *Das Kursbuch* wurde als Sprachrohr des Protestes betrachtet. Die Themen der Hefte lauteten »Der nicht erklärte Notstand« und »Die Studenten und die Macht« und erreichten Auflagen von 50 000 und mehr.[32] Im Verlauf der Jahre 1969 und 1970 kam es dann zum Bruch mit dem Suhrkamp Verlag. Ab Heft 21, »Der Kapitalismus der BRD«, erschien die Zeitschrift im linken Wagenbach Verlag, die Auflage erreichte mittlerweile 100 000.[33]

Peter Schneider, einer der Aktivisten von 68, der im Haus Enzensbergers von Dutschke und Salvatore als führender Kopf für die Anti-Springer-Kampagne akquiriert worden war, schrieb über die Rolle Enzensbergers: »Der Einfluss von Enzensberger auf die zehn bis zwölf Jahre jüngeren Führer der Revolte kann gar nicht überschätzt werden. Nicht zufällig kamen Rudi Dutschke, Gaston Salvatore, Christian Semler, Bernd Rabehl, Bahman Nirumand, Horst Mahler, Wolfgang Lefèvre – ebenso wie wohl neunzig Prozent der frühen Aktivisten – aus den sogenannten ›Geisteswissenschaften‹.« Sie alle kannten Enzensbergers Protestgedichte, polemischen Essays über *Spiegel* und *FAZ* und seine Übersetzungen von Dichtern und Theoretikern aus der Dritten Welt. »Hätte man die 68er, die ja zum Teil wandelnde Lexikons der revolutionären Weltbewegung waren«, so Schneider, »nach einem lebenden deutschen Autor gefragt, auf den sich alle einigen konnten, sie hätten im Chor den Namen Hans Magnus Enzensberger gerufen.«[34]

Der Kongress in Hannover

In der politisch aufgeheizten Lage nach dem Tod Benno Ohnesorgs war es ein Leichtes, revolutionäres Gedankengut, das schon seit 1965 im *Kursbuch* verbreitet wurde, in breitere Schichten der Studentenschaft zu tragen. Am 9. Juni 1967, genau eine Woche nach dem Schuss auf Benno Ohnesorg, am Tag seiner Beerdigung in Hannover, fand dort der Kongress »Bedingungen und Organisation des Widerstandes« statt, den etwa 5000 Teilnehmer aus der Bundesrepublik besuchten. Offizieller Veranstalter waren der AStA der FU Berlin und der AStA der TH Hannover.[35]

Der Kongress habe, so Bernhard Wilhelmer, stellvertretender AStA-Vorsitzender der FU Berlin, das Ziel, »den Ereignissen vor der Berliner Oper das Odium der Zufälligkeit zu nehmen und den Schleier zu zerreißen, den die politische Führung Berlins und ein großer Teil der formierten Presse vorschnell und mit verdächtigem Eifer über die Gewaltmaßnahmen der Westberliner Polizei zog. (…) Autoritäre Herrschaft in Hochschule, Staat und Gesellschaft«, so Wilhelmer weiter, »sind in den Berliner Ereignissen vom 2. Juni wie durch ein Brennglas zusammengefaßt und der Analyse zugänglich geworden.«[36]

Das Podium des Kongresses bildeten Bernhard Wilhelmer, Ekkehard Krippendorf (Habilitant FU Berlin, SDS), Klaus Meschkat (ehemaliger VDS-Vorsitzender, 1958/59, ehemaliger AStA-Vorsitzender der FU, 1957, Assistent am Institut für osteuropäische Geschichte, SDS), Ulrich K. Preuß (Wissenschaftlicher Mitarbeiter am Institut für Bildungsforschung Max Planck Gesellschaft Berlin), Knut Nevermann (AStA FU Berlin, 1966/67; SHB).

Außerdem waren unter anderem folgende bekannte Personen zugegen: der Journalist Erich Kuby, der Rechtsanwalt Horst Mahler (Republikanischer Club, früher SDS), Wolfgang Lefèvre (Konventspräsident FU, SDS), Rudi Dutschke (SDS), Bahman Nirumand (CISNU), Hans-Jürgen Krahl (SDS), Rainer Langhans (Kommune 1), Dieter Kunzelmann (Kommune 1), Helmut Schauer (Ehemaliger SDS-Vorsitzender; Kuratorium »Notstand der Demokratie«).

Schließlich nahmen auch eine Reihe von Professoren teil, die sich auf die Seite der linken Studenten gestellt hatten. Darunter: Prof. Wolfgang Abendroth (Marburg; Sozialistischer Bund), Prof. Jürgen Habermas (Frankfurt/Main; Sozialistischer Bund), Prof. Örtzen (Hannover), Prof. Brückner (Hannover), Prof. Helmut Gollwitzer (FU Berlin), Prof. Ossip K. Flechtheim (West-Berlin, Sozialistischer Bund), Prof. Hartmut von Hentig (Göttingen).

Für die politische Instrumentalisierung des toten Benno Ohnesorg spielte dieser Kongress eine zentrale Rolle. Die Tagung trug erheblich dazu bei, Ohnesorg zum prominenten Märtyrer einer sich rasch entwickelnden politisch linken Bewegung zu machen. Der Kongress diente vor allem dazu, die politische Bewegung der Studenten auf das Bundesgebiet auszuweiten. Die Überführung Ohnesorgs von West-Berlin in das Bundesgebiet und die Veranstaltung des Kongresses in Hannover, der Heimatstadt Ohnesorgs, machte das auch sehr symbolträchtig deutlich.

Das Referat von Professor Wolfgang Abendroth, marxistischer Politikwissenschaftler aus Marburg, stellte einen Zusammenhang her zwischen dem Tod Ohnesorgs, den geplanten Notstandsgesetzen und der Entstehung der nationalsozialistischen Diktatur. Abendroth zog zunächst eine Verbindung zwischen dem Verhalten der Polizei am 2. Juni und den geplanten Notstandsgesetzen der Bundesregierung und erklärte: »An ihnen, den Berlinern, ist der Notstand probiert worden.« In Berlin sei vorweggenommen worden, was in der Bundesrepublik alle erleben würden, wenn die Notstandsgesetze verabschiedet seien. Sodann machte der 61-Jährige eine Parallele auf zwischen der Notstandsverfassung, deren gesetzliche Grundlage im Bundestag diskutiert wurde, und dem Paragrafen 48 der Weimarer Republik, der es dem Reichspräsidenten erlaubt habe, mit Notverordnungen zu regieren, und der faktisch den Weg zur faschistischen Diktatur geebnet hatte.[37]

Wolfgang Lefèvre wiederum nahm die Ereignisse des 2. Juni zum Anlass, Forderungen nach Änderungen der universitären Mitbestimmungsmodelle zu erheben. Ihm ging es nicht mehr um Mitbestimmung, sondern um die Übernahme der Macht an den Universitäten durch die Studenten. Es gehe darum, so Lefèvre, »dass in sämtlichen akademischen Gremien die studentischen Sprecher in allen Fragen, außer in Personalangelegenheiten der Professoren, das Vetorecht haben, sodass sie nicht mehr majorisierbar sind«[38].

Dann sprach Rudi Dutschke, Student der Soziologie an der FU in Berlin. Dutschke war einer der führenden Köpfe des SDS, nicht nur in West-Berlin. Im Oktober 1965 war er in den SDS-Bundesvorstand gewählt worden. Nach der Delegiertenkonferenz des SDS Anfang September 1966 schrieb *Die Zeit*: »Wer kannte vor einem Jahr schon Rudi Dutschke? Mittlerweile ist er der Populärsten einer, gleichsam der personifizierte SDS.«[39] Im Bericht über eine Podiumsdiskussion in West-Berlin bezeichnete die BZ ihn als »Führer der Berliner ›Provos‹« und schrieb: »Es muß ein dolles Ding sein, an dem der Dutschke dreht. Revolutionäre Herzen können wieder höher schlagen.«[40]

Rudi Dutschkes Rede auf dem Kongress ist deshalb von erheblicher Bedeutung, weil er ein strategisches Konzept für die Weiterentwicklung der studentischen Oppositionsbewegung präsentierte. Der Ausgangspunkt von Dutschkes Überlegungen war ein kurzer Rückblick auf den an der FU Berlin in den Jahren 1963 bis 1966 stattgefundenen Politisierungsprozess. Die Anfänge der Politisierung seien die Aktionen gegen den kongolesischen Ministerpräsidenten Moïse Tschombé im Dezember 1964 und gegen andere Vertreter von Regimes der Dritten Welt gewesen. Da die bestehende Gesellschaft über Mechanismen verfüge, auch systemkritische Kräfte in das demokratische System zu integrieren, vertrat Dutschke die Auffassung, dass deshalb »die etablierten Spielregeln dieser unvernünftigen Demokratie nicht unsere Spielregeln sind«,[41] sprich, er forderte ein anderes politisches System.

Der Ausgangspunkt der Politisierung der Studenten müsse deshalb die bewusste Durchbrechung der etablierten Spielregeln sein. Die Aufgabe der linken Studentenverbände sei es, AStA und Studentenschaft stärker zu politisieren, um die Bewusstseinsschärfung größerer Teile der Studentenschaft zu ermöglichen. »Die bewussteste und aktivste Opposition gegen die Entdemokratisierung der Gesellschaft«, so Dutschke, »geht von der Universität aus.«[42] Auf Berlin bezogen führte Dutschke aus, die tendenzielle Beseitigung der studentischen Opposition durch exemplarischen Polizeiterror, durch Bestrafung und Reglementierung sogenannter Rädelsführer müsse als Angriff auf die bedeutendsten Ansätze demokratischen Bewusstseins nach dem Zweiten Weltkrieg in Deutschland angesehen werden.

Es sei an der Zeit, sich zur Wehr zu setzen. In Berlin seien seit einer Woche Aktionszentren aktiv, Ziel sei es, so Dutschke, räteartige Gebilde an allen westdeutschen Universitäten in den nächsten Tagen zu gründen.[43] Das, was Dutschke hier erst schemenhaft andeutete, wurde in den folgenden Wochen weiter konkretisiert und sah schließlich die Etablierung eines Rätesystems als Gegenmacht gegenüber den Institutionen der parlamentarischen Demokratie vor. Die Etablierung eines Rätesystems sollte ganz nach dem russischen Vorbild die Voraussetzung für die Durchführung der Revolution bilden.

Dass das Durchbrechen der etablierten Spielregeln der Demokratie auch den Einsatz von Gewalt implizierte, war dem früheren SDS-Vorsitzenden Helmut Schauer aus Frankfurt ziemlich schnell klar. Er unterstützte Dutschke und befürwortete dabei ebenfalls den Einsatz von Gewalt: »Ich meine, dass die Berliner Kommilitonen nicht darauf verzichten können, notfalls mit der Gewalt der organisierten, einheitlichen und disziplinierten Aktion und Demonstration den Ausnahmezustand in Berlin, das Demonstrationsverbot, zu durchbrechen.«[44]

Professor Habermas brauchte einige Zeit, um zu begreifen, was Dutschke gesagt hatte. Er war schon auf dem Weg nach Hause gewesen, aber Dutschkes Redebeitrag hatte ihm keine Ruhe gelassen, und so kehrte er noch einmal zurück – es war bereits Mitternacht – und sorgte am Ende des Kongresses für einen Eklat. Er ging ans Mikrophon und forderte von Dutschke eine Erklärung. »Ich hätte gerne geklärt«, so Habermas, »ob er nun willentlich die manifeste Gewalt herausfordert nach dem kalkulierten Mechanismus, der in diese Gewalt eingebaut ist, und zwar so, daß er das Risiko der Menschenverletzung, um mich vorsichtig auszudrücken, absichtlich einschließt oder nicht.« Habermas befürchtete, dass es zu »provokationistischen Studentenkohorten« kommen könne. Auch er hatte begriffen, dass Dutschke mit der Aussage, dass er sich nicht mehr an die Spielregeln der Demokratie halten wolle, die Frage der gewalttätigen Aktion aufgeworfen hatte und warf diesem nun vor, eine »voluntaristische Ideologie« entwickelt zu haben, die Habermas als

»linken Faschismus« bezeichnete.[45] Aber Dutschke war bereits abge-
reist und konnte ihm nicht mehr antworten.

Bemerkenswert ist nicht nur, dass auf diesem Kongress neue Positionen offen dargelegt wurden, die der Regierung der Bundesrepublik das demokratische Fundament absprachen, die Haltung der
Polizei beim Schah-Besuch in Berlin mit faschistischen Methoden
gleichsetzten und mehr oder weniger versteckt zu gewalttätigem
Widerstand aufriefen. Darüber hinaus ist vor allem beachtlich, dass
es gelang, diesen Kongress innerhalb von einer Woche zu organisieren und dass 5000 Teilnehmer nach Hannover kamen. Die politischen Aktivisten nutzten den Tod Ohnesorgs und ergriffen ohne zu
zögern die sich bietende Gelegenheit, um die entstehende politische
Bewegung in ihrem Sinne weiterzuentwickeln, die Eskalation
weiterzutreiben und die Reihen ihrer Mitglieder zu vergrößern.

Hier wird deutlich, dass der Mythos des 2. Juni konstruiert wurde.
Es gab nicht einen Toten und infolgedessen entstand aus dieser
Betroffenheit eine politische Bewegung, die sich immer weiter radi-
kalisierte. Es gab vielmehr politische Aktivisten, die diese Gelegenheit nutzten, um die politische Bewegung zu verbreitern und weiter
zu radikalisieren, die die jeweils nächste Eskalationsstufe im Auge
hatte, um diese für ihre politischen Konzepte, die Gewinnung weiterer Anhänger und die Ausweitung der Bewegung zu nutzen.

Freie Stadt West-Berlin

Das von Rudi Dutschke auf dem Kongress in Hannover vorgetrage-
ne strategische Konzept, räteartige Gebilde zu gründen, wurde auf
einem Strategietreffen zwei Wochen später weiter konkretisiert. Das
Treffen fand am 24. und 25. Juni in der IG-Metall-Schule in Pichelsdorf am Pichelsee in Berlin-Spandau statt, Teilnehmer waren vor
allem Mitglieder des SDS.[46] Darunter waren unter anderem Lothar
Pinkall (Leiter IG-Metall-Schule), Peter Wellert, Urs Müller-Planten-
berg (SDS), Christian Semler (SDS), Peter Schneider (SDS), Bernd

Rabehl (SDS), Wolfgang Lefèvre (SDS) und Rudi Dutschke (SDS).[47] Mit Dietrich Staritz (Deckname »Erich«) war außerdem ein Stasi-spitzel anwesend, der die Informationen über dieses Treffen später dem MfS auf Band diktierte.

Bei diesem Treffen stellte Dutschke den Plan einer »Freien Stadt Westberlin« vor.[48] Die Diskussion drehte sich darum, ob und wie es zu verwirklichen sei. Rudi Dutschke notierte danach in sein Tage-buch: »›historische‹ Sitzung über Gegenwart und Zukunft West-Berlins«[49] und war der Meinung, dass »es nicht mehr übermütiger Irrsinn [sei], in dieser Stadt die Machtfrage zu stellen und positiv zu beantworten: ›positiv‹, d.h. durch schon vor der Machtfrage sich herstellende Räteorgane das Gleichgewicht zu verschieben. (Frei-staat Status!)«[50]

»Die Resultate dieser Tagung«, so Michaela Karl in ihrer Dutschke-Biografie, »verarbeitete er später in einem Artikel für das *Oberbaum Blatt* mit der Überschrift ›Zum Verhältnis von Organisation und Emanzipationsbewegung‹.« Der Artikel erschien am 12. Juli 1967 im *Oberbaum Blatt* unter dem Pseudonym R.S.[51] Worum ging es? Dutschke legte ein Konzept dar, aus West-Berlin einen Freistaat zu machen, um eine von »kapitalistischen und stalinistischen Bürokra-ten (…) unabhängige ›Assoziation freier Individuen‹«[52] zu ermög-lichen.

Dutschke propagierte die Schaffung einer kommunistischen Enkla-ve, denn nichts anderes bedeutete »Association freier Individuen« im marxistischen Vokabular.[53] Aber in der marxistischen Lehre, in der Dutschke sich ausgezeichnet auskannte, kam der Kommu-nismus erst am Ende einer langen Entwicklung, erst nach der Dikta-tur des Proletariats und auch erst nach dem darauffolgenden Sozia-lismus. Die von Dutschke konzipierte Rätedemokratie für West-Ber-lin konnte nur der erste Schritt der Revolution in diese Richtung sein. Denn mit der Etablierung der Räte als Gegenmacht zur beste-henden Regierung, der Doppelherrschaft, hatten die Bolschewiki 1917 in Russland die Revolution gemacht. Auch das wusste Dutsch-ke als Kenner der russischen Revolution nur zu genau. Mit der Schaffung einer Rätedemokratie, in der »die freien Individuen in direkter Wahl in allen Bereichen des gesellschaftlichen Lebens, die ständig rotierende und nur temporäre – jederzeit durch Räteversammlung absetzbare – Führung wählen«, und zwar in den Betrieben, den Schulen, Universitäten und Verwaltungen, ging es um den ersten Schritt einer revolutionären Umgestaltung. Die existierenden demokratischen Institutionen wie das Parlament, die Parteien und die Exekutive sollten abgeschafft und die Macht durch Komitees und Räte ausgeübt werden. Wörtlich hieß es in Dutschkes Artikel: »Parlament, Parteien und Exekutive werden unter diesen Bedingungen ihre Ferien für permanent erklären« und der »Abtransport der funktionslosen Politiker und Bürokraten nach Bonn« wird in Sondermaschinen erfolgen, denn »politische Gefangene haben in einer wahrhaft freien und solidarischen Gesellschaft keinen Sinn«[54]. Das Freistaat-Konzept wurde schließlich mit dem innerhalb der Studenten sehr populären Slogan »Brecht dem Schütz die Gräten, alle Macht den Räten« propagiert.

Betrachtet man Rudi Dutschkes Konzept einer freien Stadt West-Berlin, darf man nicht außer Acht lassen, dass West-Berlin nicht im luftleeren Raum existierte. Spätestens seit der Blockade 1948/49 war klar, dass die Sowjetunion bzw. die DDR das Ziel der Integration West-Berlins in die DDR verfolgten. Diese Position hatte Chruschtschow 1958 erneut deutlich gemacht und die DDR wies bei jeder Gelegenheit darauf hin, dass West-Berlin sich auf dem Territorium der DDR befände und eigentlich zu Ost-Berlin gehöre. Dutschke war Realist genug, um zu wissen, dass sein Freistaat-Konzept letztlich auf eine Integration West-Berlins in die DDR hinauslaufen musste. Dass Dutschke angeblich ein Freistaats-Konzept jenseits von Chruschtschow und Ulbricht verfolgte, wie es Rabehl und Karl behaupten, ist vollkommen abwegig. Ein entmilitarisiertes West-Berlin, das heißt eine Stadt ohne französisches, britisches und vor allem amerikanisches Militär, hätte inmitten der DDR, umgeben von den Divisionen des Warschauer Paktes keine besonders lange Überlebenschance als selbständiger Stadtstaat gehabt, denn woher wäre die Macht gekommen, um sich den Zudringlichkeiten einer feindlichen Umgebung zu widersetzen?

Während der Propagandist Dutschke dem Publikum ein kommunistisches Paradies in einer West-Berliner Enklave, in einer »Kommune West-Berlin«, versprach, hatte der Machtpolitiker Dutschke die zentralen Kommandohöhen, die es auf dem Weg zur Eroberung der politischen Macht in West-Berlin zu nehmen galt, bereits klar im Blick. Das waren vor allem die ideologischen Apparate, die das falsche Bewusstsein produzierten und verbreiteten, die dafür verantwortlich gemacht wurden, dass die Arbeiterklasse kein revolutionäres Bewusstsein hatte, sondern mit den Verhältnissen im kapitalistischen Westen ziemlich zufrieden war.

Wenn die Arbeiterklasse und auch die restliche Bevölkerung durch die Medien geistig versklavt worden waren, so die Schlussfolgerung, dann gab es nur noch die Universität. Doch diese müsste zunächst von dem Einfluss der bürgerlichen Ideologie befreit werden, so führte Dutschke aus, erst dann könnte sie als Institution zur Basis für den Kampf um die Befreiung der Menschen aus ihrer ideologischen Versklavung genutzt werden. Hierzu sah Dutschke die Organisierung einer »›Gegenuniversität‹ innerhalb der bestehenden Uni«[55] vor. Von den Universitäten aus gelte es dann, die Massen von den alles beherrschenden Medien zu befreien.

Besonders interessant ist hierbei, in welche politische Traditionslinie Rudi Dutschke sich mit der Kampfansage an die Medien stellte. Schon Anfang der 1960er-Jahre hatte die SED begonnen, Propaganda gegen den Springer-Verlag zu machen. Man sah in diesem Konzern das wichtigste Hindernis auf dem Weg zur Macht in West-Berlin. Dieser hatte mit seinen Zeitungen ein Massenpublikum erreicht, vor allem das Proletariat las seine Zeitungen. Weil man glaubte, dass diese publizistische Macht, diese Verfügungsgewalt über die machtvollen ideologischen Apparate der Grund dafür seien, dass die Arbeiterklasse West-Berlins keine Revolution begann und sich der DDR anschloss, sondern im Gegenteil zu den entschiedensten Gegnern der Mauer und des Kommunismus gehörte, erklärte man den Springer-Verlag zum Hauptfeind.

Hinzu kam, dass Springer sich ausgerechnet für West-Berlin entschieden hatte, seine neue Verlagszentrale hier und dann auch noch direkt an der Mauer bauen wollte. Springer hatte diese Entscheidung für West-Berlin politisch dezidiert mit der Ablehnung der DDR als einem Unrechtsregime verbunden.

Nachdem Springer beschlossen hatte, nach West-Berlin zu gehen, begann die SED-Propaganda Anfang der 1960er-Jahre, sich auf den Verlag einzuschießen.[56] 1963 veröffentlichte Franz Knipping[57], Lehrbeauftragter an der Fakultät für Journalistik an der Karl Marx Universität Leipzig, sein Anti-Springer-Buch »Jeder vierte zahlt an Axel Caesar«[58]. In einem eigenen Kapitel »Sterben für Westberlin?«, in dem er die Frontstadt Westberlin als die »Speerspitze im Fleisch der DDR«, den »Ausgangspunkt von Wühlarbeit und Diversion« bezeichnete, wurde deutlich, warum Springer zur Zielscheibe Ost-Berlins wurde: weil er sich für West-Berlin entschieden hatte und dem von Chruschtschow und Ulbricht verfolgten Konzept einer »Freien Stadt Westberlin«, eines entmilitarisierten, vom Westen losgelösten West-Berlin damit im Weg stand. »Die kläffenden Wachhunde der Frontstadt wissen nur allzu gut, daß in einer Freien Stadt Westberlin für sie kein Platz ist.«[59]

Explizit bedeutete das, wer West-Berlin haben wollte, musste zunächst das größte Hindernis aus dem Weg räumen, und das war nach der Auffassung der Kommunisten die Ideologiemaschine des Springer-Verlages. Hier liegen die eigentlichen Gründe für die Anti-Springer-Kampagne.[60]

Auf der Festansprache zum 20. Jahrestag der Gründung der SED am 21. April 1966 erklärte Walter Ulbricht, dass in der westdeutschen Bundesrepublik vieles verändert werden müsse, »bevor der Zusammenschluss der beiden deutschen Staaten und des besonderen Territoriums Westberlin beginnen könne«[61]. In diesem Zusammenhang erklärte er auch, dass es von besonderer Bedeutung sei, »die Zeitungskonzerne wie den Springer-Konzern und andere unter Kontrolle zu nehmen«[62].

Der Kampf gegen den Springer-Verlag wurde unmittelbar nach dem Tod Ohnesorgs vom SDS auf die Tagesordnung gesetzt. Auf einer

Trauerversammlung in der Freien Universität am 3. Juni 1967 hielt Klaus Meschkat ein Referat, in dem er die Forderung aufstellte, den Springer-Konzern zu enteignen.[63] Meschkat war einer der führenden Köpfe der West-Berliner Linken. Er war Vorsitzender des neu gegründeten linken Republikanischen Clubs, 1957 war er AStA-Vorsitzender der FU und 1958/59 Vorsitzender des Verbandes Deutscher Studentenschaften (VDS) und Mitglied im SDS gewesen.

Dutschke nahm in seinem Artikel im *Oberbaum Blatt* Gedanken auf, die ursprünglich von der SED propagiert worden waren. Auch er setzte die »systematische Kampagne für die Enteignung des Springer-Konzerns«[64] auf die Tagesordnung. Damit waren die wichtigsten Elemente seiner politischen Strategie formuliert. Das Ziel war die Freie Stadt West-Berlin, hierzu diente der Kampf gegen Springer, die Basis bildete die Universität, die gleichzeitig vom Einfluss der bürgerlichen Ideologie befreit werden sollte.

In den folgenden Monaten wurde der Anti-Springer-Kampagne im Rahmen der Gegenuniversität eine organisatorische Struktur gegeben. Dutschke hatte für diese Kampagne in seinem Artikel im *Oberbaum Blatt* auch das Drehbuch mitgeliefert. Durch eine entsprechende Kampagne sollten täglich die Lügen und Verzerrungen der Springermedien nachgewiesen werden, um so der Bevölkerung die Notwendigkeit der Enteignung vor Augen zu führen.

Die Kampagne gegen Springer sollte ihren Höhepunkt »in der Blockierung der Produktion bzw. Verteilung von Springer-Zeitungen an einem bestimmten öffentlich bekanntgegebenen Termin finden«, an dem sich Tausende beteiligen sollten.[65] Außerdem wurde eine »direkte Aktion« angekündigt, die sich auf West-Berlin und Hamburg, die beiden Verlagszentren, richten sollte, und es wurde eine »völlig andere Form der Gewalt« angekündigt. Die »Blockierung der Springer-Zeitungen« sollte einen »entscheidenden Lebensnerv dieser Gesellschaft treffen«, nämlich »die funktionale Beherrschung der in Unmündigkeit und leidender Passivität gehaltenen Massen«[66].

Geschickt nahm Dutschke auf, dass vor allem die akademische Jugend vom Marxismus fasziniert war. Dieser bot eine plausible

Erklärung für die schreckliche Vergangenheit und für die Probleme der Gegenwart. Der Kapitalismus wurde als die Ursache aller Probleme identifiziert. Als Ursache des Faschismus, Ursache des Imperialismus und des Neokolonialismus. Seit der Mitte der 1960er-Jahre begann das marxistische Referenzsystem seine Wirkung zu entfalten, indem es zum Wahrnehmungsmuster für die Gegenwart wurde. In dieser Weltsicht wurde die Dritte Welt von der kapitalistischen Welt ausgebeutet und die Hauptmacht des Kapitalismus waren die imperialistischen USA. Dieses Deutungsmuster, das beispielsweise durch *Das Kursbuch* in wachsendem Maße verbreitet wurde, bestimmte auch die Sicht auf den Iran. Als der Schah nach Berlin kam, kam in den Augen der politisch so justierten Studenten eine Marionette des US-Imperialismus, die als Satrap im Auftrag des Westens das Land ausplünderte, das Volk hungern ließ und die Bevölkerung unterdrückte. Benno Ohnesorg war einer von denen, die diese Ansicht teilten, deshalb demonstrierte er am 2. Juni gegen den Schah.

Der tödliche Schuss am 2. Juni 1967 gab den Befürchtungen neue Nahrung, dass die Gefahr eines neuen Faschismus akut sei, dass die Notstandsgesetze gefährlich für die Demokratie seien und dass die Demokratie nur eine Fassade sei. Linke Positionen gewannen eine neue Überzeugungskraft. Der tote Ohnesorg erreichte mehr als viele Bücher und Diskussionen. Der Kongress in Hannover half entscheidend mit, diese Weltsicht zu etablieren. Und während einerseits das Bedrohungsszenario eines Rückfalls in eine faschistische Diktatur beschworen wurde, wurde gleichzeitig von den politischen Führern ein Konzept der Machteroberung entwickelt und propagiert. West-Berlin sollte zu einer freien Räterepublik werden, die Universitäten sollten die Basis für diesen Kampf bilden. Von dort aus sollte dann gegen die Bewusstseinsindustrie, zu der Unternehmen wie der Springer-Verlag gehörte, gekämpft werden. Denn in ihnen wurde die Ursache dafür gesehen, dass die Menschen die Realität nicht erkannten und sich in geistiger Versklavung befanden.

III. Hinter der Bühne

Geheime Treffen zwischen SDS und FDJ

Im ersten Akt wurde der Ablauf der Ereignisse am 2. Juni 1967 rekonstruiert, es wurde die Doppelexistenz des Todesschützen enthüllt und der Tatort West-Berlin, die politische Lage, die West-Berliner Polizei und die West-Berliner Studenten genauer betrachtet. Dabei wurde deutlich, dass es höchstwahrscheinlich politische Motive waren, die das SED-Mitglied Kurras dazu brachten, am Abend des 2. Juni 1967 einen damals unbekannten Studenten niederzuschießen, da diese Handlung sehr gut in das strategische Kalkül des Ostens passte. Doch war Kurras ein Einzelfall, der Eigeninitiative entwickelte und die Gunst der Situation nutzte?

Im folgenden Kapitel werfen wir einen Blick hinter die Kulissen, um zu sehen, wie FDJ, SED, KPD und MfS im Hintergrund am Werk waren und welche Ziele sie verfolgten.

Am Dienstag, den 20. Juni 1967, 18 Tage nach dem Tod Benno Ohnesorgs, fuhr Wolfgang Lefèvre, zum damaligen Zeitpunkt Konventspräsident der FU Berlin und Bundesvorstandsmitglied des SDS, zusammen mit anderen Studenten der FU nach Ost-Berlin, um dort mit FDJ-Vertretern Gespräche über das weitere Vorgehen nach dem 2. Juni in West-Berlin zu führen.[1] Die Freie Deutsche Jugend (FDJ) war die kommunistische Jugendorganisation der SED. Ihre Aufgabe war es, der SED zu helfen, »die Jugend im Geiste des Sozialismus und zur Verteidigung des sozialistischen Vaterlandes zu erziehen«, sie war die »Reserve der Partei«[2]. Die Leitung der FDJ erfolgte durch Mitglieder der SED. Im Bereich der mit der SED eng abgestimmten Westarbeit war die FDJ auch für die Jugend- und Studentenorganisationen in Westdeutschland zuständig. In der Bundesrepublik war sie die Jugendorganisation der KPD gewesen, 1951 war sie im Zusammenhang mit den Aktionen gegen die Wiederbewaffnung verboten worden.

Aus dem überlieferten Protokoll des Treffens vom 20. Juni 1967 ist nicht ersichtlich, wer außer Lefèvre vonseiten der FU-Studenten und der FDJ an dem Gespräch teilgenommen hat, und auch nicht, wie es zu diesem Gespräch gekommen war. Wie wichtig das Gespräch für die DDR war, zeigt aber der handschriftliche Vermerk auf dem Protokoll: »2x abschreiben für Gen. W. Ulbricht und E. Honecker«.

Zu Beginn des Gesprächs wurden den West-Berliner Studentenvertretern Fotos über die Vorgänge am 2.6.1967 in Westberlin übergeben. Außerdem erhielten die Studenten Dokumente über die »faschistische« Vergangenheit von West-Berliner Polizeiangehörigen. Offenbar sammelte man in der DDR systematisch Informationen über West-Berliner Polizisten.

Die Studenten wiederum berichteten der FDJ davon, dass sich unter dem Eindruck der studentischen Aktionen unter den herrschenden Kräften in West-Berlin eine zunehmende Unsicherheit breit mache. Sie sähen bereits »den Boden unter ihren Füßen wegrutschen«. Lefèvre erklärte: »Jede studentische Aktion treibt diesen Leuten den Angstschweiß auf die Stirn.«

Voller Stolz berichteten die Studenten den Vertretern der kommunistischen Jugend, dass die offizielle Veranstaltung des Senats der FU Berlin anlässlich des »17. Juni« mit nur 5000 Teilnehmern »eine Pleite« und dass die Gegenveranstaltung der »oppositionellen und demokratischen Kräfte« mit über 3500 Teilnehmern ein voller Erfolg gewesen sei.

Man berichtete ferner, dass sich die progressive Bewusstseinsbildung bei vielen Studenten durch die unmittelbare Auseinandersetzung mit dem imperialistischen System und seiner Politik sehr erfolgreich und in breitem Maße vollziehe. Ständig würden ausgezeichnete politische Ideen für die nächsten Aktionen und Initiativen von bisher politisch wenig engagierten Studenten entwickelt, die die Bewegung vorwärts drängten und die Herrschenden in West-Berlin immer wieder vor neue Überraschungsmomente stellten. Erstmals entwickele sich ein Kampfbündnis zwischen den Studenten der FU und TU.

Ziel der Studenten sei es, gemeinsam mit »progressiven« Wissenschaftlern der gesamten Ausbildung und Lehre an den Universitäten einen neuen Inhalt zu geben sowie für die Studentenschaft größere Mitsprache- und Mitentscheidungsmöglichkeiten durchzusetzen.

Als die Studenten aus dem Westen beklagten, dass es vonseiten der Gewerkschaften und Arbeiterjugendorganisationen wenig Unterstützung für die Aktionen der Studenten gäbe, erklärten die FDJ-Vertreter, dass die FDJ sich bemühen werde, »im verstärkten Maße auf die Arbeiterjugendorganisationen in Westberlin Einfluss zu nehmen. Das soll z. B. über direkte Gespräche mit Westberliner Falkenfunktionären geschehen.«

Man sprach auch über weitere Zielsetzungen der West-Berliner Studenten. So wollten diese sich in der weiteren Arbeit darauf konzentrieren, den Studenten den Zusammenhang zwischen den Vorgängen am 2. Juni, der Ermordung Benno Ohnesorgs und der beabsichtigten Notstandsgesetzgebung deutlich zu machen. »Dieser Erkenntnisprozess sei sehr kompliziert«, gab man jedoch zu bedenken. Daher wollte man die Kräfte jetzt darauf konzentrieren, die Willkürmaßnahmen der West-Berliner Polizei bloßzustellen und sie als vorweggenommene Notstandsmaßnahmen darstellen. Das Ziel sei es, die geplante Notstandsgesetzgebung zu verhindern.

Die Studenten informierten die FDJ-Vertreter ebenfalls über die von ihnen geplanten Aktionen wie den Hungerstreik für den während der Aktionen am 2. Juni verhafteten Fritz Teufel und eine Infoveranstaltung im Audimax der FU, bei der der Zusammenhang zwischen dem 2. Juni und der geplanten Notstandsgesetzgebung deutlich gemacht werden sollte. Außerdem sei für den 23. Juni eine Demonstration »gegen die USA-Aggression in Vietnam und zur Unterstützung der Nationalen Befreiungsfront in Südvietnam« geplant.

Am Ende des Gesprächs erklärten die Studentenvertreter, dass die Gespräche mit der FDJ für sie politisch sehr wertvoll seien, sie hielten deshalb eine ständige Verbindung und Konsultation über bestimmte politische Hauptfragen für sehr nützlich. Es wurde verabredet, im Juli ein »marxistisches Seminar mit allen führenden Funktionären des SDS einschließlich aus Westberlin in der DDR durchzuführen, um den politischen Klärungsprozess unter den progressiven Studentengruppen weiterhin mit entwickeln zu helfen«.

Ein gemeinsames Seminar war bereits im Dezember 1966 von der FDJ anlässlich einer Veranstaltung in Frankfurt/Main vorgeschlagen worden.[3] Aber erst nach dem 2. Juni hatte sich der SDS bereit erklärt, »gemeinsam mit Landes- und Gruppenvorsitzenden, d. h. dem Kern des SDS, an einem Seminar zu Grundproblemen des Marxismus-Leninismus teilzunehmen«[4]. Offenbar hatten die Vorkommnisse am 2. Juni nachgeholfen, gewisse Vorbehalte aus dem Weg zu räumen, die es vermutlich innerhalb des SDS gegenüber solchen Seminaren gegeben hatte.

Bereits eine Woche später, am 27.6.1967, fand ein weiteres Treffen in Ost-Berlin im Gebäude des Zentralrats der FDJ statt. Dieses Mal führte Lefèvre es ganz offiziell im Auftrag des SDS-Bundesvorstands.[5] Vonseiten der FDJ nahmen Erich Rau, der für die Westarbeit zuständige FDJ-Sekretär, sowie weitere Mitarbeiter des Zentralrats teil. Das Gesprächsprotokoll schickte Rau an Albert Norden, den Chef der Westkommission beim Politbüro, und schrieb: »Schlußfolgerungen bezüglich unserer weiteren Einflußnahme auf die studentische Bewegung übermitteln wir Dir nächste Woche.«[6]

Bei diesem Gespräch ging es neben der Diskussion über eine Reihe grundlegender Fragen, die die Politik des sozialistischen Lagers betrafen, vor allem um die Weiterentwicklung der studentischen Bewegung in West-Berlin. Auch das Thema der Zusammenarbeit mit der Arbeiterjugend wurde aufgenommen. Abschließend wurde nochmals über das bereits eine Woche zuvor verabredete Seminar gesprochen.

Bei der Analyse der politischen Bewegung stellte Lefèvre zunächst fest, dass die studentische Bewegung mit dem 2. Juni 1967 eine neue Qualität erreicht habe und die Staatsgläubigkeit vieler Studenten zusammengebrochen sei. »Es gab«, so Lefèvre, »ein erschrecktes Aufwachen über die Funktion und das Wesen der bürgerlichen Demokratie. Die gegenwärtige Bewegung ist demokratisch, antiautoritär und mit sozialistischen Zügen erfüllt. In erster Linie geht es um die Erhaltung der demokratischen Grundrechte bis zur Veränderung bestimmter Machtstrukturen in Westberlin.«

Im Zusammenhang mit dem Plan, West-Berlin in eine Räterepublik umzuwandeln und vor der Bundesrepublik zu trennen, hatte der SDS es sich zum Ziel gesetzt, zu beweisen, dass die wirtschaftliche Unsicherheit in West-Berlin eine Folge der »Kettung« an Westdeutschland sei. Lefèvre bat deshalb die FDJ-Funktionäre, »umgehend Material über die ökonomische Situation in Westberlin und die Westberlinpolitik der westdeutschen Monopole und der Regierung zu erhalten«.

Wie schon beim ersten Treffen sprach man über Zielsetzungen der politisch aktiven Studentenschaft. In West-Berlin, so Lefèvre, sei geplant, ein Gegenparlament aufzubauen, »mit dem unter breiter Mitwirkung von Persönlichkeiten des öffentlichen Lebens eine Alternativpolitik zum Westberliner Senat entwickelt und durchgesetzt werden solle. Durch dieses Gremium sollten zunächst die Forderung nach Enteignung des Springer-Konzerns weitergeführt und praktische Schritte zu seiner Entflechtung und Kontrolle vorgeschlagen werden.« Geplant sei in diesem Zusammenhang eine Art »öffentlicher Prozeß«. Es sei weiter vorgesehen, an den Universitäten und Hochschulen West-Berlins ein Rätesystem zu installieren, über das dann die Universität von linksorientierten Wissenschaftlern und Studenten selbst verwaltet und geleitet würde.

Ein weiteres Aktionsfeld war die Unterstützung des Vietcong durch den SDS. So konnte Lefèvre berichten, dass die Geldsammlung für die südvietnamesische Befreiungsorganisation FNL, die vor allem der Finanzierung von »Waffenkäufen« dienen solle, unter den Studenten fortgesetzt werde. Außerdem, so Lefèvre, sei eine geheime Organisation geschaffen worden, um amerikanische Soldaten, die nach Vietnam sollen, die Flucht ins Ausland zu ermöglichen.

Erstaunlich ist bei diesem Bericht über dieses Treffen wie auch über das am 20. Juni 1967, wie detailliert die West-Berliner Studenten die FDJ über die Vorgänge, Probleme und Vorhaben der linken Studenten unterrichteten. Während das SDS-Bundesvorstandsmitglied Lefèvre die FDJ-Führung über die Strategie der West-Berliner Linken informierte, West-Berlin von der Bundesrepublik loszulösen, informierte parallel dazu der MfS Agent Staritz, der ebenfalls bei dem Treffen in Pichelsdorf dabei gewesen war, seine Führungsoffiziere.[7] Daraufhin diskutiertem diese mit Staritz die Erfordernisse der derzeitigen oppositionellen Bewegung in West-Berlin einschließlich der zweckmäßigsten Losungen dieser Bewegung. Als Hauptaufgabe wurde dabei die enge Verbindung mit den Arbeitern in den Betrieben sowie mit Gewerkschaftsfunktionären herausgestellt.

Erstaunlich ist weiterhin, wie synchron die Politik des SDS, was die Berlin-Frage betraf, mit der Zielsetzung der SED in dieser Frage lief, wie selbstverständlich der SDS die politischen Ziele der SED zu seinen eigenen Zielen gemacht hatte. Erst einige Monate zuvor, am 17. April 1967, hatte Walter Ulbricht auf dem VII. Parteitag der SED zum wiederholten Male erklärt, dass West-Berlin eine besondere politische Einheit darstelle, die »unter gar keinen Umständen (…) jemals zur westdeutschen Bundesrepublik gehören [wird]. Wir sind aber bereit, im Einvernehmen mit der UdSSR für Westberlin vertraglich einen unabhängigen Status als besondere politische Einheit zuzugestehen.«[8]

Einen Monat später fand vom 25. bis 28.7.1967 das am 20. Juni vereinbarte Seminar von SDS und FDJ in der DDR statt.[9] An dem Seminar nahm eine 16-köpfige Delegation des SDS unter Leitung des Bundesvorsitzenden Reimut Reiche teil. Darunter waren: Wolfgang Lefèvre (SDS-Bundesvorstandsmitglied und Konventspräsident der FU), Hartmut Dabrowski (ehemaliger SDS-Bundesvorsitzender; Leiter des Verlages Neue Kritik), Brigitte Heinrich (Pressereferentin des SDS-Bundesvorstandes) sowie Funktionäre der SDS-Gruppen aus Frankfurt/Main, Hamburg, Heidelberg, Tübingen, Köln, Göttingen und West-Berlin.

Welche Bedeutung die FDJ dem Seminar zumaß, wird dadurch deutlich, dass auch hochrangige SED-Funktionäre zeitweise an dem Seminar teilnahmen. Darunter Hans Jendretzki (Mitglied des ZK der SED, Vorsitzender der FDGB-Fraktion der Volkskammer), Dr. G. Dengler (Vizepräsident des Nationalrates), Herbert Häber (Stellvertreter des Staatssekretärs für westdeutsche Fragen), Dr. Siegfried Ransch (Mitarbeiter der Westabteilung des ZK der SED).

Im Mittelpunkt des Seminars standen zwei Themen, zu denen zwei Referate jeweils von FDJ und SDS gehalten wurden. Thema eins war die »Rolle und Verantwortung der Arbeiterklasse, der Jugend und jungen Intelligenz unter den Bedingungen des sozialistischen Systems in der DDR«. Das erste Referat wurde von Erich Rau (Sekretär des Zentralrats der FDJ, zuständig für Westarbeit) und das Koreferat von Wolfgang Lefèvre und Wolfgang Mosler (SDS Frankfurt/Main) gemeinsam gehalten. Das zweite Thema war die »Rolle und Verantwortung der Arbeiterklasse, der Jugend und Intelligenz unter den Bedingungen des staatsmonopolistischen Herrschaftssystems in der Bundesrepublik«. Das erste Referat hierzu hielt Reimut Reiche, das Koreferat Prof. Dr. Dieter Klein von der Humboldt-Universität. Außerdem referierte ein Mitarbeiter der Abteilung Internationale Verbindungen des ZK der SED über »Die Politik der Führer der KP Chinas«.

Das Seminar verlief, so der Eindruck der FDJ-Protokollanten, in einer offenen und sachlichen Atmosphäre. Die Teilnehmer des SDS seien aufgeschlossen gewesen, »sich mit uns als Sozialisten zu unterhalten, von Genosse zu Genosse«. Mitglieder des SDS äußerten hinterher: »In diesen Tagen haben wir mehr gelernt als in den Jahren unserer Mitgliedschaft im SDS.«

Den FDJlern waren dennoch einige der ideologischen Positionen der SDS-Funktionäre zu heterogen; sie sahen dringenden Handlungsbedarf, ideologische Unklarheiten im Zuge weiterer Schulungen zu bereinigen. So besprach man weitere Maßnahmen. Vereinbart wurde, dass die FDJ sich in Zukunft an Seminaren zur marxistisch-leninistischen Schulung von SDS-Gruppen durch Vorträge und Teilnahme beteiligen solle. Für das Wintersemester 1967/68 wurden weitere zehn Seminare verabredet. Außerdem kündigte die FDJ an, dem SDS und seinen Funktionären marxistisch-leninistische Literatur, Dokumentationen, Film- und Bildmaterial zur Verfügung zu stellen und Seminare mit SDS-Funktionären in der DDR durchzuführen.

Die Bereitschaft der Vertreter des SDS, die Materialien der DDR anzunehmen und an von der FDJ organisierten Seminaren teilzunehmen, zeigt deutlich, wie sehr SDS und FDJ auf dem gleichen ideologischen Fundament standen und in den wesentlichen politischen Fragen übereinstimmten, auch wenn es nach Meinung des FDJ-Protokollanten bei einigen Positionen des SDS Korrekturbedarf gab. Sowohl FDJ als auch die Seminarteilnehmer aus Westdeutschland und West-Berlin sahen die Notwendigkeit eines aktiven politischen Kampfes gegen das Herrschaftssystem in Westdeutschland, wozu u. a. der Kampf gegen die Notstandsgesetze gehörte. Man sprach sich gegen die »Bonner Alleinvertretungsanmaßung« aus – zum damaligen Zeitpunkt galt noch die Hallstein-Doktrin und die DDR kämpfte um ihre staatliche Anerkennung. Auch war man sich darüber einig, dass in Europa die sozialistischen Realitäten – gemeint war in diesem Fall die Anerkennung der Oder-Neiße Grenze – respektiert werden sollten. Abgelehnt wurde die imperialistische Politik der USA und Westdeutschlands und man wollte sich für den Sieg der nationalen Befreiungsbewegungen im Interesse des Sieges des Sozialismus im Weltmaßstab einsetzen.

Der Einfluss der FDJ auf den SDS

Insgesamt konnte die FDJ damit einen wichtigen Erfolg ihrer Westarbeit, die sie in den letzten Jahren systematisch auf- und ausgebaut hatte, verbuchen.[10] Die Westarbeit der FDJ war Teil der Westarbeit der SED, an dieser waren auch alle Parteien und Massenorganisationen der DDR wie der FDGB, die Blockparteien und der DDR-Friedensrat beteiligt.[11]

Prof. Albert Norden, Mitglied des
Politbüros des ZK der SED und
Sekretär des Zentralkomitees.
Er leitete von 1960 bis 1979 die
Westkommission.

Koordiniert wurde die Westarbeit von der Westkommission beim
Politbüro (PB), dort liefen alle Fäden zusammen. Vorsitzender der
Kommission war Albert Norden. Norden, geboren 1904, war von
1958 bis 1981 Mitglied im PB des ZK, leitete von 1960 bis 1979 die
Westkommission beim PB und war innerhalb der SED-Spitze von
1958 bis 1979 auch für den Friedensrat der DDR zuständig, dessen
Mitglied er von 1958 bis zu seinem Tode 1982 war.[12] Norden verant-
wortete innerhalb des PB von 1967 bis 1979 die Westabteilung des
Zentralkomitees der SED. In der von ihm geleiteten Westkommission waren alle Abteilungen und Bereiche vertreten, die mit Westarbeit beschäftigt waren. Dazu gehörte der für die Westarbeit der
FDJ zuständige Sekretär, von 1963 bis 1972 war dies Erich Rau.[13] Vertreten war hier mit Max Spangenberg der Leiter des Arbeitsbüros der
KPD beim Zentralkomitee der SED, das für die Anleitung der KPD
zuständig war. Und natürlich der Leiter der Westabteilung und
Sekretär der Westkommission beim Politbüro Heinz Geggel.[14] Für
die systematische Westarbeit wurden den einzelnen SED-Bezirkslei-
tungen Städte und Regionen in der Bundesrepublik als sogenannte
»Patengebiete« zugeordnet (siehe Anhang S. 235). Auch die FDJ
orientierte sich hinsichtlich der regionalen Zuordnung an dem System der SED. Die Westarbeit der FDJ wurde durch die Zentrale

Arbeitsgruppe (ZAG) koordiniert.[15] Wie wichtig die DDR-Führung die Westarbeit nahm, sieht man auch daran, dass allein die ZAG 1966 24 Mitarbeiter und einen Etat von 1,6 Millionen (Ost-)Mark hatte. 1964 wurde zur Unterstützung der Westarbeit durch die FDJ zudem an der Jugendhochschule eine spezielle »Forschungsgruppe für westdeutsche Jugendprobleme« eingerichtet.[16] Insgesamt waren in der gesamten DDR 1963 bereits 400 bis 450 Wissenschaftler mit rund 370 die Bundesrepublik betreffenden Themen beschäftigt.[17]

Ab 1964 bemühte sich die FDJ verstärkt darum, Kontakte zu Jugendorganisationen in Westdeutschland und West-Berlin zu knüpfen und ihren Einfluss auf diese auszuweiten. Insbesondere beim Pfingsttreffen, das 1964 in Ost-Berlin stattfand, sah die FDJ gute Aktionsmöglichkeiten. Das Pfingsttreffen wurde dahingehend zu einem gesamtdeutschen »Deutschlandtreffen« der Jugend umfunktioniert, mit dem Ziel, die Isolierung der FDJ gegenüber den westdeutschen Jugendverbänden zu durchbrechen.

Daher führten die FDJ, das Komitee antifaschistischer Widerstandskämpfer, die Nationale Front, der FDGB-Bundesvorstand, die SED und die illegale KPD in der Bundesrepublik eine Werbekampagne für die Teilnahme an dem Treffen durch. Auch wenn der Deutsche Bundesjugendring (DBJR) und fast alle anderen Jugendorganisationen die Teilnahme ablehnten, so nahmen nach FDJ-Angaben doch gut 25 000 Westdeutsche an dem Treffen teil, darunter auch eine offizielle Beobachterdelegation des SDS.[18] Insgesamt kamen zum Deutschlandtreffen, das am 21.5.1964 stattfand, rund 600 000 Besucher. Darunter 553 000 Jugendliche aus der DDR, 24 000 aus der Bundesrepublik und etwa 1000 aus West-Berlin.[19]

Das Deutschlandtreffen verschaffte der FDJ eine Vielzahl neuer Kontakte und Einladungen in den Westen. Ein im Sekretariat des FDJ-Zentralrats zur Auswertung des Deutschlandtreffens vorgelegtes und als »Geheime Verschlußsache« klassifiziertes Strategiepapier für eine gezielte Arbeit mit westdeutschen Verbänden bildete die Grundlage für eine neue Offensive in der Westarbeit. Das Papier vom 11. September 1964 trug den Titel »Strategiepapier des Sekretariates des FDJ-Zentralrates zum Umgang mit dem DBJR und ausgewählten Jugend- und Studentenorganisationen der BRD«[20].

Darin enthalten war unter anderem, dass die FDJ ab 1964 Pressekonferenzen und Einladungen westdeutscher Besucher in die DDR mit der verstärkten Entsendung von sogenannten »Delegationen« in die Bundesrepublik kombinieren wollte. Anfangs kam es noch zu polizeilichen Maßnahmen gegen die Emissäre der FDJ, doch später normalisierte sich das Ganze im Zuge der neuen Ostpolitik.

Zur weiteren Arbeit mit dem SDS wurde in dem Papier festgehalten, dass die linken Kräfte innerhalb des SDS unterstützt werden sollten, »damit sie die Politik im SDS stärker beeinflussen können«. An konkreten Maßnahmen wurden die Durchführung von Schulungen und Seminaren in Westdeutschland und die Veranstaltung von Studienreisen in die DDR festgelegt.

Um dieses Ziel zu erreichen, führten Horst Schumann, erster Sekretär des FDJ-Zentralrats, und Helmut Schauer, Vorsitzender des SDS, am 1.12.1964 Gespräche in der DDR. Auf der 20. Delegiertenkonferenz des SDS im Oktober 1965 nahm dann erstmals eine offizielle FDJ-Delegation teil. In Auswertung der Delegiertenkonferenz wurde von der FDJ das Konzept »Einschätzung der Situation im SDS durch den FDJ-Zentralrat, 23. November 1965. Konzeption zur weiteren Einflussnahme der FDJ auf den Sozialistischen Studentenbund (SDS) in Westdeutschland für die weitere Arbeit mit dem SDS« entwickelt.

Die Konzeption für die weitere Arbeit mit dem SDS sah vor, dass Diskussionsforen und Seminare mit maximal 100 Teilnehmern durchgeführt werden sollten zu Themen wie: »Für Frieden und Verständigung in Deutschland – Auftrag der Jugend und ihrer Organisationen«, »Demokratie vor dem Notstand«, »Bildung in Deutschland«, »Wege und Möglichkeiten der Verständigung und Annäherung in Deutschland«, »Für eine neue Politik in der Bundesrepublik«. Die Veranstaltungen und Gespräche mit dem SDS sollten vor allem in Westdeutschland stattfinden. Das erste dieser Seminare sollte nach Vorstellung der FDJ in der zweiten Januarhälfte 1966 abgehalten werden.

Linksorientierte Gruppen sowie Mitglieder und Funktionäre des SDS sollten darüber hinaus die Möglichkeit erhalten, sich selbst durch Reisen in die DDR mit den Entwicklungen in der DDR vertraut zu machen. Die Reisen sollten dazu beitragen, antikommunistische Vorbehalte abzubauen und Klarheit über die Verantwortung und Aufgaben in der Bundesrepublik zu vermitteln. Die Einladungen für solche DDR-Reisen sollen sich vor allem auf die SDS-Gruppen in Köln, München, Münster, Kiel und Hamburg konzentrieren. Außerdem sollten Wissenschaftler aus der DDR in der Bundesrepublik vor SDS-Gruppen auftreten, um den politischen Klärungsprozess voranzutreiben. Dabei sollten folgende Themen behandelt werden: »Machtverhältnisse zwischen Imperialismus und Sozialismus«; »Neokolonialismus und nationale Befreiungsbewegung«; »Mitbestimmung unter den Bedingungen des staatsmonopolistischen Kapitalismus«; »Probleme der technischen Revolution« sowie »Bildung und Erziehung in Westdeutschland und der DDR«. Umgekehrt war man dem Strategiepapier zufolge jedoch nicht daran interessiert, dass dem SDS nahestehende Wissenschaftler in der DDR sprachen.

Zusätzlich wollte man SDS-Funktionäre mit marxistischer Literatur und anderem Dokumentationsmaterial versorgen und darüber hinaus auch die Gelegenheit geben, an marxistischen Schulungen in der DDR teilzunehmen. Dadurch sollte mitgeholfen werden, im SDS marxistisch-leninistische Positionen zu entwickeln.

Entsprechend dieser politischen Konzeption sollten die FDJ-Organisationen der Hochschulen und Universitäten der DDR auf die SDS-Gruppen Einfluss nehmen. Teilweise waren bereits Kontakte zu westdeutschen Universitäten geknüpft worden, teilweise bestand die Aufgabe zunächst einmal darin, Beziehungen zueinander aufzubauen. 1965 gab es bereits Verbindungen und Kontakte zwischen dem SDS Hamburg und der FDJ-Leitung der Universitäten Rostock und Greifswald; zwischen dem SDS der Universität Münster und der FDJ-Leitung der Universität Halle; den SDS-Gruppen der Universität Freiburg und der Technischen Hochschule Karlsruhe und der FDJ-Leitung der Technischen Universität Dresden; zwischen den

SDS-Gruppen der Universitäten Marburg und Köln und der FDJ-Leitung der Universität Leipzig; zwischen der SDS-Gruppe an der Universität Kiel und der FDJ-Leitung der Universität Greifswald; zwischen dem SDS der Universität München und der FDJ-Leitung der Universität Jena (siehe Anhang S. 235).[21]

Die Westaktivitäten der FDJ bestanden in den 1960er-Jahren vor allem in einer umfangreichen Reise- und Agitationstätigkeit, wie auch aus einem als »persönlich-vertraulich!« klassifizierten Bericht von Horst Schumann über das operative Wirken der FDJ im Jahre 1966 in Westdeutschland an Albert Norden, Heinz Geggel und Erich Honecker, Mitglied des Politbüros und unter anderem für den Bereich Jugend verantwortlich, hervorgeht.[22] 1966 besuchten demnach 105 Delegationen mit 331 Teilnehmern die Bundesrepublik und West-Berlin. Insgesamt wurden dabei Gespräche mit 554 Funktionären von Jugend- und Studentenverbänden geführt. Im Vergleich zu 1965, damals hatte es Gespräche mit 277 Funktionären gegeben, hatte sich die Zahl der Gespräche verdoppelt. Darunter waren auch 41 Gespräche mit Funktionären studentischer Jugendorganisationen. Im Vorjahr waren es nur 15 gewesen.

Für diese Agitationsarbeit im Westen war in den einzelnen Bezirken ein Stamm von Einsatzkadern gebildet worden, der je Bezirk aus 20 bis 40 FDJ-Funktionären bestand. Zur Qualifizierung der Kader wurden 1966 sechs dreiwöchige Lehrgänge mit insgesamt 316 Teilnehmern durchgeführt.

Zu den inhaltlichen Schwerpunktaufgaben der Delegationen gehörten unter anderem »Enthüllungen über Lübke und Kiesinger«, Ostermarsch und Antikriegstag sowie Probleme der Großen Koalition. Das Ziel der FDJ war es, auch Einfluss auf die Vorbereitung von Konferenzen westdeutscher Jugendverbände nehmen zu können, was sich, so die FDJler, in einer Reihe von »progressiven« Konferenzbeschlüssen niedergeschlagen habe. »Insgesamt«, so bilanzierte der Bericht die Aktivitäten 1966, »gab es bei den westdeutschen Gesprächspartnern bis auf wenige Ausnahmen (...) ein großes Interesse für Diskussionen über politische Grundfragen.« Die relativ größte Übereinstimmung der Auffassungen zu den politischen Grundfragen verzeichneten die FDJ-Emissäre bei den studentischen Organisationen besonders beim SDS.

Die in dem Konzept von November 1965 von der FDJ angestrebte Veranstaltung mit dem SDS fand nicht wie geplant im Januar, sondern im Dezember 1966 in Frankfurt/Main statt. Das Thema lautete »Konzeptionen – Wege – Möglichkeiten einer Deutschlandpolitik«. Insgesamt nahmen über 200 Personen teil. Die FDJ war mit einer Delegation vertreten.[23] Nach der Veranstaltung fuhr ein Teil der FDJ-Delegation weiter zur SDS-Gruppe nach Bonn, um dort eine Diskussion zum gleichen Thema zu führen.

Die FDJ-Vertreter vermerkten in ihrem Bericht, dass die von der FDJ-Delegation erläuterte Konzeption von den Teilnehmern unterstützt worden sei und hoben insbesondere hervor, dass erstmals auf einer öffentlichen Veranstaltung in Westdeutschland durch SDS-Funktionäre erklärt worden sei, dass eine Wiedervereinigung nur im Ergebnis der Umwandlung der Produktionsverhältnisse in sozialistische erfolgen könne. Zugeschrieben wurde diese Aussage dem SDS-Vorsitzenden Reimut Reiche.[24]

Allerdings hätten sich bei den Gesprächen auch Unklarheiten und sektiererische Auffassungen innerhalb des SDS gezeigt, die vor allem die »Entspannungspolitik« der DDR betrafen, die nach Auffassung von Teilnehmern von der Klassenauseinandersetzung ablenkten und die Kräfte des Sozialismus minderten, was die marxistische Opposition in Westdeutschland schwächen würde.

Angesichts des Aufschwungs der Jugend- und Studentenbewegung und den Erfahrungen der vergangenen Jahre legte Horst Schumann, erster Sekretär der FDJ, Anfang Februar 1967 dem Chef der Westkommission, Albert Norden, ein als »Streng vertraulich!« klassifiziertes Konzept für die Entwicklung einer »organisierten Bewegung der Jugend« in Westdeutschland vor, von dem lediglich vier Exemplare angefertigt worden waren.[25] Die Geheimhaltung des Papiers war deshalb wichtig, weil nicht bekannt werden durfte, wie sehr die SED Einfluss auf die sich entwickelnde Jugend- und Studentenbewegung nahm. Denn als vom Osten gesteuerte Bewegung wäre sie schnell isoliert worden.

In dem Schreiben hieß es: »Lieber Genosse Norden, anbei unsere Vorschläge zu der bei Dir beratenen Frage. Bitte laß uns Deine Meinung wissen und wie weiter verfahren werden soll (Vorlage an Politbüro oder Sekretariat, wie werden die Genossen, die es auch angeht, informiert usw.).«[26]

In dem Konzept des FDJ-Vorsitzenden ging es darum, »den in Kreisen der Jugend und Studenten in Westdeutschland und Westberlin vorhandenen Widerstand gegen die westdeutsche Regierungspolitik (...) zu einer gelenkten und die Kräfte vereinenden Bewegung der Jugend in Westdeutschland und Westberlin zu entwickeln.« Sie sollte unter der Losung »Gegen Notstand und Neonazismus – für Demokratie, Frieden und soziale Gerechtigkeit« zusammengeführt werden. »Die Bewegung soll«, so heißt es unter dem Punkt »Ziel und Inhalt«, »ihrem Charakter und ihrer Zielstellung nach eine antifaschistische, antimilitaristische, antimonopolistische, demokratische Bewegung sein.« Es ginge aber nicht nur darum, die Jugend für die Verwirklichung der derzeitig gestellten demokratischen Forderungen zu organisieren, sondern auch darum, »die Positionen der sich einem marxistischen Standpunkt nähernden Funktionäre und Arbeiterjugendorganisationen und auch des SDS und des SHB zu stärken und weiterzuführen mit dem Ziel, (...) auch eine Antwort auf die Frage nach der gesellschaftspolitischen Alternative in der Bundesrepublik zu geben.«

An taktischen Maßnahmen zum weiteren Vorgehen wurde unter anderem vorgeschlagen, an örtlichen Zentren die progressiven Kräfte von Jugend- und Studentenorganisationen, wie zum Beispiel Falken, Jungsozialisten, Gewerkschaftsjugend, SDS und SHB, zusammenzuführen. Solche örtliche Zentren sollten in Frankfurt/Main und West-Berlin gebildet werden, denn »dort bestehen zz. die besten Voraussetzungen«. Die sich in den beiden Städten entwickelnde Bewegung sollte auch auf andere Städte wie Köln, Bielefeld, Bonn, Stuttgart, München, Kiel ausgeweitet werden. Die örtlichen Initiativen sollten dann zur Schaffung eines »zentralen politisch-ideologischen Zentrums« weitergeführt werden. Das Ziel der »Einflussnahme auf westdeutsche Jugend- und Studentenverbände« bestand für die FDJ dem Papier zufolge darin, eine organisierte Bewegung gegen die Notstandsgesetze – »Notstand der Demokratie« – und gegen den Nazismus zu entwickeln.

Teil des Konzepts waren außerdem konkrete Pläne dazu, wie man Gespräche mit Leitungen und Funktionären westdeutscher und Westberliner Jugendverbände, darunter auch die Bundesvorstände von Falken und SDS, führen sollte. In West-Berlin gehörten dazu die Landesvorstände von Falken, SHB, SDS und die Landesjugendausschüsse von IG Metall und IG Chemie.

Hatten bereits im Jahr 1966 die Verbindungen zwischen FDJ und SDS zugenommen, so verstärkten sich nach dem Tod Benno Ohnesorgs die Kontakte enorm. Das von der FDJ organisierte Seminar im Juli 1967 in Ost-Berlin, an dem hochkarätige Funktionäre des SDS teilnahmen, war ein Meilenstein in der Zusammenarbeit zwischen FDJ und SDS. Nachdem der SDS erst 1964 offizielle Beziehungen zur FDJ hergestellt und damit mitgeholfen hatte, die Isolierung der FDJ innerhalb der westdeutschen Jugendverbände zu durchbrechen, war man drei Jahre später so weit, von Genosse zu Genosse zu diskutieren, mehr noch, man war sich in den wesentlichen Grundfragen zur Einschätzung der politischen Lage einig. Die Überschneidung in der politischen Programmatik war sehr groß. Man setzte sich auf beiden Seiten für die Anerkennung der DDR und der Oder-Neiße-Grenze ein, betrachtete die USA und die Regierung der Bundesrepublik als den gemeinsamen Feind, unterstützte das kommunistische Nordvietnam bei den Bemühungen, mithilfe des im Süden operierenden Vietcong die Wiedervereinigung Vietnams auf sozialistischer Grundlage herbeizuführen.

In West-Berlin hatte der SDS zusammen mit anderen Linken ein Konzept zur Schaffung einer West-Berliner Räterepublik entwickelt, was dem Ziel der DDR und der Sowjetunion, West-Berlin von der Bundesrepublik zu trennen, entsprach. Die von FDJ-Vertretern registrierten Äußerungen vonseiten des SDS, dass die sozialistische Umgestaltung der Bundesrepublik die Voraussetzung für eine Wiedervereinigung sei, entsprach der deutschlandpolitischen Konzeption der SED.

Auch nachdem im September 1967 Karl-Dietrich Wolff zum neuen Bundesvorsitzenden des SDS gewählt worden war, wurde diese Qualität der Zusammenarbeit gehalten. Dieser traf sich Anfang Dezember 1967 in Ost-Berlin mit Erich Rau, dem zuständigen Sekretär für die Westarbeit der FDJ, und Hubert Matros, dem Abteilungsleiter der ZAG. Die FDJler erklärten zu Beginn des Gesprächs, dass sie es begrüßten, dass »die politischen Gespräche auch zwischen dem neuen SDS-Bundesvorstand und dem Zentralrat der FDJ fortgesetzt werden«[27].

Im Verlauf des Gesprächs ging es um die Situation im SDS, über die Wolff bereitwillig Auskunft erteilte: Insgesamt habe der SDS seine Position innerhalb der westdeutschen Studentenschaft festigen und zahlreiche neue Mitglieder gewinnen können. So habe der SDS mittlerweile über 2000 Mitglieder, es seien vier neue Hochschulgruppen gegründet worden, die Gründung weiterer Gruppen stünde bevor. Bei den AStA-Wahlen habe der SDS etwas 25 Prozent aller Mandate erhalten. Aufgrund des gewachsenen Einflusses des SDS schloss Wolff ein Verbot des Verbandes in der derzeitigen Situation aus.

Hinsichtlich der Aktionsschwerpunkte für die weitere Arbeit nannte Wolff an erster Stelle den Kampf gegen die Notstandsgesetze. An zweiter Stelle stand die Anti-Springer-Kampagne, die weitergeführt werden sollte, um »am Beispiel Springers die Notwendigkeit der Entmachtung der Monopole generell deutlich zu machen«.

An dritter Stelle folgte der Kampf gegen die »USA-Aggression in Vietnam«. Hierzu wollte der SDS die »Desertierungswelle in der US-Armee weiterführen«. Dabei werde der SDS durch die IG Metall finanziell unterstützt und man habe bereits erreicht, dass »monatlich ca. 150 US-Soldaten desertieren«. An vierter Stelle führte Wolff schließlich den Kampf für den Austritt der Bundesrepublik aus der NATO auf. Auch für die Anerkennung der DDR wollte man sich weiter einsetzen.

Auf das Angebot der FDJ-Vertreter, die Schulungsarbeit des SDS auch hinsichtlich der von Wolff aufgezählten Aktionsschwerpunkte durch geeignete Referenten zu unterstützen, erklärte Wolff, der SDS werde der FDJ eine entsprechende Liste mit Themen und Terminen zugehen lassen. Außerdem äußerte Wolff die Bitte, so die Protokollanten des Treffens, die Unterstützung bei der Bereitstellung marxistisch-leninistischer Literatur um die gesammelten Werke von Marx, Engels und Lenin zu erweitern.

Zuletzt sprach man über die Lage im Sozialistischen Hochschulbund, in dem es ernsthafte innere Auseinandersetzungen gegeben habe: Innerhalb der Organe des Verbandes Deutscher Studentenschaften (VDS) vollzöge sich, so Wolff, momentan ein Differenzierungsprozess. In verschiedenen Allgemeinen Studentenausschüssen wie in Freiburg, Göttingen, Mainz, München, Bonn, Hannover und Tübingen gäbe es bereits eine klare Linksorientierung. Wolff machte den FDJ-Funktionären den Vorschlag, diese Linksentwicklung durch gezielte Veranstaltungen der FDJ mit diesen Studentenausschüssen weiter zu unterstützen. Zu solchen Unterstützungsmaßnahmen könnte es zum Beispiel auch gehören, eine Gruppe von linksgerichteten Redakteuren von Studentenzeitungen in die DDR einzuladen. Da der VDS für Anfang 1968 ein Seminar zum Thema »Universität und Nationalsozialismus« in Planung hatte, schlug Wolff vor, dass die FDJ mit einer Delegation daran teilnähme.

Der FDJ war es mit ihrer seit 1964 systematisch betriebenen Westarbeit gelungen, Einfluss auf den SDS zu nehmen. Dies erfolgte vor allem durch die ideologische Diskussion im Rahmen von Seminaren und politischen Gesprächen. Außerdem lieferte die FDJ Schulungsmaterial und marxistisch-leninistische Literatur. Insbesondere durch die Ereignisse des 2. Juni 1967 hatte dieser Einfluss erheblich zugenommen. Die FDJ legte großen Wert auf einen ideologischen Klärungsprozess, denn auf einer gemeinsamen ideologischen Grundlage ergab sich die politische Orientierung auf konkrete politische Ziele fast zwangsläufig. Der Kampf gegen die Notstandsgesetze war im Dezember 1967 für den SDS Aktionsschwerpunkt Nr. 1. Das entsprach ganz der Zielsetzung der FDJ, die in ihrem vertraulichen Papier vom Februar 1967 diesen zum zentralen Anliegen einer westdeutschen Jugendbewegung erklärt hatte.

Auch die anderen Aktionsschwerpunkte des SDS, die Anti-Springer-Kampagne, der Kampf gegen das Engagement der USA in Vietnam, die Anerkennung der DDR und die Forderung nach dem Austritt der Bundesrepublik aus der NATO, entsprachen der politischen Linie der FDJ. Die Menge an Gemeinsamkeiten war so groß, dass der SDS-Bundesvorsitzende zusammen mit dem für die Westarbeit zuständigen FDJ-Sekretär darüber beriet, wie die Linksentwicklung innerhalb des VDS weiter unterstützt werden könnte.

Einflussagenten des MfS im SDS

Neben der offenen Beeinflussung des SDS durch die FDJ mithilfe von Veranstaltungen, Schulungen, Diskussionen und Besuchen in der DDR gab es eine zweite Ebene der verdeckten Einflussnahme über den geheimen Apparat des Ministeriums für Staatssicherheit. Es gab eine ganze Reihe von Inoffiziellen und geheimen Mitarbeitern, die für das MfS innerhalb des SDS und in anderen Studentenverbänden aktiv waren. Auch hier ist zu beobachten, dass sich nach dem 2. Juni 1967 verbesserte Bedingungen zur Zusammenarbeit und Akquirierung neuer Mitarbeiter für das MfS ergaben. Die Hauptverwaltung Aufklärung (HVA) – diese Abteilung innerhalb des MfS war für die offensive Arbeit in der Bundesrepublik zuständig – rekrutierte, so Sven Felix Kellerhoff in seinem Buch *Die Stasi und der Westen*, »einige ihrer erfolgreichsten Spione und Einflussagenten Ende der sechziger, Anfang der siebziger Jahre unter Anhängern der APO – meist auf der Grundlage politisch-ideologischer Überzeugung«[28].

Bis heute wurde nur ein Bruchteil von ihnen enttarnt. Zu den bekanntesten MfS-Agenten, die im Berliner SDS bzw. dem politischen Umfeld agierten, gehörten Peter Heilmann, Walter Barthel und Dietrich Staritz, über die mittlerweile umfangreiche Literatur vorliegt.[29]

Peter Heilmann, Jahrgang 1922, war Mitglied im Zentralrat der FDJ, er wurde wegen angeblicher Spionage 1951 verhaftet. Nachdem er sich zur Zusammenarbeit mit dem MfS verpflichtet hatte, wurde er im März 1956 freigelassen und unter der Legende eines »Republikflüchtlings« als Geheimer Mitarbeiter nach West-Berlin geschickt. Dort nahm er ein Studium auf, wurde Mitglied des SDS und der SPD und arbeitete außerdem im internationalen Studentenbund und im Verband Deutscher Studentenschaften mit.[30] Seine Decknamen lauteten »Julius Müller« und »Adrian Pepperkorn«. Von 1959 bis 1961 gehörte er zum inneren Führungszirkel des Berliner Landesverbandes des SDS und des Bundesvorstands. 1959 wurde Heilmann in den dreiköpfigen Beirat gewählt, der zusammen mit dem Bundesvorsitzenden und seinem Stellvertreter die SDS-Verbandsspitze bildete.[31]

Heilmann, der sich alle 14 Tage mit seinen Kontaktpersonen traf, lieferte regelmäßige Berichte aus dem SDS-Bundesvorstand, dazu gehörten die Protokolle der Vorstandssitzungen, die privaten Anschriften der Vorstandsmitglieder, Berichte über Personalentscheidungen und verbandsinterne Aktivitäten. Er verfolgte das Ziel, den SDS links von der SPD zu profilieren und dann offizielle Verbindungen zur FDJ aufzunehmen. Im Oktober 1959 reiste nach erheblichen internen Diskussionen sogar die erste offizielle SDS-Delegation nach Leipzig, doch es gelang aufgrund interner Widerstände innerhalb der SDS-Führung bis 1961 nicht, direkte Beziehungen zur FDJ herzustellen. Heilmann zog sich 1961 auf Geheiß des MfS aus des SDS-Arbeit zurück.

Walter Barthel (Deckname »Kurt«) war der Umtriebigste der drei MfS-Agenten. Er war Mitglied der SED, war bei der Kasernierten Volkspolizei gewesen und arbeitete bereits seit Anfang der 1950er-Jahre für das MfS. Er studierte an der Humboldt-Universität Wirtschaftswissenschaften und ging 1956 nach West-Berlin, angeblich wegen Auseinandersetzungen mit der Universitätsparteileitung. In West-Berlin begann er ab 1959 für das MfS als Geheimer Informator im SDS zu arbeiten, war gleichzeitig aber auch für den sowjetischen Geheimdienst als Informant tätig. Im Februar 1960 wurde er hauptamtlicher Sekretär des Berliner SDS. Innerhalb des SDS trat er als Anhänger eines Dritten Weges, jenseits von Kapitalismus und Sozialismus, auf, um von den rechten Kreisen im SDS nicht als Gegner wahrgenommen zu werden. Um seine Glaubwürdigkeit zu erhöhen, machte er seinen Führungsoffizieren den Vorschlag, sich in der DDR-Presse als braves Anhängsel der Brandt-Wehner-Clique verunglimpfen zu lassen.

Barthel lieferte Berichte über die internen Vorgänge innerhalb des SDS, dazu gehörten Protokolle von SDS-Seminaren und Sitzungen, Briefe, interne Rundschreiben, Mitgliederlisten, Personalfragebögen, politische Diskussionen. Regelmäßig, bisweilen sogar täglich, informierte er das MfS über die Situation im SDS. Im Oktober 1960 ließ er sich mit Zustimmung des MfS vom Bonner Verfassungsschutz anwerben und zog nach Köln um. 1964 kehrte er nach Berlin zurück und war unter anderem an der Gründung des Republikanischen Clubs (1967) und des Berliner *Extra-Dienstes*, einer vom MfS finanzierten Zeitschrift, die ab 1967 erschien, beteiligt. Der Republikanische Club diente als Treffpunkt der West-Berliner Linken. Einer der Gründer und der erste Vorsitzende war der frühere SDS-Funktionär Klaus Meschkat. Über den FDP-Politiker William Borm, der ebenfalls ein Agent des MfS war, half der DDR-Geheimdienst mit, den Club zu finanzieren.[32]

Die Lücke, die 1960 durch den Wegzug Barthels entstanden war, wurde durch Dietrich Staritz (Deckname: »Erich«) gefüllt. Staritz, Jahrgang 1934, studierte Politologie, war seit 1958 Mitglied im SDS und wurde 1961 Vorsitzender der SDS-Gruppe am Otto-Suhr-Institut der FU, dem Institut für politische Wissenschaften. Im September 1961 warb ihn die Stasi an, 1962 wurde er in den Beirat des Berliner SDS-Vorstands gewählt.

Die Stasi-Akte zu Dietrich Staritz, so fasste Hubertus Knabe die Ergebnisse seines Aktenstudiums zusammen, liest sich »über weite Strecken wie ein ›Who's who‹ des SDS. Mitglieder und Funktionäre, insbesondere des Berliner Verbandes, werden mit allen Eigenarten, biographischen Details und politischen Auffassungen charakterisiert. Bei einzelnen Treffen liefert Staritz dem MfS gleich bündelweise Personeneinschätzungen mit Hinweisen für eine mögliche ›Gewinnung‹. Im November 1962 übergab er der Stasi zudem die komplette Mitgliederliste des SDS-Landesverbandes.« Staritz gab genaue Hinweise, ob Mitglieder eher für eine Kontaktaufnahme nachrichtendienstlicher oder politischer Art geeignet seien. Wie viele und welche neuen Mitarbeiter das MfS dadurch rekrutieren konnte, ist nicht übermittelt.

Allein 1964 gab Staritz zu 33 Personen detaillierte Einschätzungen ab und wies darauf hin, wie man sie zur politischen bzw. nachrichtendienstlichen Arbeit gewinnen könne. Über eine Funktionärin des SDS schrieb er beispielsweise: »Ca. 24 Jahre alt, [...] anscheinend unbemannt, starke DDR-Sympathien, unverschleiert-naiv, sicher politisch, vielleicht politisch-erotisch ansprechbar, aber auch bei ihr käme es darauf an, möglichst gescheit (...) vorzugehen.« Staritz wurde Ende 1964 vom SDS abgezogen und war ab Januar 1965 als Stasi-Spitzel in der evangelischen Kirche aktiv. Zwei Jahre später, im März 1967, tauchte er wieder im Umfeld der Studentenbewegung auf und wurde wie Barthel im Republikanischen Club und dem *Extra-Dienst* tätig.[33]

In zahlreichen Organisationen in der Bundesrepublik gab es Informelle Mitarbeiter, die das MfS mit Informationen versorgten. Doch beim SDS haben wir es mit einer besonderen Situation zu tun, weil die Einflussnahme gleich über mehrere Kanäle erfolgte. Die Einflussnahme über die FDJ fand auf einer quasi »offiziellen« Ebene statt, auch wenn zahlreiche Gespräche heimlich geführt wurden. Durch den zweiten Kanal, die geheimen Mitarbeiter, war das MfS genauestens über das Innenleben des Verbandes, die Positionen einzelner Mitglieder und die politischen Diskussionen informiert. Mit diesen Informationen verfügte man über ein geeignetes Kontrollinstrument, um festzustellen, wie Diskussionen und Seminare gewirkt hatten, welche Personen im Verband DDR-Positionen skeptisch gegenüberstanden. Wer das wusste, konnte diese Informationen dann wiederum in anderen Zusammenhängen nutzen und entsprechend agieren: Einfluss nehmen auf Personalentscheidungen, Themenwahl und Aktionsprogramme. Auch über die illegale KPD versuchte man Einfluss auf den SDS zu nehmen.

Die Arbeit der KPD in Westdeutschland

Im Januar 1949 erfolgte in den Westzonen offiziell die organisatorische Trennung von KPD und SED.[34] Doch die Eigenständigkeit der KPD war nur Fassade, dahinter gab es eine konspirative Struktur, die gewährleistete, dass die KPD Teil der SED blieb. Hierzu war Ende August 1948 beim ZK der SED eine Westabteilung geschaffen worden. Außerdem wurde Anfang 1951 ein Arbeitsbüro der KPD beim ZK der SED gebildet, das für die Anleitung der KPD zuständig war und der Westabteilung unterstand.[35]

Die KPD hatte sich in der Bundesrepublik mit ihrer Politik weitgehend isoliert. Dazu hatte nicht ganz unwesentlich ein Verbalradikalismus beigetragen, der sich weniger an den westdeutschen Realitäten orientierte, sondern vor allem von den Interessen der SED leiten ließ.

Den Höhepunkt dieser Entwicklung bildete schließlich 1952 das »Programm der Nationalen Wiedervereinigung«, das den »revolutionären Sturz des Adenauer-Regimes« auf die Tagesordnung setzte.[36] Bei den Bundestagswahlen im September 1953 erreichte die KPD gerade noch 2,2 Prozent, 1949 war das Ergebnis mit 5,7 Prozent mehr als doppelt so hoch gewesen; damit scheiterte sie an der Fünf-Prozent-Hürde und kam folglich nicht mehr in den Bundestag.[37]

Angesichts des Einflussverlustes auf der einen und dem drohenden Parteiverbot auf der anderen Seite – 1951 hatte die Bundesregierung den Antrag auf Verbot der KPD aufgrund verfassungswidriger Tätigkeiten der KPD gestellt – musste die KPD ihre Taktik ändern. Sie trat als Partei in den Hintergrund und bildete Organisationen zu

Einzelthemen; Gruppen, die in ihrer Mehrheit nicht aus Kommunisten bestanden, aber in Einzelfragen kommunistische Positionen vertraten. Mitte 1953 registrierte die britische Militärregierung bereits 149 solcher Gruppen und 1956 zählte das Bundeskanzleramt, das die Partei beobachten ließ, 40 eindeutig kommunistische, 100 prokommunistische und 600 Organisationen, bei denen eine Steuerung durch ostdeutsche Institutionen zumindest vermutet wurde. Finanziert wurden sie durch die SED, die nach Angaben des Verfassungsschutzes Anfang 1956 für all diese Organisationen jährlich mehr als 15 Millionen DM ausgab.[38]

Als die KPD im August 1956 tatsächlich verboten wurde, hatte sie, verglichen mit ihrer Hochphase, nur noch ein Viertel ihrer Mitglieder, etwa 70 000 bis 80 000.[39] Doch auch nach dem Verbot existierte die KPD weiter und verfügte immer noch über einen Funktionärsstamm von 8000 bis 13 000 Mitgliedern.[40]

Mit dieser taktischen Änderung, kleine eigenständige Gruppen zu bilden, war auch die Entstehung eines Funktionärs neuen Typs verbunden. Es waren moderne, mobile Politmanager gefragt, die die vielfältigen organisatorischen und politischen Bestrebungen der SED im Westen koordinierten und betreuten. Hierzu gehörte die Gründung und Mitarbeit in den verschiedenen Gruppen, Werbetätigkeit für die politischen Positionen der Kommunisten, Verbreitung publizistischen Materials, Organisation von Veranstaltungen wie zum Beispiel Vorträge, Filmabende, Kulturveranstaltungen sowie die Vermittlung gesamtdeutscher Kontakte auf wirtschaftlichem, kulturellem oder sportlichem Gebiet und die Betreuung von organisierten Reisegruppen in die DDR.[41]

Einer dieser Funktionäre neuen Typs war der aus Essen stammende Manfred Kapluck, er war Jahrgang 1930 und entstammte einem kommunistischen Elternhaus. Sein Vater gehörte in den 1930er-Jahren zum Rotfrontkämpferbund und hatte am Spanischen Bürgerkrieg teilgenommen. Kapluck junior wurde mit 16 Jahren Mitglied der KPD und arbeitete am Aufbau der FDJ mit, die im März 1946 gegründet worden war. Nachdem die FDJ in der Bundesrepublik im

Juni 1951 verboten worden war, arbeitete er weiter für die in der Illegalität weiteragierende FDJ.[42] »Schon 1952«, so berichtete Kapluck später, »haben wir mit den in die Illegalität abgetauchten FDJ-Kadern systematisch mit der Unterwanderung des Westens begonnen. Wir reisten, von der Stasi, die damals noch nicht so hieß, mit Ausweisen ausgestattet in ganz Deutschland herum und brachten unsere Leute auf Linie.«[43]

Die FDJ-Kader wurden zudem in verschiedene andere Organisationen geschickt. »Ich habe nach dem Verbot der FDJ«, so Kapluck, »die circa 100 illegalen Kader, die wir im Westen hatten, undercover in der legalen Massenarbeit eingesetzt. Wir schickten unsere Leute zu den Naturfreunden, zu den Jusos und zu den Falken. Das Ziel war, diese Verbände ideologisch mehr und mehr zu beeinflussen.«[44]

Die Zeitschrift Konkret

Neben der Arbeit in den neu gegründeten Organisationen und der Unterwanderung bestehender Verbände gab es eine ganze Reihe von Zeitungen, Zeitschriften und Verlagen, die Geld aus Ost-Berlin erhielten, sich regelmäßig mit den Genossen der Westkommission, der Westabteilung bzw. dem Arbeitsbüro der KPD abstimmten und bemüht waren, unterschiedliche Zielgruppen anzusprechen. Eine Aufstellung des Arbeitsbüros der KPD beim ZK der SED aus dem Jahre 1962 verzeichnete rund 30 solcher Publikationen (siehe Anhang S. 236). Darunter waren so bekannte Titel wie *Andere Zeitung, Elan* und *Deutsche Volkszeitung*.[45]

Die erfolgreichste kommunistische Publikation war die Zeitschrift *Konkret*. Im Mai 1955 gründete Klaus Rainer Röhl nach einem geheimen Auftrag des Zentralrats der FDJ zusammen mit Peter Rühmkorf und Klaus Hübotter, der als Mitglied der KPD zunächst als Verbindungsmann zur FDJ nach Ost-Berlin fungierte, in Hamburg die Zeitschrift *Studenten-Kurier*.[46] Relativ schnell entwickelte sich die Zeitschrift zur größten Studentenzeitschrift in der Bundesrepublik.

1956 wurde sie bereits von einem Drittel aller Studenten gelesen, so eine Erhebung des Meinungsforschungsinstituts Allensbach.[47] Im September 1957 – die Auflage lag bei rund 20 000 – wurde der *Studenten-Kurier* in *Konkret* umbenannt.[48] Der Monatsetat lag zunächst bei 13 000 DM, die Anleitung durch die KPD erfolgte seit 1956 direkt durch Manfred Kapluck, inzwischen Abteilungsleiter für Jugend und Kultur der KPD, und durch Richard Kumpf von Ost-Berlin aus.[49] Später stieg der Etat und Manfred Kapluck brachte das Geld nach Hamburg: »Ich bin immer zur Partei gegangen und habe zu denen gesagt, gebt mir noch mal 40 000 und noch mal 40 000 DM.«[50] Die Mehrzahl der Redaktionsmitglieder gehörte der KPD an. Neben Klaus Rainer Röhl waren das Reinhard Opitz, Jürgen Holtkamp und Klaus Steffens. Ulrike Meinhof stieß 1958 hinzu und wurde ebenfalls Mitglied der KPD.[51]

Anfang der 1960er-Jahre war *Konkret* »zunehmend auch direkt von Hamburg aus geführt worden, sprich direkt vom KPD-Landesvorstand«[52]. Leiter der dortigen Jugendkommission war Wolfgang Gehrcke, Jahrgang 1943. Er war aus der SPD ausgeschlossen worden und seit 1961 Mitglied der Hamburger KPD. Im Interview mit Bettina Röhl wies Gehrcke darauf hin, dass die meisten eine völlig falsche Vorstellung von einer kommunistischen Publikation oder Gruppe hätten. »Es sei falsch, sich das so vorzustellen, als habe es eine Leitung gegeben, die Kommandos gegeben und gesagt hätte: Schreibt die und die Artikel oder: Macht die Demos. Es sei alles diskutiert worden, innerhalb eines gewissen Toleranzbereichs.« Und, so Gehrcke weiter: »Die Redakteure haben gute Informationen bekommen und da es zwischen diesen Leuten und der Partei keine großen Differenzen gegeben und man Fragen immer wieder miteinander diskutiert habe, sei auf die richtige Kreativität schon Verlass gewesen.«[53] *Konkret* wurde in den 1960er-Jahren neben *Twen* und *Pardon* zu einer der einflussreichsten Publikumszeitschriften für junge Intellektuelle. 1965 lag die verkaufte Auflage bei 45 000 Exemplaren, ein Jahr später schon bei 100 000 und 1968 waren es 170 000.[54] *Konkret* beschäftigte sich in erster Linie mit Politik, an zweiter Stelle folgte Literatur. Themen waren unter anderem der Zustand der westdeutschen Demokratie, die NS-Vergangenheit, die Rüstungspolitik und die Ostpolitik. Es gab Artikel über den Algerienkrieg und die revolutionären Bewegungen in der Dritten Welt. Die Zeitschrift veröffentlichte auch Reiseberichte aus der DDR und anderen Ländern des sozialistischen Lagers.[55]

Trotz des Erfolges der Zeitschrift kam es zwischen Parteiführung und *Konkret* zu wachsenden Spannungen und immer wieder zu Auseinandersetzungen über einzelne Artikel. Als es im März 1963 zu einer Aussprache zwischen Redakteuren von *Konkret* und Vertretern von KPD und SED in Ost-Berlin kam, waren die Fronten schon ziemlich verhärtet. Es nahmen die Redakteure Ulrike Meinhof, Klaus Rainer Röhl, Jürgen Holtkamp und Klaus Steffens und sieben »Genossen« von SED und KPD teil. »Die Aussprache zeigte«, so vermerkte das Protokoll später, »dass es bei den Genossen von ›Konkret‹ große Unklarheiten in ideologischen Fragen gibt.« Die *Konkret*-Redakteure vertraten insbesondere die Meinung, dass man die DDR nicht so verherrlichen dürfe, »man sollte viel mehr über die Fehler und Mängel der DDR schreiben«, offen Fehler der Partei benennen und eine »schonungslose Analyse der Fehler der Partei vornehmen«. Das sei notwendig, »um bei den Menschen in der Bundesrepublik glaubwürdig zu erscheinen«. Mit dieser Ausrichtung der Zeitschrift waren die Vertreter des Parteiapparats nicht einverstanden. Von den anwesenden Parteivertretern wurde den Redakteuren »sehr sachlich, aber prinzipiell gesagt«, dass sie sich damit zum Handlanger für die Gegner machen und desorientierend auf die jungen Intellektuellen wirken würden und so den psychologischen Einfluss des Gegners förderten. Insbesondere die anwesenden Genossen der SED bemühten sich, anhand konkreter Beispiele die Probleme der DDR verständlich zu machen. Doch die Verhältnisse waren schon ziemlich zerrüttet. Röhl brachte es auf den Punkt, als er laut Protokoll sagte: »Wir kommen schon einige Jahre hierher nach Berlin, wir haben uns immer darauf gefreut, aber seit einem Jahr wird nur noch kritisch mit uns gesprochen, ist man mit uns nicht mehr zufrieden.«[56]

Der endgültige Bruch zwischen Röhl und der Parteibürokratie erfolgte ein Jahr später. Röhl war 1964 ein erfolgreicher Verleger. Er hatte für die Partei viel erreicht und nun sollte er sich »Apparatschiks« unterwerfen, die fernab von den bundesrepublikanischen Realitäten ihre Linie durchsetzen wollten, koste es, was es wolle. Die Kraftprobe zwischen Röhl und der Parteibürokratie endete im Dezember 1964 mit seinem Ausschluss aus der KPD.[57] Doch es gelang Röhl, die Zeitschrift auch ohne das Geld aus Ost-Berlin weiter herauszugeben. Er behielt die politische Linie bei, denn der Konflikt mit den engstirnigen Parteibürokraten hatte nicht zu einem Bruch mit der politischen Grundlinie geführt. Aber er konnte seitdem unabhängiger und erfolgreicher agieren. Es gibt keinen Hinweis darauf, dass diejenigen Redakteure, die KPD-Mitglieder waren, ebenfalls ausgeschlossen wurden.

Unterwanderung des SDS durch die KPD

Neben der Einflussnahme über FDJ und MfS gab es noch einen dritten Kanal, über den Ost-Berlin versuchte, Einfluss auf den SDS auszuüben, und zwar über den Apparat der illegal agierenden KPD. In einem grundlegenden Dokument vom Oktober 1962 formulierte die KPD Aufgaben und Ziele für die Arbeit mit dem SDS.[58] Grundsätzlich sollte der SDS durch die KPD gestärkt und unterstützt werden, denn ein starker SDS sei ein wichtiges Instrument, um die Studenten zum Kampf für Frieden, Abrüstung und die Verbesserung der sozialen Lage der Studenten zu mobilisieren, so das Dokument, bei dem es sich wahrscheinlich um eine Beschlussvorlage des Politbüros der KPD gehandelt hat.

Der SDS sollte dazu bewegt werden, Aktionen gegen jede Einschränkung der akademischen Freiheit sowie gegen die Notstandsgesetze durchzuführen, dabei sei es notwendig, dass bei den Aktionen auf jeglichen Antikommunismus verzichtet werde. Die vom SDS geplante Aktion »Ungesühnte Nazijustiz« sollte unterstützt und dazu genutzt werden, den Charakter des Bonner Staates aufzuzeigen und den Kampf gegen die restaurativen Kräfte, die in führenden Funktionen des Bonner Staates tätig waren, zu verstärken.

Weiterhin hielt man fest, es solle darauf hingewirkt werden, dass sich die Haltung des SDS gegen die atomare Aufrüstung und für eine atomwaffenfreie Zone in Europa festige und dass möglichst viele Studenten für die Teilnahme am Ostermarsch und anderen Aktionen gegen die Atomrüstung gewonnen würden. In Zusammenhang mit der Forderung nach Abrüstung sollte der Gedanke in den SDS hineingetragen werden, dass dafür vor allem von westdeutscher Seite ein Beitrag geleistet werden müsse, der in einem Verzicht auf Atomwaffen, einem Vertrag mit der DDR über die Begrenzung von Streitkräften und dem Abschluss eines Nichtangriffspaktes zwischen der Bundesrepublik und der DDR bestehe. Innerhalb des SDS sollte ein vernünftiges Verhältnis zur DDR entsprechend den Prinzipien der Koexistenz hergestellt und deutlich gemacht werden, dass die Existenz der DDR von entscheidender Bedeutung für die Sicherung des Friedens sei.

Im Kalkül der KPD sollte der SDS dazu dienen, die Studenten gegen die Politik der Bundesregierung, vor allem gegen die Rüstungs- und Deutschlandpolitik zu mobilisieren und sie für die Anerkennung der DDR gewinnen. Der SDS sollte auch dafür eintreten, West-Berlin in eine entmilitarisierte Freie Stadt umzuwandeln und von der Bundesrepublik loszulösen. Um diese Ziele verwirklichen zu können, wurden in einem 14-Punkte-Plan konkrete Maßnahmen festgelegt: Besondere Bedeutung maß man dabei der verstärkten Einflussnahme durch bestehende Verbindungen zwischen KPD und SDS, der Gewinnung neuer Studenten, der Stärkung und regelmäßigen Anleitung von SDS-Gruppen durch KPD-Mitglieder bei.[59]

Bei dem Dokument handelte es sich um eine Beschlussvorlage aus dem Jahr 1962, es handelte sich um Ziele, um Absichten. Wurden sie umgesetzt oder waren es bloße Absichtserklärungen?

Wolfgang Gehrcke, in den 1960er-Jahren Vorsitzender der Jugendkommission der KPD, erläuterte in seinen Gesprächen mit Bettina

Röhl unter anderem auch den Aufbau der Hamburger KPD. Er berichtete davon, dass es ein regelrechtes Netzwerk gegeben habe, Parteimitglieder verdeckt in der Gewerkschaft gearbeitet hätten, bei den Naturfreunden aktiv und auch im SDS tätig waren. »Man habe auf diese Weise zum Beispiel lange Zeit heimlich den SDS-Vorsitz in Hamburg gehalten – erst später in den Siebzigern, als man legal DKP war, habe man wieder einen eigenen Jugend- und Studentenverband aufgebaut.«[60]

Aktionen gegen die akademische Freiheit, über die bereits seit 1962 nachgedacht worden war, wurden 1965 in West-Berlin von SDS-Funktionären über die Organe der Studentenvertretung durchgeführt. Zunächst wurde die Kuby-Affäre an der FU provoziert, die Krippendorf-Affäre ergab sich danach ganz von selbst und dann konnte man sich als Verteidiger der Meinungsfreiheit inszenieren.

In der Bewegung gegen die Notstandsgesetze war der SDS eine der treibenden Kräfte. Zusammen mit anderen Studentenverbänden hatte er zum Kongress »Demokratie vor dem Notstand« aufgerufen. Dieser fand am 30. Mai 1965 mit 1200 Teilnehmern in Bonn statt. Die Eröffnungsrede hielt der SDS-Bundesvorsitzende Schauer, der später Geschäftsführer der Kampagne gegen die Notstandsgesetze werden sollte.[61] Auf der gemeinsamen Kundgebung in Frankfurt am Main vor 12 000 Demonstranten am 27. Mai 1968 war einer der Redner, Hans-Jürgen Krahl, einer der führenden Köpfe des SDS.[62]

Die eigens in der Beschlussvorlage vom 22.10.1962 aufgeführte Ausstellung »Ungesühnte Nazijustiz« sorgte für Aufsehen und passte vor allem deshalb ins Kalkül der SED/KPD, weil sie die Behauptung von der Refaschisierung der Bundesrepublik untermauern sollte und die Begleitmusik spielte zur Verleumdungskampagne gegen den Bundespräsidenten Lübke, den man mithilfe von gefälschten Dokumenten zum »KZ-Baumeister« gemacht hatte.[63]

Auch das Konzept, vermehrt Anleitungen und Tagungen durchzuführen, wurde umgesetzt, so führte das ZK der KPD zum Beispiel vom 15. bis 21. Oktober 1966 südlich von Berlin eine Studentenkonferenz durch, um die Teilnehmer mit den Zielen der KPD innerhalb der studentischen Jugend vertraut zu machen. Dabei wurden die Parteimitglieder aufgefordert, insbesondere im SDS die Politik der Partei durchzusetzen.[64] Schon diese wenigen Beispiele zeigen, dass die Beschlussvorlage Ausdruck einer systematischen und zielgerichteten Arbeit war, die die Tätigkeiten der KPD im SDS in den 1960er-Jahren bestimmte.

In der Vorlage war der Vietnamkrieg nicht erwähnt worden, der Anfang der 1960er-Jahre noch keine Rolle gespielt hatte, aber vor allem in der zweiten Hälfte der 1960er einen immer größeren Stellenwert erhielt. Auf Initiative des SDS fand im Mai 1966 ein Vietnam-Kongress in Frankfurt am Main statt. In einem Maßnahmeplan vom 16.3.1966 hatte sich das Politbüro der KPD damit beschäftigt, wie die Veranstaltung in ihrem Sinne zu beeinflussen sei.[65] Der KPD ging es dabei um die »Entwicklung und Verstärkung der kämpferischen Solidarität mit dem vietnamesischen Volk« in der Bundesrepublik. Der Vietnam-Kongress sollte die Solidarität mit dem vietnamesischen Volk und die Ablehnung des gegen das »Selbstbestimmungsrecht des vietnamesischen Volkes« gerichteten »schmutzigen Kriegs der USA« deutlich machen. Der Konflikt wurde als Beispiel für den Charakter des Imperialismus betrachtet, der dem nationalen Selbstbestimmungsrecht entgegenstünde. Die Destabilisierung Südvietnams durch den vom Norden unterstützten Vietcong wurde als Ausdruck des nationalen Selbstbestimmungsrechts dargestellt.

In der Beschlussvorlage des Treffens vom März 1966 wurden eine Reihe von Maßnahmen vorgeschlagen und Empfehlungen ausgesprochen, die die Vermutung nahelegen, dass es enge Kontakte zum Initiatorenkreis des Vietnam-Kongresses gab oder man sogar in diesem Kreis direkt vertreten war: Die Vorlage gibt detaillierte Informationen wieder über den Stand der Planungen, über den Ablauf der Veranstaltung, Themen der Diskussionsgruppen bis hin zu den Bemühungen, Hans Magnus Enzensberger als Referenten für den »Festvortrag« (Thema: »Vietnam – Analyse eines Exempels«) zu gewinnen.

Auch inhaltlich war man anscheinend in der Lage, Einfluss zu nehmen. So hieß es in dem Papier: »Bei der Bearbeitung von Arbeitsmaterial, das wir den Initiatoren und unseren Freunden zur Verfügung stellen, sollte davon ausgegangen werden, daß die FNL [Nationale Front für die Befreiung Südvietnams, d. Verf.] einen nationalen Befreiungskampf mit sozial-ökonomischen Zügen führt; daß es ein Kampf für die nationale Unabhängigkeit, gegen die USA-Intervention und ihre Marionetten ist.«

Neben einer Reihe von Empfehlungen gegenüber dem Initiatorenkreis wurden zudem »Maßnahmen zur Unterstützung und Durchführung des Kongresses durch die Partei« festgelegt. Dazu gehörte, daß die KPD den Organisatoren Vorschläge für Referenten für die einzelnen Diskussionskreise machen sollte, dass gesichert würde, dass »qualifizierte Kommunisten« an dem Kongress und besonders in den einzelnen Diskussionskreisen teilnähmen.

Der Kongress fand wie geplant am 22. Mai 1966 unter dem Titel »Vietnam – Analyse eines Exempels« statt. Zu den Referenten gehörten u. a. Wolfgang Abendroth, Jürgen Habermas, Helmut Schauer (SDS-Bundesvorsitzender) und Herbert Marcuse, der auch der Hauptredner auf der Abschlusskundgebung war.[66]

Allein das letzte Beispiel zeigt, wie groß der Einfluss der DDR-Führung (über die FDJ, das MfS und die KPD) auf den SDS war; er konnte ganz nach Belieben gesteuert werden. Über den SDS konnten die zentralen Themen innerhalb der Revolte gesetzt werden. Die Kampagne gegen die Notstandsgesetze spielte dabei eine wesentliche Rolle, denn sie diente vor allem dazu, der Bundesregierung zu unterstellen, sie bereite den Notstand vor und plane eine Notstandsdiktatur. Der tote Ohnesorg wurde hierfür als Beweis angeführt und der Polizeieinsatz vor der Oper entsprechend zur Notstandsübung umgedeutet. *Das Kursbuch* veröffentlichte in der Nr. 12 im April 1968 eine Dokumentation über den 2. Juni und gab ihr den Titel »Der nicht erklärte Notstand«. Eine Dokumentation des Verbandes Deutscher Studentenschaften über den 2. Juni, die im kommunistischen Pahl-Rugenstein Verlag erschien, trug den Untertitel: »Studenten zwischen Notstand und Demokratie«. Auf diese Weise wurde die demokratische Bundesrepublik als ein Land dargestellt, das sich auf dem Weg in die Diktatur befand. Die SED-Diktatur inszenierte sich im Gegenzug als die antifaschistische Verteidigerin der Demokratie.

Sozialistischer Bund

Es gab einen weiteren Bereich, auf den die KPD Einfluss zu nehmen versuchte: den Sozialistischen Bund, der von Hochschullehrern zur Unterstützung des SDS gegründet worden war. Die Trennung der SPD vom SDS durch den Unvereinbarkeitsbeschluss im Jahr 1961 hatte für den SDS ganz erhebliche Konsequenzen gehabt, denn damit war jegliche finanzielle Unterstützung entfallen. Mieten für Büroräume, Gehälter für hauptamtliche Sekretäre und Stipendien für SDS-Mitglieder, all das musste nun aus eigener Tasche finanziert werden. Einige Landesverbände standen kurz vor dem Bankrott und dachten bereits über ihre Auflösung nach. In dieser prekären Lage kam dem SDS eine Gruppe von Professoren um den Marburger Politologen Professor Wolfgang Abendroth zu Hilfe. Zusammen mit anderen Hochschullehrern gründete er im Oktober 1961 die »Sozialistische Fördergesellschaft der Freunde, Förderer und ehemaligen Mitglieder des Sozialistischen Deutschen Studentenbundes«. Neben Abendroth gehörten die Professoren Ossip K. Flechtheim (Politologe), Heinz-Joachim Heydorn (Pädagoge), Heinz Maus (Soziologe), Jürgen Habermas (Philosophie und Soziologie) und der Gewerkschafter Fritz Lamm zu den bekanntesten SDS-Förderern.[67]

Daraufhin weitete die SPD ihren Unvereinbarkeitsbeschluss gegenüber dem SDS im November 1961 auch auf die Mitglieder der Sozialistischen Fördergesellschaft aus. Alle Mitglieder der Fördergesellschaft, die auch SPD-Mitglieder waren, wurden aus der Partei ausgeschlossen, darunter auch Abendroth. Nachdem das Überleben des SDS gesichert worden war, wurde die Fördergesellschaft 1962

131

unter anderem auf Drängen von Abendroth in »Sozialistischer Bund« (SB) umbenannt.[68]

Für die KPD ergab sich mit der Gründung des Sozialistischen Bundes ein neuer Einflussbereich. Zentrale Bedeutung für die KPD-Politik hatte die Herstellung der Einheit der Arbeiterklasse. Darunter verstand sie die Zusammenarbeit von Sozialdemokraten und Kommunisten. Da die SPD diese Zusammenarbeit ablehnte, spielten oppositionelle sozialdemokratische Gruppen, die zur Aktionseinheit mit den Kommunisten bereit waren, eine wichtige Rolle im strategischen Kalkül der KPD. Sie sollten mithelfen, Einfluss auf Mitglieder der SPD zu gewinnen, um so einen Keil zwischen Parteiführung und Mitgliedschaft zu treiben. Hinsichtlich der »Arbeit mit dem Sozialistischen Bund« ließ sich die KPD von dem grundsätzlichen politischen Ziel leiten, »die Masse der sozialdemokratischen Mitglieder und Anhänger vom verhängnisvollen Einfluss der Brandt-Wehner-Gruppe zu lösen«[69], die eine Politik der scharfen Abgrenzung gegenüber den Kommunisten vertrat und jegliche Form der Zusammenarbeit mit ihnen ablehnte.

Um Einfluss auf die SPD-Mitgliedschaft zu gewinnen, sollte der SB insbesondere zur Politik der SPD laufend Stellung nehmen. Dem SB kam hierbei eine besondere Bedeutung zu, da er zu den oppositionellen Kräften innerhalb der SPD und zu den Gewerkschaften zahlreiche Beziehungen unterhielt. Die KPD, die offenbar über entsprechende Einflussmöglichkeiten auf den SB verfügte, beurteilte die Lage nach der Umwandlung der Fördergesellschaft in den Sozialistischen Bund sehr positiv: »Die bestehenden Möglichkeiten der Einflussnahme durch uns«, so hieß es in der entsprechenden Beschlussvorlage des Arbeitsbüros, »können bei richtiger Ausnutzung eine positive Rolle spielen.« Dazu setzte sich die KPD folgende Ziele: Der SB sollte eine marxistische Analyse über den Klassencharakter der westdeutschen Gesellschaft ausarbeiten. Er sollte mit darauf hinwirken, dass die Arbeiterklasse zu einer gemeinsam handelnden Einheit zusammenfände, sowie den Kampf gegen Atomrüstung und Notstandsgesetzgebung führen. Gemäß den allgemeingültigen Zielen der DDR-Führung sollte sich der SB auch für die Herstellung sachlicher Beziehungen der Bundesrepublik zur DDR und die Beendigung des Kalten Krieges einsetzen. Dabei wurde der Bekämpfung des Antikommunismus eine besondere Bedeutung zugemessen.

Ein konkreter Maßnahmeplan »Sozialistischer Bund« sah vor, dass zunächst einmal innerhalb der KPD die Haltung zum Sozialistischen Bund klargemacht werden sowie bundesweit die Verbindung von KPD-Leitung zum SB aufgenommen werden müssten, »um der Partei den notwendigen Einfluss auf den SB zu sichern«. Auch sollte über illegale KPD-Publikationen und über eine Reihe von legalen oppositionellen Zeitungen – die zwar der KPD bzw. SED gehörten und von diesen finanziert und gesteuert wurden, die aber nach außen hin ihre Zugehörigkeit zum KPD-Netzwerk geschickt zu verschleiern wussten – laufend Artikel erscheinen, um die Herausbildung einer alternativen Politik in der SPD gegen den Brandt-Wehner-Kurs zu begünstigen.

Der KPD war sehr daran gelegen, alle oppositionellen Sozialdemokraten auf einer Alternativplattform zur SPD-Führung zu sammeln. Hierbei sollten der SB, der SDS und vor allem die Vereinigung Unabhängiger Sozialisten (VUS) eine wichtige Rolle spielen.

Daher versuchte man mit allen zur Verfügung stehenden Mitteln auf den SB einzuwirken. Auch über die Möglichkeit, die Verbindung zwischen KPD und IG Metall und anderen Gewerkschaften in dieser Hinsicht zu nutzen, wurde bedacht.

Neben Aufgaben für die KPD waren in der oben genannten Beschlussvorlage auch Maßnahmen für die VUS vorgesehen. Hierbei handelte es sich offenbar um eine kommunistische Tarnorganisation, auf die man einen so großen Einfluss hatte, dass man sie in einen solchen Maßnahmeplan einbeziehen konnte. So wurde dem Zentralausschuss des VUS empfohlen, in einer Stellungnahme die Ergebnisse der Jahreshauptversammlung des SB zu begrüßen. Die Stellungnahme sollte im VUS-Organ, im VUS-Forum und in der AZ veröffentlicht werden – bei allen dreien handelte es sich um KPD-Publikationen.

Die VUS sollte laut Beschluss der KPD auf allen Ebenen Kontakte zu den Gruppen des SB und deren Einzelmitgliedern aufnehmen. Dazu müssten rasch neue VUS-Gruppen geschaffen, vorhandene aktiviert und Landesverbände gebildet werden. Der VUS müsste immer mehr als echte, selbständige politische Kraft in Erscheinung treten, hieß es in dem entsprechenden Papier.

Der Sozialistische Bund gehörte zu den sozialistischen Gruppen, die eine Zusammenarbeit mit den Kommunisten durchaus befürworteten und zur Aktionseinheit bereit waren. Das Ziel der KPD, Einfluss auf den SB zu nehmen, wurde in der Folgezeit tatsächlich erreicht. Es kam sogar zu einer engen Zusammenarbeit mit dem Vorsitzenden des SB, Prof. Wolfgang Abendroth. Er verfolgte den Plan, eine sozialistische Partei links von der SPD zu etablieren, und führte hierzu ab Juli 1967 in der DDR verschiedene Gespräche mit Vertretern der Westabteilung der SED. Seine Vorstellung war, eine solche Partei in enger Abstimmung mit der KPD- und SED-Führung zu führen, mit dem Ziel, diese dann mit der KPD zu verschmelzen. Mit der Ausarbeitung eines Aktionsprogramms hatten im Juli 1967 bereits Mitarbeiter von Abendroths Institut für Politikwissenschaften an der Universität Marburg begonnen. Darunter waren ein Vertreter des SDS, der Chefredakteur der KPD-Tarnpublikation *Andere Zeitung* und ein Vertreter der VUS. Das Programm, das im September 1967 vorgelegt wurde, war der SED so wichtig, dass die Westabteilung es direkt an Walter Ulbricht schickte.

Anfang Februar 1968 fand in Offenbach eine Konferenz mit rund 1000 Teilnehmern statt, die über die Gründung einer neuen sozialistischen Organisation beriet. Zu den Trägern der Konferenz gehörten unter anderem der Sozialistische Bund, der SDS und der Ausschuss für Wiederzulassung der KPD.[70] Offenbar war die Gründung einer neuen sozialistischen Partei für SED und KPD 1967 durchaus noch eine ernsthafte Option, zumal zu dem damaligen Zeitpunkt noch nicht absehbar war, wie eine Legalisierung der KPD erreicht werden könnte.

IV. Der zweite Akt

Dutschke – vom Republikflüchtling zum Revolutionär

Am 7. März 1940 in Schönefeld geboren, wuchs Rudi Dutschke in Luckenwalde, einer Kleinstadt 40 Kilometer südlich von Berlin, auf. Nach der sechsjährigen Grundschule, die ihm die Beurteilung: »Sein Betragen ist ohne jeden Tadel« einbrachte, besuchte er von 1954 bis 1958 die Gerhart-Hauptmann-Oberschule. 1954 wurde er Mitglied der FDJ und nahm an den Einsätzen der Schule als FDJ-Mitglied teil.[1] Weil er sich weigerte, sich freiwillig zur Nationalen Volksarmee (NVA) zu melden, wurde ihm der Hochschulzugang verwehrt. Stattdessen machte Rudi Dutschke eine Ausbildung als Industriekaufmann beim VEB Beschläge Luckenwalde, die er im Februar 1960 erfolgreich beendete. Aber auch nach Beendigung der Ausbildung ließ man ihn nicht zum Studium zu. Nur wer sich freiwillig zur NVA meldete, durfte zur Universität. Sein Ziel war es dennoch, Journalismus in Leipzig zu studieren, denn er wollte Sportjournalist werden, folglich entschloss er sich, nach West-Berlin zu gehen. Für die Anerkennung des DDR-Abiturs musste er das West-Abitur nachmachen und besuchte hierzu ab Sommer 1960 die Askanische Schule in Berlin-Tempelhof.[2] Auf Grundlage der dort abgelegten Prüfung wurde am 30. Juni 1961 das Zeugnis der Gerhart-Hauptmann-Oberschule in Luckenwalde vom 5. Juli 1958 als Reifezeugnis anerkannt.[3] Anfang 1961 begann Dutschke, so sein Biograf Chaussy, ein neunmonatiges Volontariat bei der BZ, die seit 1959 mehrheitlich zum Springer-Verlag gehörte und arbeitete dort als Sportreporter. Er wohnte, so Chaussy weiter, während der Woche in West-Berlin und kehrte am Wochenende nach Luckenwalde zurück.[4] Im August 1961

135

musste es dann plötzlich ganz schnell gehen. Es gab Hinweise darauf, dass die DDR die Grenze nach West-Berlin abriegeln würde. Wenige Tage vor dem Mauerbau siedelte Dutschke endgültig nach West-Berlin über und begann im Oktober 1961 ein Studium an der FU Berlin. Allerdings war von seinem Traumberuf Sportjournalist nicht mehr die Rede. Stattdessen entschied er sich für Soziologie am Osteuropa-Institut.

1963 lernte Dutschke Bernd Rabehl kennen, der ebenfalls vor dem Mauerbau zum Studium nach West-Berlin gekommen war. Rabehl erzählte später: »Wir haben zwar nicht die gleiche Klasse besucht, aber wir gehörten zu den sogenannten ›Oststudenten‹, die das Abitur in West-Berlin nachmachen mußten, weil das DDR-Abitur nicht anerkannt wurde. Wir hatten sehr viel Zeit. Da haben wir uns kennengelernt in einem Café am Steinplatz. Er las damals Lenin, ich Camus, und ich konnte nicht verstehen, wie jemand, der aus der DDR kommt, jetzt noch Lenin liest.«[5]

Als Kennedy im Juni 1963 West-Berlin besuchte, da saßen Dutschke und Rabehl bei einer Kommilitonin und bereiteten sich gemeinsam auf eine Prüfung vor. »Als der Lärm unten auf der Straße anschwoll, gingen sie raus auf den Balkon. Da fuhr er vorbei, in einer offenen Limousine, lächelnd, winkend (…). Dutschke und Rabehl auf dem Balkon schauten nur zu, jubelten und pfiffen nicht. (…) Sie teilten nicht den amerikanischen Traum aus Freiheit und Konsum, den das halbe, das westliche Berlin träumte.«[6] Der Republikflüchtling Dutschke, dem die Sozialistische Einheitspartei das Studium verweigerte, wollte von Kennedy nichts wissen und las stattdessen Lenin und nahm 1963/64 Kontakt zu einer linken Gruppe auf, die sich Subversive Aktion nannte und vor allem an den Universitätsstädten München, Hamburg, Berlin, Frankfurt und Stuttgart aktiv war.[7] Der junge Student schrieb Artikel für deren Zeitschrift *Anschlag*. Das Thema war die Sowjetunion. Der Titel seines Artikels, der im August 1964 in der ersten Ausgabe erschien, lautete »Die Rolle der antikapitalistischen, wenn auch nicht sozialistischen Sowjetunion für die marxistischen Sozialisten in der Welt«[8]. Dort argumentierte Dutsch-

Rudi Dutschke am 20.10.1967 im Jugendclub Ça Ira in West-Berlin

ke als »marxistischer Sozialist«, als »junger Kommunist, der leidenschaftlich die russische Oktoberrevolution verteidigte«, wie der Politikwissenschaftler Langguth es formulierte.[9] Dutschke veröffentlichte den Artikel interessanterweise unter dem Pseudonym A. Joffe, dem Namen eines russischen Revolutionärs, der Anfang des 20. Jahrhunderts zeitweise Botschafter in Deutschland gewesen war.

In der zweiten Ausgabe vom November 1964 veröffentlichte Dutschke unter dem gleichen Pseudonym zusammen mit »P. Pusch (Berlin)« den Artikel »Proletarischer Internationalismus und Imperialismus«, in dem er sich erneut mit dem revolutionären Charakter der Sowjetunion auseinandersetzte. Er sah einerseits einen großen Widerspruch zwischen der nichtrevolutionären inneren Struktur der Sowjetunion und dem »revolutionären Anspruch, Träger und Erhalter der kommunistischen Bewegung zu sein«. Auf der anderen Seite konstatierte er, dass »die Existenz der Sowjetunion und der anderen Länder des kommunistischen Lagers für die siegreiche Machtergreifung kommunistisch-sozialistischer Kräfte in den Sturmzentren [mit den Sturmzentren der Weltrevolution waren Lateinamerika, Asien und Afrika gemeint. d. Verf.] von großer Bedeutung« sei.[10]

Im Sommer 1964 lernte Dutschke seine spätere Frau Gretchen Klotz kennen. »Zu der Zeit«, so schrieb sie später, »war er vierundzwanzig, schon drei Jahre in West-Berlin und sah seinen weiteren Weg deutlich vor sich – ein Leben als Berufsrevolutionär.«[11] Seiner zukünftigen Frau gegenüber erklärte er, dass er sie nicht heiraten könne, weil er »mit der Revolution verheiratet sei und es keinen Platz gebe für eine Frau«[12].

Dutschke trat im Januar 1965 zusammen mit anderen Mitgliedern der Subversiven Aktion in den SDS ein und fuhr bereits im April zusammen mit vier anderen SDSlern zu einer zweiwöchigen Reise (21.4.–5.5.1965) nach Moskau und Leningrad. Bei dieser Reise war er hin- und hergerissen. Einerseits fand er offizielle Gespräche »stinklangweilig«, andererseits war er beim Anblick des Winterpalais und der Aurora emotional tief berührt. Doch bei aller Kritik an dem »Schwachsinn« über die Geschichte des Aufbaus des Sozialismus in der Sowjetunion war er von dem Krieg Deutschlands gegen die Sowjetunion sehr betroffen und schrieb in sein Tagebuch: »Sobald man allerdings von dem deutschen Wahnsinn der faschistischen Angreifer zu hören, durch Bilder und Dokumente von den Ermordungen zu sehen bekommt, verschwinden für Augenblicke die Ansprüche, die man an das Land der Oktoberrevolution stellen muß. Wir jungen deutschen Mitglieder des SDS tragen nicht die Schuld an dem 2. Weltkrieg, tragen allerdings Verantwortung für unsere Zeit. Ob wir da versagen, wie viele Generationen vor uns: das wird sich erst noch zeigen.«[13]

In der Silvesternacht 1966/67 wurde die politische Wohngemeinschaft, »Kommune I«, gegründet. Der Gründung waren zahlreiche Diskussionen vorausgegangen, an denen unter anderem Rudi Dutschke, Dieter Kunzelmann und Bernd Rabehl beteiligt waren. Mit dabei war auch Ulrich Enzensberger, der jüngste Bruder Hans-Magnus Enzensbergers, des Schriftstellers und Herausgeber des *Kursbuchs*.[14] Er schrieb später in seinen Erinnerungen über »Die Jahre der Kommune 1«: »Im Wort ›Kommune‹ floß vieles zusammen. Zunächst sollte die ›Kommune‹ als revolutionäre Organisationsform die verbotene kommunistische Partei ersetzen.«[15] Außerdem bezog man sich auf die »Pariser Commune«, die in der marxistischen Lehre als die erste sozialistische Revolution betrachtet wurde. Der Name »Kommune« kam von Dutschke.[16]

Schon im Dezember 1964, einen Monat bevor Dutschke in den SDS eintrat und vier Monate vor seiner Reise in das Land der Oktoberrevolution, hatte in West-Berlin eine der ersten Aufsehen erregenden Aktionen einer sich neu formierenden politisch links orientierten Bewegung stattgefunden. Es war eine Demonstration gegen den Besuch des Ministerpräsidenten des Kongo, Moïse Tschombé, am 18. Dezember 1964 in West-Berlin. Gemeinsam demonstrierten Mitglieder des SDS, der Subversiven Aktion, des Liberalen Studentenbundes Deutschland (LSD), des Sozialdemokratischen Hochschulbundes (SHB), der FDJ, der SED Westberlin, des Argument Clubs und Studenten der Ost-Berliner Humboldt-Universität. Auch Rudi Dutschke war mit auf der Straße. Als die rund 400 Demonstranten die Bannmeile durchbrachen, kam es zur Auseinandersetzung mit der Polizei. Dutschke lieferte sich eine Verfolgungsjagd mit den Ordnungshütern. Anschließend wurden vor dem Schöneberger Rathaus Tomaten auf den als »imperialistischen Agent und Mörder von Lumumba«[17] bezeichneten Berlin-Besucher geworfen.[18] Im Rückblick schrieb Dutschke: »Von entscheidender Bedeutung (...) war die Bereitschaft bei der Mehrheit der Demonstranten zu einer Illegalisierung der Demonstration, war ihre Entschlossenheit zum gemeinsamen Handeln gegen die fetischisierten Spielregeln der formalen Demokratie anzugehen.«[19]

Dahinter steckte ein Konzept, genehmigte Demonstrationen in die Illegalität zu überführen. Im April 1965 wertete Dutschke seine Demonstrationserfahrung in einem Brief an das Münchener Konzil der Subversiven Aktion, an dem er wegen seiner Moskau-Reise nicht teilnehmen konnte, folgendermaßen aus: »Die Konfrontation mit der Staatsgewalt ist zu suchen und unbedingt erforderlich. Die Bedingungen dafür müssen günstig sein (verhaßtes Staatsoberhaupt usw.). (...) Die Radikalisierung bei größeren Demonstrationen, die günstige Vorbedingungen liefern, ist kurzfristig, aber intensiv durch (bewußtseins-mäßig gestaffelte) verschiedene Flugblätter vorzubereiten, soll doch einigen an der Demonstration teilnehmenden potentiellen Mitarbeitern der ›Sprung‹ zu uns möglich gemacht werden.«[20]

Zur Legitimation dieses Vorgehens bezog Dutschke sich auf Karl Marx, der im Zusammenhang mit dem Kommunistenprozess von 1852 geschrieben hatte, dass man Ausschreitungen gegen verhasste Personen oder Gebäude nicht nur nicht entgegentreten, sondern »ihre Leitung selbst in die Hand nehmen« solle. Für Dutschke markierte denn auch diese Demonstration den »Beginn unserer Kulturrevolution«[21].

Woher kam dieser Wille zur Revolution? Nach seinem Umzug nach West-Berlin im August 1961 hatte Dutschke sich innerhalb von wenigen Jahren zum Revolutionär entwickelt. 1963 lief er mit Lenin unter dem Arm herum, 1964 erklärte er, »Berufsrevolutionär« werden zu wollen, und nachdem er 1966 die Theologie-Studentin Gretchen Klotz geheiratet hatte, führte sie ihre Hochzeitsreise nicht etwa nach Venedig, Paris, Rom oder irgendeinen anderen romantischen Ort. Sie fuhren nach Budapest, um dort den 81-jährigen Georg Lukács, einen marxistischen Philosophen, dessen bekanntestes Buch »Geschichte und Klassenbewußtsein« aus den 1920er-Jahren stammte, zu besuchen. Doch es gibt keinen Hinweis auf irgendein Ereignis in Dutschkes Biografie, das diese Hinwendung zur Revolution ausgelöst haben könnte. Was ihn, den Republikflüchtling, zu dieser radikalen Einstellung gebracht haben könnte, bleibt unklar.

Das Konzept Stadtguerilla

Dutschke ging es jedoch nicht nur darum, Demonstrationen zu eskalieren und die Staatsgewalt herauszufordern. Ihm ging es um viel mehr. Wie im Nachlass aufgefundene Notizen belegen, beschäftigte er sich im Februar 1966 damit, wie man den bewaffneten Kampf in den Metropolen führen könne.[22] Die Aufzeichnungen, die

die Überschrift »Fokustheorie i.d. 3. Welt und ihre Neubestimmung in den Metropolen« trägt, enthält Dutschkes Adaption von Che Guevaras Konzept zum Führen des Guerilla-Krieges auf die westdeutschen bzw. West-Berliner Verhältnisse. In diesem häufig auch als »Fokustheorie« bezeichneten Konzept bildete die Universität die Ausgangsbasis, sie ist der Fokus. Denn, so Dutschkes Überlegung, die Universität sei das schwächste Glied innerhalb des herrschenden Systems. Sie ließe sich von allen Institutionen durch die herrschenden Mächte am schwersten kontrollieren, deshalb sollte von hier aus mit dem »Langen Marsch durch die Institutionen« begonnen werden. Die Universität solle den Ausgangspunkt für »kleinste homogene Guerilla-Einheiten« bilden, die das treibende Moment der Gesamtsituation sein sollten. Von ihnen sollte die »Aufstandsphase der Revolution« eingeleitet werden. Dazu müsse ein militärischer Apparat in den Städten aufgebaut werden, der sich in »Parallelorganisationen der Selbstverteidigung« und sogenannte »T. u. Son. Gruppen« gliedern sollte, mit denen irgendwann zur Offensive übergegangen werden würde. Es waren Kleingruppen aus jeweils vier bis sechs Kämpfern, die eine Doppelexistenz führen müssten, angedacht.[23]

Am 5. September 1967 präsentierte Dutschke als Delegierter des Berliner Landesverbandes sein Stadtguerilla-Konzept auf der 22. Delegiertenkonferenz des SDS, die vom 4. bis 8. September 1967 in der Mensa der Universität Frankfurt stattfand. Die 70 Delegierten von 35 SDS-Hochschulgruppen vertraten zu dieser Zeit 2000 Mitglieder. An der Wand hing die Fahne des Vietcong, der bereits mit dem bewaffneten Kampf begonnen hatte.[24]

Vielleicht war Dutschke nicht ganz wohl bei dem Gedanken, sein Guerillakonzept ganz allein vor den Delegierten, der Presse und den zahlreichen Gästen aus dem In- und Ausland vorzustellen. Er fand mit Hans-Jürgen Krahl einen idealen Koreferenten. Krahl war Adorno-Schüler, hatte den Ruf eines Theoretikers, war einer der führenden Köpfe des Frankfurter SDS und gehörte eher zum sogenannten »antiautoritären« Flügel des SDS. Damit lag die Verantwortung für

22. Delegiertenkonferenz des SDS 1967 in der Mensa der Universität Frankfurt. Über dem Präsidiumstisch die Fahne des Vietcong

das verharmlosend »Organisationsreferat« genannte Konzept für den bewaffneten Kampf nicht mehr allein auf Dutschkes Schultern. Ob Krahl tatsächlich daran mitgearbeitet hat, ist fraglich, konkrete Hinweise dafür gibt es nicht.

Mit dem Referat wurde in einer verklausulierten Insidersprache den versammelten Delegierten das Konzept für den bewaffneten Kampf vorgestellt. Es sorgte sofort für heftige Kontroversen zwischen den »Antiautoritären« und den an der KPD orientierten »Traditionalisten«.[25] Ausgangspunkt der Argumentationsführung war der drohende Faschismus. Der Ausweg des Kapitalismus aus der Wirtschaftskrise sei der Faschismus, das sei 1929 so gewesen und angesichts der sich abzeichnenden Krise, deren Vorboten die fallenden Wachstumsraten seien, würde er diesen Ausweg der »Fixierung an die terroristische Machtstruktur des faschistischen Staates« auch in Zukunft wählen, hieß es in Dutschkes und Krahls Vortrag.

Der Imperialismus, als das höchste Stadium des Kapitalismus, sei ein gigantisches Manipulationssystem und bedeute für die Massen eine neue Qualität des Leidens. Aufgrund der Manipulationsstruktur seien die Massen nicht mehr aus sich heraus in der Lage, sich dagegen zu empören. Ja, die Selbstorganisation ihrer Interessen, Bedürfnisse, Wünsche sei unmöglich geworden. Die Menschen könnten die soziale Wirklichkeit nicht mehr erfassen, sie hätten die »Schemata des Herrschaftssystems« so sehr verinnerlicht, dass ihnen die Realität nicht mehr zugänglich sei. Die Möglichkeit zu qualitativer, politischer Erfahrung sei auf ein Minimum reduziert worden. Mit anderen Worten: die Menschen seien blind, taub und stumm geworden und könnten sich selbst nicht mehr helfen. Die Aufgabe bestehe darin, sie zu retten und aus ihrem Leiden zu erlösen. Diese Aufgabe, so die Referenten Dutschke und Krahl, könnten nur noch durch besondere Gruppen erfolgen, durch »revolutionäre Bewusstseinsgruppen«, die eine Ebene von »aufklärenden Gegensignalen« produzieren könnten. Das könne durch sinnlich manifeste Aktionen, durch eine neue Methode des politischen Kampfes gelingen, die sich von den traditionellen Formen politischer Auseinandersetzung prinzipiell unterscheide.[26]

Die »Agitation in der Aktion«, die sinnliche Erfahrung der »organisierten Einzelkämpfer« in der Auseinandersetzung mit der staatlichen Exekutivgewalt, also Polizei und Militär, bildeten die mobilisierenden Faktoren in der Verbreiterung der radikalen Opposition und ermöglichten einen Bewusstseinsprozess für agierende Minderheiten innerhalb der passiven, leidenden Menschen, fuhren die beiden Referenten fort. Durch »sichtbar irreguläre Aktionen« solle die abstrakte Gewalt des Systems zur sinnlichen Gewissheit werden.

In anderen Worten: Es gibt organisierte Einzelkämpfer, die gegen die Staatsgewalt, gegen Polizei, Militär und andere Organe der Exekutive, kämpfen, und zwar mit »irregulären Aktionen«, also mit ungesetzlichen, illegalen Mitteln, wozu vor allem Gewalt gehöre. Diese Gewaltaktionen sollten wiederum einer zweiten, größeren Gruppe, die aber auch nur eine Minderheit innerhalb der Gesellschaft sei,

dazu dienen, Bewusstseinsprozesse innerhalb der manipulierten Masse auszulösen, da Gewalt die Gegengewalt des Staates sichtbar mache. Damit wurde eine revolutionäre Doppelstrategie entwickelt, mit »Aktionen der Irregularität« auf der einen und »Revolutionäre[n] Bewusstseinsgruppen« auf der anderen Seite. Diese sollten mit legal agierenden Gruppen wie den Kommunistischen Parteien zusammenarbeiten und die »Aktionen der Irregularität« für ihre Aufklärungsarbeit nutzen und entsprechende Bewusstseinsprozesse bei den Unterdrückten auslösen. Die »Propaganda der Schüsse‹ (Che) in der ›Dritten Welt‹« müsse, so Dutschke und Krahl, »durch die ›Propaganda der Tat‹ in den Metropolen vervollständigt werden«. Doch was bedeutet »Propaganda der Tat«? Handelte es sich dabei letztlich nicht auch um Gewalt und gegebenenfalls ebenfalls Schüsse? Konsequent zu Ende gedacht, ging es in Dutschkes Stadtguerilla-Konzept darum, auch in den Metropolen die Propaganda der Schüsse zu etablieren. Es ging um die Übertragung einer für ländliche Gegenden konzipierten Guerilla-Taktik auf die Situation in der Großstadt. Oder in der verklausulierten Sprache des Referates: die »Urbanisierung ruraler Guerilla-Tätigkeit«; also die Übertragung der Landguerilla-Taktik Che Guevaras auf die Großstädte. Der spanische Begriff »Guerilla« bedeutet wörtlich übersetzt kleiner Krieg. Er ist eine seit den spanischen Befreiungskämpfen (1808–1814) in Gebrauch gekommene Bezeichnung für bewaffnete Erhebungen in Form irregulärer Kriegsführung gegen den eigenen Staat bzw. ein fremdes Besatzungs- oder Kolonialregime. Ziel des Guerilla-Krieges ist es, die bestehende Herrschaftsordnung zu verändern. Die Guerilla kämpft verstreut in beweglichen Einheiten und bevorzugt den Überraschungsangriff, den Hinterhalt und die Sabotage. Mao Zedong und Che Guevara propagierten den Guerilla-Krieg als schlagkräftiges Instrument der Volksbefreiung.[27]
Der städtische Guerillero ist in Dutschkes Konzeption der Organisator von Irregularität, also von Regelverletzungen, Gesetzesbrüchen, Bombenanschlägen, Attentaten etc., Ziel sei die Zerstörung des bestehenden Systems, die Zerstörung der Bundesrepublik Deutsch-

land, in der Dutschke und Krahl ein System repressiver Institutionen sahen.

Der Ausgangspunkt der Propaganda durch die Tat sollte wie schon im Fokuskonzept die Universität sein. Sie sei die ideale soziale Basis für den Guerillero und bilde seine Sicherheitszone. Von hier aus könne er den Kampf um die Hochschule selbst, um Hochschulreformen, um Mitbestimmungsmodelle und den Kampf um die Macht im Staate führen. Für den SDS bedeute das, so führten die Referenten weiter aus, eine andere Organisationsform zu entwickeln. Diese Stufe der Organisation zeichne sich dadurch aus, dass sie die Frage der revolutionären Existenz aufwerfe, also die Frage danach, ob man sich für eine an der Legalität orientierte Existenz entscheidet, in den Untergrund geht oder ob man eine Doppelexistenz führt und hinter einer legalen Fassade Aktionen der Irregularität organisiert.

Dutschke präsentierte das Guerilla-Konzept, mit dem er sich spätestens seit Februar 1966 beschäftigt hatte, drei Monate nach dem Tod Ohnesorgs in einer kaum verständlichen Insidersprache. Als er eine Woche nach dem Tod Ohnesorgs auf dem Kongress in Hannover noch ganz vorsichtig formuliert hatte, dass er die Spielregeln der Demokratie nicht mehr einhalten wolle, hatte es einen Eklat gegeben und Prof. Habermas hatte ihn als Linksfaschisten beschimpft. Dutschke wusste also, dass er vorsichtig sein musste, und er wusste auch, dass man den richtigen Zeitpunkt abwarten musste. Zwar sorgte das Referat innerhalb des SDS sofort für Kontroversen, aber es gab auch eine nicht unerhebliche Gruppe innerhalb des Verbandes, die diese Überlegungen positiv aufnahm.

Spätestens 1967 war Dutschke nicht nur der Star der Bewegung, ihr Frontmann und ihr Gesicht. Er war auch einer ihrer wichtigsten Organisatoren. Peter Schneider, den Dutschke und Gaston Salvatore[28], ebenfalls SDS-Mitglied und ein enger Freund Dutschkes, im Juni 1967 für die Springer-Kampagne »rekrutierte[n]«, schrieb 40 Jahre später: »Im Rückblick erscheint es unfaßbar, wie viele Bälle Rudi Dutschke damals gleichzeitig in der Luft gehalten hat: Zwei,

145

drei Auftritte jeden Tag, dazwischen Treffen mit Freunden und Besuchern aus dem In- und Ausland, Interviews mit Zeitungs- und Fernsehjournalisten.«[29]

Ende 1967 war Dutschke auf dem Höhepunkt seiner »Karriere« angekommen: Am 3. Dezember 1967 wurde ein längeres Interview mit ihm in der Reihe »Zu Protokoll« im ersten Programm gesendet. Eine Woche später zierte sein Konterfei das Titelbild des *Spiegels*. Wie sehr Dutschke zu dieser Zeit mit Überlegungen zum bewaffneten Kampf beschäftigt war, wurde auch bei dem Fernsehinterview mit Günter Gaus deutlich. Auf die Frage: »Würden Sie für Ihre revolutionären Ziele notfalls auch mit der Waffe in der Hand eintreten?« antwortete Dutschke: »Klare Antwort. Wäre ich in Lateinamerika, würde ich mit der Waffe in der Hand kämpfen.«[30] Und etwas später antwortete er auf die Frage »Sie sind nach wie vor Christ?« zunächst, dass Christen und Marxisten in den entscheidenden Grundfragen wie zum Beispiel der Erhaltung des Friedens einig seien, um dann direkt vom Frieden zum bewaffneten Kampf überzugehen: »Wir kämpfen für gemeinsame Ziele. Der Pater in Kolumbien, der an der Spitze der Guerilla steht und mit der Waffe in der Hand kämpft, ist ein Christ! Und der revolutionäre Marxist anderswo ist es auch ...«[31]

Der Internationale Vietnam-Kongress in West-Berlin

Seit Ende 1967 galt Dutschkes ganze Energie der Vorbereitung des Vietnam-Kongresses, der am 17. und 18. Februar 1968 in West-Berlin auf Initiative des SDS-Landesverbandes Berlin stattfinden sollte. Hierzu fuhr Dutschke im Januar und Februar einige Male nach Ost-Berlin, um sich mit führenden Vertretern der FDJ zu treffen.[32] Bereits am 19.1.1968 hatte ein Gespräch zwischen FDJ und SDS stattgefunden, an dem nur Christian Semler und Gaston Salvatore teilgenommen hatten. Über dieses Treffen wurde vonseiten der FDJ eine Aktennotiz angefertigt und unter anderem an Albert Norden weitergeleitet.[33] Erhalten geblieben ist auch das Protokoll eines geheimen Treffens mit führenden Funktionären der FDJ am 30. Januar 1968. Vonseiten der FDJ nahm der für die Westarbeit zuständige FDJ-Sekretär Erich Rau, Hubert Matros, Mitglied des Zentralrats, Karl-Heinz Schneider, Chefredakteur Weltstudentennachrichten beim Internationalen Studenten Bund (ISB), und Horst Kapson, Mitarbeiter des Zentralrats, teil. Vonseiten des SDS waren außer Dutschke Christian Semler, Mitglied des politischen Beirats des SDS, und Gaston Salvatore, Mitglied des SDS in West-Berlin, vertreten.

Rudi Dutschke erklärte zunächst, dass sie für den Bundesvorstand des SDS sprächen. Durch die SDS-Vertreter, insbesondere durch Rudi Dutschke, wurde der FDJ versichert, dass das Grundanliegen der Konferenz darin bestehe, die Solidarität mit dem Kampf des vietnamesischen Volkes zu verstärken und die Aktionen in Westeuropa zu koordinieren. Zu den geplanten Aktionen gehörten Streiks in Umschlaghäfen für Waffentransporte, Demonstrationen, die in verschiedenen Ländern gleichzeitig stattfinden sollten, und materielle Unterstützung für den Kampf der FNL. Es gehe dem SDS mit der Konferenz um die Schaffung einer Einheit der kommunistischen und sozialistischen Kräfte der Jugend und es gehe dem SDS ausdrücklich nicht darum, »auf der Konferenz etwa bestehende Meinungsverschiedenheiten auszutragen«.

Die FDJler machten auf verschiedene Punkte aufmerksam, die sie für diskussionswürdig hielten und wiesen auf Widersprüche zwischen Aufruf und mündlichen Erklärungen hin. Am Ende des Gesprächs hatte man sich auch über die strittigen Punkte geeinigt. »Nahezu ausnahmslos«, so registrierten die FDJler zufrieden, »wurden unsere Auffassungen und Bedenken von den SDS-Vertretern akzeptiert und ihrerseits mehrfach zugesichert, daß sie jedes Sektierer- und Abenteurertum ablehnen und garantieren, daß es auf der Konferenz unter keinen Umständen zu antisowjetischen Ausfällen kommt.«

Außerdem baten die SDSler laut Protokoll darum, dass die FDJ ihnen ein gemeinsames Treffen mit Vertretern des Komsomol (Jugendorganisation der Kommunistischen Partei der Sowjetunion), der FDJ und der kommunistischen Jugendverbände Polens und der ČSSR am 6.2.1968 ermöglichen sollten, um über deren Teilnahme an der Konferenz zu beraten. Dieses Treffen hat wahrscheinlich tatsächlich am 6.2.1968 stattgefunden, denn für diesen Tag vermerkte das MfS ebenfalls eine Einreise Dutschkes nach Ost-Berlin – allerdings wurde ein Protokoll dieses Treffens bisher nicht gefunden. Warum es dann trotzdem nicht zu einer stärkeren Beteiligung durch die kommunistischen Jugendorganisationen der DDR, der SU, Polens und der ČSSR kam, darüber kann nur spekuliert werden. Denn letztlich wurden die wesentlichen Forderungen der FDJ vom SDS erfüllt. Wahrscheinlich war der Sowjetunion und der DDR nicht ganz wohl bei dem Gedanken, als Unterstützer eines Kongresses aufzutreten, der als Teil einer Eskalationsstrategie den Einsatz von Gewalt propagierte, während man offiziell eine Politik der friedlichen Koexistenz, einer Politik zur Erhaltung des Friedens und der Beibehaltung des Status quo vertrat. Eine offene und offizielle Unterstützung für eine solche Revolutionsstrategie passte nicht ins Konzept.

Der Vietnam-Kongress fand am 17. und 18. Februar 1968 in der Technischen Universität Berlin statt. 5000 Teilnehmer aus der Bundesrepublik und mehreren europäischen Ländern nahmen teil.[34] Es ging bei dem Kongress nicht darum, eine friedliche Lösung für den Vietnam-Konflikt zu finden und den Krieg zu beenden. Es ging vielmehr darum, mitzuhelfen, den USA eine Niederlage zu bereiten und den US-Imperialismus zu besiegen. Das Ziel war es, die Guerilla der FNL in Südvietnam zu unterstützen, damit diese die sozialistische Revolution herbeiführen und die Macht erobern könne, um sich dann mit dem kommunistischen Norden wiederzuvereinigen. Entsprechend lautete auch die Losung des Kongresses, der wie schon bei der SDS-Delegiertenkonferenz 1967 unter einer riesigen Fahne des Vietcong tagte: »Für den Sieg der vietnamesischen Revolution – Die Pflicht jedes Revolutionärs ist es, die Revolution zu machen«. Der zweite Satz war ein Zitat von Che Guevara und gleichzeitig das Motto der in Kuba gegründeten Tricontinentale.[35]

Am Kongress nahm jeder teil, der damals in der APO Rang und Namen hatte: Dabei waren unter anderem Johannes Agnoli (Professor FU Berlin), Tariq Ali (Großbritannien), Günther Amend (SDS Frankfurt/Main), Rudi Dutschke (SDS West-Berlin), Giangiacomo Feltrinelli (Industrieller/Verleger), Erich Fried (Schriftsteller, Gruppe 47), Hans-Jürgen Krahl (SDS Frankfurt/Main), Dieter Kunzelmann (Kommune 1), Rainer Langhans (Kommune 1), Herbert Lederer (SDS/KPD), Ulrike Meinhof (Konkret/KPD), Klaus Meschkat (RC West-Berlin), Bahman Nirumand (CISNU), Klaus Rainer Röhl (Konkret), Gaston Salvatore (SDS West-Berlin), Christian Semler (SDS West-Berlin), Kurt Steinhaus (SDS), Fritz Teufel (Kommune 1), Peter Weiss (Schriftsteller, Gruppe 47, Kommunistische Partei Schweden), KD Wolff (SDS-Vorsitzender).

Das große Thema des Kongresses war der bewaffnete Kampf, der Aufbau der Guerilla und die Etablierung einer Doppelstrategie, die die legale politische Arbeit mit den »irregulären Aktionen« verbinden sollte. Damit knüpfte der Kongress direkt an den im Organisationsreferat aufgeworfenen Fragen an. Gaston Salvatore bezog sich in seinem Kongressbeitrag auf das Organisationsreferat und auf das von Regis Debray propagierte Guerillamodell.

Die Guerillaeinheit, so Salvatore, »ist und bleibt die bewegende Achse des revolutionären Kampfes; ihr kleiner Motor, wie Fidel sagt, setzt den großen Motor, die Massen, erst in Bewegung.«[36] Für Salvatore war »die Befreiung vom Imperialismus (...) nur durch den revolutionären Volkskrieg zu schaffen«. Hierfür sei eine »doppelte Strategie erforderlich«, die er folgendermaßen konzipierte: »Die Revolutionäre müssen (...) in die bestehenden Institutionen einsickern, in die Parteien, die Gewerkschaften, den Staatsapparat, die Armee, die Universitäten, die Institutionen des Alltagslebens. Sie müssen versuchen, die jeweils spezifischen Widersprüche der einzelnen gesellschaftlichen Sphären zu vertiefen, und müssen danach trachten, die politischen Organisationen an einer klar antiimperialistischen Linie zu orientieren, um eine antiimperialistische Front zu schaffen.« Hierbei sollte es sich um den legalen Arm der Bewegung handeln, um einen Teil der Strategie. Daneben sollte es einen illegalen Arm geben. »Gleichzeitig«, so Salvatore, »müssen sie [gemeint sind die Revolutionäre, d. Verf.] illegale Parallelorganisationen zu den Institutionen bilden, die klar den Volkskrieg vorbereiten, Waffenlager bilden, die Nachrichtenverbindungen sichern usw.« Einen friedlichen Weg zum Sozialismus gäbe es nicht. Man dürfe sich deshalb auch nicht von Wahlerfolgen beirren lassen, vielmehr müsse man den antiimperialistischen Kampf den Bedürfnissen wechselnder Koalitionen anpassen. Die Revolutionäre in den Institutionen und den Parallelorganisationen bildeten die Avantgarde, »die Institutionen sind ihr Rekrutierungsfeld«[37].

Dutschke bewegte im Zusammenhang mit der von Salvatore dargelegten Doppelstrategie die Frage nach dem Verhältnis zwischen legalem und illegalem Arm, zwischen den an der Legalität orientierten kommunistischen Parteien auf der einen und den kämpfenden Gruppen auf der anderen Seite. In seiner Wortmeldung zu einem Diskussionsbeitrag von Herbert Lederer – dieser war Mitglied im SDS-Bundesvorstand und stand der illegalen KPD nahe[38] – stellte er die Frage, warum die kommunistischen Parteien sich von der Guerilla distanzierten. »Es gibt zwar Gruppen, die permanent die kommunistischen Parteien verlassen«, so Dutschke, »und in die Berge gehen oder in den Städten arbeiten, aber es findet so etwas wie ein revolutionärer Bruderkampf in den Städten statt.«[39] Er forderte deshalb, dass akzeptiert werde, dass der »bewaffnete Kampf als integraler Bestandteil einer Gesamtstrategie« zu betrachten sei. Dutschke bezog sich in seinem Redebeitrag zwar auf die Situation in Lateinamerika, aber dadurch, dass er sich ausgerechnet an die Adresse Lederers richtete, meinte er wohl vor allem die KPD. Dutschke hatte offenbar die Sorge, dass die KPD, sobald die Doppelstrategie in der Bundesrepublik umgesetzt wäre und sich bewaffnete Einheiten gebildet hätten, sich von der Guerilla distanzieren und ihre Vertreter als Abenteurer, Verrückte und Verräter bezeichnen könnte – was wiederum das Gelingen der Doppelstrategie gefährdet hätte.[40]

Im Organisationsreferat war die Rede davon gewesen, dass die Massen unfähig seien, die Wirklichkeit zu erkennen. Hieran knüpfte der Iraner Bahman Nirumand an und erklärte, Großverlage seien eine der Hauptursachen dafür, dass die Massen in der Bundesrepublik unfähig seien, die Realität zu erkennen. Die »Ideologen der Reaktion« hätten die »Konzentrationslager« für das Bewusstsein der Massen errichtet. »Theoretische Aufklärung«, folgerte Nirumand daher, »kann nur noch sinnvoll sein, wenn sie mit der Aufklärung durch die Praxis verbunden wird, durch eine Praxis, die manifest enthüllt, was die Ideologie der Reaktion zudecken möchte: die Aggressivität des Imperialismus, den Totalitarismus der freien Welt, die Diktatur des Kapitals hinter der Fassade der repräsentativen Demokratie.«[41] Zu den KZ-Wächtern des Bewusstseins gehöre vor allem der Springer-Verlag. Axel Springer sei ein »Bewußtseins-Generalmajor«, er sei der »Westmoreland[42] der Bundesrepublik«, der mit seinen »Söldnern« jeden Morgen »Flächenbombardements« auf das Bewusstsein der Massen ausführe, um sie »von der Menschlichkeit des Monopolkapitalismus zu überzeugen. (…) Westmoreland lässt die vietnamesischen Freiheitskämpfer in ihren Verstecken durch Gas vergiften – und wo immer in der Bundesrepublik Freiheit und Demokratie Unterschlupf finden möchten«, so Nirumand, »Springer räuchert sie aus mit dem giftigen Schleim, den er stündlich aus seinen Drüsen verspritzt.«[43]

Mit diesem Verbalangriff auf den Springer-Konzern wurde eines der ersten konkreten Ziele für die Stadtguerilla markiert. Erste Aktionen der »Irregularität« hatten jedoch bereits in der Nacht vom 2. auf den 3. Februar 1968 stattgefunden. Mehrere »Fokusgruppen« hatten mit Steinen die Schaufensterscheiben von sieben *Morgenpost*-Filialen zertrümmert. Unter den Steinewerfern waren auch Dutschke und der Komponist Hans Werner Henze gewesen.[44] Holger Meins hatte zuvor auf einer Vorbereitungsveranstaltung zum Anti-Springer-Tribunal einen Kurzfilm gezeigt, in dem der Bau von Molotowcocktails erläutert wurde und an dessen Ende ein Bild des Springer-Verlags erschien.

Bereits im Juli 1967 hatte Dutschke »eine systematische Kampagne für die Enteignung des Springer-Konzerns« zur grundlegenden Aufgabe der »nächsten Etappe« erklärt.[45] In dieser Etappe sollte nach Dutschkes Planung in West-Berlin die Macht erobert und die Stadt zum unabhängigen Freistaat gemacht werden.[46] Ihren Höhepunkt erreichten die Aktionen gegen Springer am 19. Mai 1972. Das »Kommando 2. Juni« der RAF verübte einen Bombenanschlag auf den Axel-Springer-Verlag in Hamburg. 38 Mitarbeiter wurden zum Teil schwer verletzt. Der Sachschaden ging in die Million. Maßgebliche Organisatorin des Bombenanschlags war eine der Teilnehmerinnen des Vietnam-Kongresses: die Journalistin Ulrike Meinhof. Schon im September 1967 hatte sie in ihrer Kolumne in *Konkret* gefordert: »Enteignet Springer!« und als Begründung geschrieben: »Weil jeder Versuch der Redemokratisierung dieses Landes, der Wiederherstellung von Volksherrschaft, der Bildung urteilsfähiger Bürger jetzt, wo Springer so groß und stark ist, wie er ist, an Springer scheitert, scheitern muß.«[47]

Man muss zunächst einmal den Satz der Kommunistin Meinhof interpretieren. Im marxistischen Jargon bedeutet »Redemokratisierung« oder »Wiederherstellung von Volksherrschaft« so viel wie die sozialistische Umgestaltung der Gesellschaft, denn – so das kommunistische Verständnis – nur der Sozialismus bringt wirkliche Demokratie. Meinhof forderte also deshalb die Enteignung des Springer-Konzerns, weil er da war und damit einer sozialistischen Umgestaltung im Weg stand. Aber wo war er? Er hatte 1967 seinen Unternehmenshauptsitz nach West-Berlin verlegt und dort war er im Weg. Der Kampf gegen Springer stand ganz oben auf der Agenda der APO und mit der Integration in das Konzept Stadtguerilla erhielt dieser Kampf in der Folgezeit eine neue Qualität.

Ebendieses Konzept stellte Dutschke auf der Vietnam-Konferenz ausführlich dar. Er war der Star des Kongresses, den er maßgeblich organisiert hatte. Sein Hauptreferat »Die geschichtlichen Bedingungen für den internationalen Emanzipationskampf« war einer der umfangreichsten Beiträge überhaupt. Im Protokollband umfasst er

Internationaler Vietnam-Kongress im Audimax der Technischen Universität West-Berlin am 17. und 18.2.1968. Am Tisch vor dem Podium (v.l.): Dr. Klaus Meschkat, Dr. Johannes Agnoli, Christian Semler, Gaston Salvatore, Rudi Dutschke, Günter Amendt, Kurt Steinhaus; ganz rechts außen der SDS-Vorsitzende Karl-Dietrich Wolff.

17 Seiten.[48] Dutschkes Überlegungen kreisen um den Aufbau einer europäischen Guerilla, eines europäischen »Cong«, der ähnlich wie der Vietcong in Vietnam in Westeuropa agieren sollte, um den Imperialismus, den Dutschke ganz in der Diktion der SED weltweit auf dem Rückzug sah, weiter zu schwächen und der Weltrevolution zum Sieg zu verhelfen.

Die Große Koalition bezeichnete er als eine neue Ordnungspartei, deren Geschäft es sei, die Massen in Unmündigkeit zu halten. »In ihr vereinigen sich zum Zwecke der gemeinsamen Niederhaltung der Massen heute alle Fraktionen des Gesamtapparats, die ehemaligen Faschisten und bestimmte Sorten von Widerstandskämpfern, die staatlich-gesellschaftliche Bürokratie, umarmen sich die liberale Bourgeoisie, die Vertreter der Monopole, die Arbeiterverräter aus den Gewerkschaften, die Sickert und Co., richten sich die Manipulationszentren, die Augstein und Springer, ein.« Sie bildeten »den subtilen und – wenn nötig – manifesten Terrorismus der Klassen-herrschaft des Spätkapitalismus«.

Innerhalb des von den USA geführten imperialistischen Lagers habe der westdeutsche Imperialismus wichtige Hilfsfunktionen über-nommen. Die NATO sei die »organisierte Zentrale des Imperia-lismus in Mittel- und Westeuropa«. Deshalb machte Dutschke den Vorschlag einer internationalen Anti-NATO-Kampagne. Diese habe »die Massenaktionen, die systematische Desertion und die subver-sive Aktion gegen Kriegsmaterial der NATO-Imperialisten perma-nent als internationale Aufgabe« zu praktizieren. Was er unter die-sen subversiven Aktionen verstand, teilte er Jahre später mit, näm-lich Bombenanschläge auf amerikanische Schiffe, die Kriegsmaterial nach Vietnam transportieren.[49]

Dutschke forderte in seinem Referat dazu auf, das antiautoritäre Lager der Studenten, Schüler und Jugendlichen in Richtung Indus-triearbeiterschaft zu erweitern, um den Kampf gegen den Imperia-lismus gemeinsam zu führen. »Der heutige Faschismus«, so Dutsch-ke, »steckt in den autoritären Institutionen und im Staatsapparat. Den letzteren zu sprengen ist unsere Aufgabe und daran arbeiten wir.« Gekämpft werde für eine antiautoritäre und damit antifaschis-tische Einheitsfront. Das Ziel sei eine »antiautoritäre«, d. h. »freie revolutionäre und sozialistische Gesellschaft«.

Dutschke fuhr fort: Die »kulturrevolutionäre Übergangsperiode, die spätestens seit dem 2. Juni 1967 relevante Schichten innerhalb und auch außerhalb der Universitäten mobilisierte, kann ›nur‹ noch durch brutalsten Repressionseinsatz beendet werden!« Dabei habe der Kampf des vietnamesischen Volkes exemplarischen Charakter für den Kampf gegen den Imperialismus. Deshalb forderte Dutschke dazu auf, einen europäischen »Cong« zu bilden, um der vietnamesischen Revolution zum Sieg zu verhelfen. Hierzu sei die »Revolutionierung der Revolutionäre« die entscheidende Voraussetzung. Zum Abschluss seiner Rede erklärte er die »Weltrevolution« zum Ziel.

Dutschkes Rede mündete letztlich in der Aufforderung, eine europäi-sche Guerilla, einen europäischen Cong, aufzubauen. Doch es ging nicht nur um den bewaffneten Kampf an sich. Dutschke erklärte außerdem, dass der Kampf des vietnamesischen Volkes exemplarischen Charakter habe. Was war damit gemeint? Vietnam war wie Deutschland ein geteiltes Land, es gab den kommunistischen Norden und den kapitalistischen Süden. Mithilfe einer im Süden agierenden Guerilla, die von Nordvietnam unterstützt wurde, wurde Südvietnam destabilisiert und in einen Bürgerkrieg hineingezogen. Möglicherweise war für Dutschke das Beispiel Vietnam deshalb so attraktiv, weil er darin ein Konzept für die Lösung der deutschen Frage sah.

Tariq Ali, der aus Pakistan stammende Vertreter der englischen Studentenbewegung, machte denn auch weitere Vorschläge für die »Propaganda der Tat«. Er erklärte, dass er im Niederbrennen amerikanischer Konsulate und Flugzeuge durchaus einen »brauchbaren propagandistischen Wert« sähe. Ali vertrat wie Dutschke die Auffassung, dass die vietnamesische Revolution am besten durch die Revolution im eigenen Lande unterstützt werden könne. »Die einzige Art und Weise, wie wir Breschen in die Struktur des Imperialismus schlagen können, ist, dass wir gegen den Kapitalismus in unserem eigenen Lande kämpfen«, damit die Vorherrschaft der USA »zerschmettert werden« kann.[50]

Die von Dutschke vorgeschlagene internationale Kampagne gegen die NATO, die »organisierte Zentrale des Imperialismus«, wurde dann von Hans-Jürgen Krahl konkretisiert. »Dieser Kongreß«, so Krahl, »wird keine bloße Deklamation bleiben. Noch heute Nacht werden sich die Vertreter der internationalen Gruppen zusammensetzen, um die praktischen Konsequenzen zu ziehen, vor allen Dingen in bezug auf die eine Kampagne, die aus diesem Kongreß organisiert hervorgehen soll: Die Kampagne ›Zerschlagt die NATO‹.«[51]

Auch Krahl vertrat die Ansicht, dass eine Schwächung der NATO den Kampf des Vietcong unterstützen würde. An konkreten Maßnahmen schlug er vor, eine gemeinsame Kampagne zur Wehrkraftzersetzung der NATO-Armeen in Westeuropa zu organisieren, den

Kampf gegen NATO-Stützpunkte und Niederlassungen in Westeuropa zu führen, den Transport von amerikanischem Kriegsmaterial nach Vietnam zu verhindern und Aktionen gegen Niederlassungen amerikanischer Rüstungsfirmen in Westeuropa zu veranstalten. »Es kommt darauf an«, so Krahl abschließend, »den gigantischen militärischen und staatlichen Machtapparat in den spätkapitalistischen Ländern zu zerschlagen.«[52]

Auch hier blieb es nicht bei leerem Gerede, in den folgenden Jahren folgte die »Propaganda der Tat«. Am 11. Mai 1972 führte die RAF in Frankfurt einen Bombenanschlag auf das Hauptquartier des V. Corps der US-Armee aus, am 24. Mai 1972 einen auf das Hauptquartier der US-Landstreitkräfte in Europa. In beiden Fällen gab es Tote und Verletzte. Am 25. Juni 1979 versuchte ein Kommando der RAF einen Anschlag auf den Oberbefehlshaber der NATO, General Alexander Haig in Belgien, dieser blieb jedoch unverletzt. Am 31. August 1981 verübte die RAF einen Bombenanschlag auf das Hauptquartier der US-Luftstreitkräfte in Ramstein mit zahlreichen Verletzten und am 15. September 1981 entging US-General Koesen, Oberbefehlshaber der US-Armee in Europa, nur knapp einem Anschlag mit einer Panzerfaust.[53]

Auf dem Vietnam-Kongress war der ranghöchste Vertreter des sozialistischen Lagers Walter Rudert von der FDJ Westberlin. Nach den von Dutschke und seinen Genossen in Ost-Berlin geführten Gesprächen hatte man sich aufseiten des sozialistischen Lagers offenbar entschieden, offiziell nicht an diesem Kongress teilzunehmen. Über die Motive kann man nur spekulieren. Wahrscheinlich ist, dass man mit dem Aufbau eines westdeutschen Cong, als Teil einer revolutionären Doppelstrategie, nach außen hin auf keinen Fall in Verbindung gebracht werden wollte. Denn das hätte die eigene Strategie der »Friedlichen Koexistenz«, die ja erst in den Anfängen steckte – die Ostverträge waren noch nicht unterschrieben und die DDR noch nicht anerkannt –, leicht zu Fall bringen können. Wie hätte es ausgesehen, wenn die Vertreter der Staatsjugend der DDR sich offiziell an einer Kampagne zur Zerschlagung der NATO beteiligt hätten?

Indem man einen Vertreter der formal eigenständigen FDJ aus West-Berlin schickte, signalisierte man einerseits den Kongressteilnehmern, dass man sie unterstützte, andererseits konnte man auf östlicher Seite jederzeit darauf verweisen, dass es sich um einen Vertreter einer »unabhängigen« Organisation handelte, der man keine Vorschriften machen könne.

Rudert sprach jedoch wie ein Vertreter des sozialistischen Lagers und würdigte zunächst die Unterstützung der sozialistischen Länder, insbesondere der Sowjetunion, ihre »große politische, moralische, militärische und sonstige materielle Hilfe« für die FNL.[54] Er begrüßte die »bewaffneten Kräfte, die in den Straßen Saigons, Hues, in Da Nang, in den Provinz- und Kreiszentren Südvietnams in diesen Stunden einen aufopferungsvollen und heldenmütigen Kampf gegen die US-Aggressoren und ihre südvietnamesischen Lakaien führen«. Rudert machte weiterhin den Vorschlag, auf der Grundlage des Aufrufes der europäischen Mitgliedsorganisationen des Weltbundes der Demokratischen Jugend »Kundgebungen und Demonstrationen an bestimmten Tagen in den Hauptstädten und Zentren der Staaten Europas« durchzuführen und beendete seine Rede mit der Forderung: »Amis raus aus Vietnam.«[55]

Der Kongress verabschiedete schließlich eine Schlusserklärung, die folgende konkrete Maßnahmen vorsah:

1. In allen westeuropäischen Ländern sollte die Kampagne zur finanziellen Unterstützung des bewaffneten Befreiungskampfes des Vietcong fortgesetzt und verstärkt werden.

2. In den westeuropäischen Ländern mit US-Truppenstützpunkten sollten Aktionen unter den Soldaten durchgeführt werden mit dem Ziel, »die Wehrkraft der US-Armee zu zersetzen« und die Soldaten von der »Notwendigkeit des Widerstandes, der Sabotage und der Desertion zu überzeugen«.

3. In den westeuropäischen NATO-Staaten sollte geplant werden, eine Kampagne »Zerschlagt die NATO« durchzuführen und den Austritt aus der NATO zum Ablauf des NATO-Vertrages 1969 zu fordern.

4. In den Ländern Westeuropas, aus deren Häfen Rüstungsgüter für die US-Armee verschifft wurden, sollte auf Hafenarbeiterstreiks hingearbeitet werden.

5. In West-Berlin sollte eine Dokumentationszentrale gegen den Missbrauch der Wissenschaft zu Zwecken der Kriegsführung eingerichtet werden.

6. In allen westeuropäischen Ländern sollte eine Kampagne zur Aufklärung der Bevölkerung über die Unternehmen, die Vernichtungswaffen für den Krieg produzierten und so daran verdienten, durchgeführt werden.[56]

Am Ende stand schließlich der Aufruf: »Es siege die vietnamesische Revolution! Es siege die Weltrevolution!« So endete der Kongress, wie er begonnen hatte, mit der Beschwörung der Macht des Sozialismus und der sozialen Revolution.

Bis zuletzt war unklar geblieben, ob die für den Sonntag geplante Abschlussdemonstration stattfinden konnte. Der Berliner Senat hatte die Demonstration verboten, das Berliner Verwaltungsgericht hob das Urteil schließlich jedoch wieder auf.[57] Die Demonstration fand dann am Sonntagnachmittag mit rund 12 000 Teilnehmern statt. Die Route war bewusst mit Bezug auf den 2. Juni 1967 gewählt worden: Vom Olivaer Platz ging es über den Kurfürstendamm und dann zur Deutschen Oper, »um damit einen politischen Bezug zu den Ereignissen vom 2. Juni herzustellen«.[58]

Einige Wochen nach dem Vietnam-Kongress erschien ein Taschenbuch mit den Beiträgen des Kongresses unter dem Titel *Der Kampf des vietnamesischen Volkes und die Globalstrategie des Imperialismus*. Herausgeber waren der SDS West-Berlin und das Internationale Nachrichten- und Forschungsinstitut (INFI). Das Titelbild zeigte in schwarzer Farbe vor rotem Hintergrund zwei in die Höhe gehaltene Maschinenpistolen. Auf der Rückseite war ein vergrößerter Teilausschnitt einer stilisierten Faust zu sehen, die eine Maschinenpistole an Griff und Abzug hielt.

Dutschke und Krahl hatten im September 1967 mit dem Organisationsreferat für erhebliche Kontroversen auf der Delegiertenkonferenz des SDS gesorgt. Fünf Monate später, im Februar 1968, wurde ganz offen über den »revolutionären Volkskrieg« geredet, die Bildung eines europäischen »Cong« gefordert und eine Kampagne zur Zerschlagung der NATO angekündigt, ohne dass es zu nennenswerten Diskussionen darüber kam. Das Bemerkenswerte am Vietnam-Kongress war, dass Vietnam selbst eigentlich gar keine Rolle spielte. Vietnam bildete nur die Kulisse, vor der man den bewaffneten Kampf beschwören und sich auf eine revolutionäre Doppelstrategie einstimmen konnte, die dann in der Folgezeit umgesetzt wurde.

Feltrinelli I

Der italienische Millionär, Verleger und Industrielle, Giangiacomo Feltrinelli, war Hauptsponsor des Kongresses. Feltrinelli war seit vielen Jahren mit Fidel Castro persönlich befreundet und besuchte ihn regelmäßig in Kuba. Sein Verlag gab die italienische Ausgabe der Zeitschrift *Tricontinentale* heraus, die in unterschiedlichen Sprachen erschien und den internationalen revolutionären Kampf propagierte.[59] Feltrinelli hielt auch die Eröffnungsrede zum Vietnam-Kongress. Darin nannte er den Krieg in Vietnam »den amerikanischen Angriffskrieg auf die sozialistische Revolution« und hob die Internationalität des Kampfes gegen den amerikanischen Imperialismus hervor. Am Ende rief Feltrinelli zum Sieg der sozialistischen Revolution in Vietnam und dem Sieg des Sozialismus in Europa auf.[60] Rudi Dutschke hatte Feltrinelli im September 1967 in Mailand kennengelernt und mit ihm über Guerilla-Strategien und die Unterstützung der Anti-Springer-Aktionen in West-Berlin gesprochen.[61] Feltrinelli brachte, als er am Vorabend des Kongresses zu Dutschkes fuhr, aber nicht nur Geld für den Kongress, »etwa 100 000 DM in Bündeln«, so Peter Schneider.[62] Als er mit seinem Wagen in West-Berlin ankam, da brachte er auch Sprengstoff mit. Die ganze Rückbank seines Wagens war, wie Dutschkes Witwe später berichtete, mit Dynamitstangen beladen. Als es dunkel war, brachten Dutschke und

Feltrinelli das Dynamit zunächst in die Wohnung der Dutschkes am Cosima-Platz. Später transportierten sie den Sprengstoff dann in einem Kinderwagen, in dem Dutschkes Sohn Hosea Che lag, an einen unbekannten Ort.[63] Wie genau sich die Sprengstoffgeschichte zugetragen hat, was mit dem Sprengstoff später passierte und wofür er gedacht war, bleibt nebulös. Dutschkes Biograf Chaussy verweist auf ein Interview, das Dutschke 1978 zwei italienischen Journalisten gegenüber gegeben hat. Demnach sollten mit dem Sprengstoff »amerikanische Schiffe, die mit Kriegsmaterial direkt nach Vietnam fuhren«, in die Luft gesprengt werden.[64] Unweigerlich stellt man sich die Frage, wie Feltrinelli eine solche Menge Sprengstoff mit dem PKW aus Italien, über verschiedene Grenzen und vor allem über die scharf bewachte DDR-Grenze, die auf dem Weg nach West-Berlin zweimal passiert werden musste, unentdeckt nach West-Berlin transportieren konnte.

Feltrinellis Person und Funktion war auch in anderen Beziehungsgeflechten undurchschaubar. Mit seinem Geld wurde auch das Internationale Nachrichten- und Forschungsinstitut (INFI) finanziert, ursprünglich sollte es Che-Guevara-Institut heißen.[65] Was genau das INFI war, was die Ziele, Absichten und wer die Mitarbeiter waren, ist bislang unbekannt. Dokumente gibt es so gut wie keine. Fest steht, dass zahlreiche Personen, die später zum bewaffneten Kampf übergingen, wie Michael (»Bommi«) Baumann, Georg von Rauch und Günter Langer beim INFI mitgearbeitet haben. Außerdem soll im INFI, so Wolfgang Kraushaar, im Februar 1969 ein dann missglückter Bombenanschlag auf den amerikanischen Präsidenten Richard Nixon vorbereitet worden sein.[66]

Auf dem Weg zum westdeutschen Cong

Der Vietnam-Kongress und die sich daran anschließende Demonstration, über die es im Vorfeld erbitterte Auseinandersetzungen gegeben hatte, führte zu keiner weiteren Eskalation.[67] Auch wenn auf dem Vietnam-Kongress die Doppelstrategie im Grunde fertig formuliert worden war und es Personen gab, die bereit waren, sie auch umzusetzen, kam es zu keinen größeren Krawallen und auch die amerikanischen Besatzungstruppen ließen sich durch diese offensichtliche Unterstützung des Feindes, gegen den sie in Vietnam kämpften, nicht provozieren.

Am 21.2.1968 fand eine vom Berliner Senat organisierte Demonstration statt, zu deren Teilnahme SPD, CDU, FDP, DGB sowie der RCDS, die Studentenorganisation der CDU, aufgerufen hatten. An der Demonstration, die unter dem Motto »Berlin steht für Freiheit und Frieden« stand, beteiligten sich über 100 000 West-Berliner. Die hohe Teilnehmerzahl zeigte deutlich die ablehnende politische Haltung der großen Mehrheit der West-Berliner Bevölkerung gegenüber den linken Studenten. Einige Demonstranten trugen sogar Schilder, auf denen das Verbot des SDS gefordert wurde.[68]

Rudi Dutschke und einige andere machten sich in den darauffolgenden Wochen und Monaten nichtsdestotrotz daran, die theoretischen Forderungen des Vietnam-Kongresses in die Tat umzusetzen. Knapp zwei Wochen nach dem Kongress, wahrscheinlich am 29.2.1968, flog Rudi Dutschke mit Bahman Nirumand, mit dem er eng befreundet war, nach Frankfurt am Main, um in Saarbrücken einen Bombenanschlag auf den amerikanischen Sender AFN (American Forces Network) zu verüben. Im Koffer hatten sie Sprengstoff, den sie von einem angeblichen Agenten des Verfassungsschutzes, Peter Urbach, erhalten hatten: »Rudi, ein gemeinsamer Freund und ich«, so Nirumand, »machten uns auf den Weg. Damals gab es auf den Flughäfen keine Gepäckkontrollen. Wir gaben unseren Koffer mit der Bombe darin bei der Gepäckabfertigung ab und stiegen recht vergnügt ins Flugzeug.« Als sie dann in Frankfurt ankamen, gingen sie zur Schalterhalle, um einen Wagen zu mieten. Dort wurden sie von zwei Polizisten erwartet, die von ihnen wissen wollten, was sie vorhätten. Als sie die Aussage darauf verweigerten, forderten die Polizisten sie auf, sie aufs Präsidium zu

begleiten. Den Koffer mit der Bombe durften sie in einem Schließ-
fach am Flughafen zurücklassen. Das Verhör bei der Polizei dauerte etwa eine halbe Stunde, danach wurden sie freigelassen. Sie
kehrten zum Flughafen zurück, mieteten einen Leihwagen, holten
den Koffer und fuhren nach Saarbrücken. Doch der Anschlagsplan,
so Nirumand, stieß auf »technische Schwierigkeiten«, sodass die
Aktion nicht durchgeführt werden konnte.[69]
Einige Wochen später spitzte sich die Situation erneut zu.

Das Attentat

Am Mittwoch vor Ostern, es war der 10. April 1968, holte sich der
23-jährige Josef Bachmann (Spitzname »Seppel«) gegen 14.30 Uhr
bei der Münchener Firma, für die er seit dem 1. April als Eisenschutzwerker und Anstreicher gearbeitet hatte, seinen Restlohn
in Höhe von rund 100 DM ab. Einige Tage zuvor und nur wenige
Tage nach Arbeitsbeginn hatte er gekündigt, er wollte über Ostern
nach West-Berlin fahren. Der Nachtzug fuhr um 21.52 Uhr in München los und kam laut Fahrplan am Bahnhof Zoo morgens um
9.10 Uhr an.[70]
Nachdem Bachmann gefrühstückt hatte, machte er sich auf die
Suche nach Rudi Dutschke. Zunächst suchte er ihn bei der Kommune 1, die am Stuttgarter Platz ihr Domizil hatte, dann besorgte er
sich gegen 15 Uhr die Adresse Dutschkes beim Einwohnermeldeamt.
Die Anschrift, unter der Dutschke gemeldet war, lautete Kurfürstendamm 140, bei Mahler. Es war gleichzeitig auch die Adresse des
Berliner SDS.
Zur gleichen Zeit, als Bachmann im Tempelhofer Damm die Meldeadresse Dutschkes erhielt und sich auf den Weg in den Kurfürstendamm machte, bestieg Dutschke in Dahlem in der Nebinger Straße
ein rotes Damenfahrrad, um bei einer Bank in der Nähe des SDS-
Büros einen Scheck einzulösen. Er war zwar im Kurfürstendamm
140 gemeldet, wohnte jedoch damals mit seiner Frau und seinem

Sohn in der Nebinger Straße, etwa sieben Kilometer von der Meldeadresse entfernt. Später am Tag war Dutschke mit Horst Mahler im Republikanischen Club verabredet.[71] Er fuhr zunächst zur Bank für Handel und Industrie am Kürfürstendamm, um einen Orderscheck über 15 Dollar einzulösen. Dort kam er gegen 15.50 Uhr an. Da die Filiale die nötigen Formulare nicht hatte, musste er zur Zentrale der Bank in der Uhlandstraße.[72] Er stellte deshalb das Fahrrad im Gebäude Kurfürstendamm 140 ab und nahm ein Taxi. Dutschke kam in der Bank kurz vor Schließung an und fuhr mit demselben Taxi zurück. Um 16.15 Uhr erschien Dutschke im Büro des SDS, packte in seinem Zimmer einige Bücher in seine Aktentasche und verließ dann das Gebäude wieder.

Dutschke sagte in seiner Aussage vom 6. Juni 1968: »Ich fühlte mich durch die für mich ungewohnte Radtour von Dahlem nach Wilmersdorf zur SDS-Dienststelle etwas müde geworden und rang mit mir, ob ich überhaupt mit dem Fahrrad nach Hause zurückfahren sollte. Ich führte das Fahrrad zur südlichen Fahrbahn des Kurfürstendammes, bestieg das Rad an der Bordsteinkante und fuhr nur einige wenige Meter in Richtung Zoo. Dann setzte ich mein rechtes Bein auf die Bordsteinkante, blieb auf dem Fahrrad sitzen, wobei ich die Lenkstange mit beiden Händen festhielt und überlegte, ob ich wirklich mit dem Fahrrad zurück zur Wohnung fahren sollte.«[73]

In der Zwischenzeit war Bachmann vom Einwohnermeldeamt mit dem Bus zum Bahnhof Zoo gefahren, hatte dort einen Teller Linsensuppe und zwei Frikadellen gegessen und sich zu Fuß auf den Weg zum ca. drei Kilometer entfernt gelegenen Gebäude Kurfürstendamm 140 gemacht. Gegen 16.35 Uhr gelangte Bachmann dort an und sah plötzlich Dutschke, der mit dem Fahrrad aus dem Gebäude mit der Hausnummer 140 kam. Bachmann überquerte die Straße und war offenbar so aufgeregt, dass er einen PKW übersah und dessen Außenspiegel zerbrach. Nachdem er dem Fahrer zehn DM für den Schaden gegeben hatte, ging er zu Dutschke, der am Straßenrand auf dem Fahrrad saß, und fragte ihn: »Sind Sie Rudi

Dutschke?« Als dieser mit »Ja« antwortete, zog Bachmann einen Revolver aus dem Schulterhalfter und schoss dreimal auf ihn. Zunächst traf er ihn in die rechte Wange, zwei weitere Schüsse trafen Dutschke in Kopf und Schulter. Während Bachmann schoss, riss der Lauf der Pistole ab, sodass ein genaues Zielen nicht mehr möglich war.[74]

Danach rannte der Attentäter den Kurfürstendamm entlang in Richtung Zoo, bog nach rechts in die Nestorstraße und versteckte sich auf einer Baustelle im Keller des Grundstücks Nestorstr. 54, ca. 300 Meter vom Tatort entfernt. Dort nahm er eine Reihe von Schlaftabletten und lieferte sich dann mit den herbeigeeilten Polizisten eine Schießerei, bei der er ca. 15 und die Polizisten 38 Schüsse abgaben.[75] Eine Kugel traf Bachmann schließlich am rechten Oberarm und verletzte ihn schwer. Er wurde daraufhin von den Polizisten überwältigt und ins Westendkrankenhaus eingeliefert, wo gleichzeitig auch Dutschke operiert wurde. Da Bachmann keinerlei Unterlagen bei sich trug, die einen Hinweis auf seine Identität erlaubten, wurde er noch am Abend fotografiert und erkennungsdienstlich behandelt – anhand der Fingerabdrücke konnte das BKA am Morgen des 12.4. die Identität Bachmanns klären. Eine erste Befragung Bachmanns fand aufgrund der Schwere der Verletzungen erst am 12.4.1968 gegen 16.30 Uhr durch Staatsanwalt und Kriminalpolizei statt.[76]

Von den Schüssen auf Dutschke – der Funkstreifenwagen traf wenige Minuten, nachdem die Polizei um 16.39 Uhr über die Schießerei informiert worden war, am Tatort ein – bis zu dem Augenblick, bis die ersten Brandsätze gegen die erst anderthalb Jahre zuvor eingeweihte Berliner Springer-Zentrale flogen, dauerte es etwa sieben Stunden. Es hätte nicht viel gefehlt und das Springer-Hochhaus, das sehr zum Ärgernis der SED-Oberen unmittelbar an der Mauer gebaut worden war, wäre in Flammen aufgegangen. Während Bachmann sich ein Feuergefecht mit der Polizei lieferte, legte der SDS in einer Presseerklärung, ohne dass der Täter identifiziert oder seine Motive bekannt waren, die politische Stoßrichtung fest: Springer ist schuld. Von dem zu dem Zeitpunkt unbekannten Täter wurde behauptet, dass er von den Springer-Zeitungen zu dem Attentat aufgehetzt worden sei. Springers Zeitungen hätten die atmosphärischen Voraussetzungen für diese Tat geschaffen: »Wenn auch der Attentäter noch nicht identifiziert sei, stehe doch fest, dass der Hauptschuldige für diesen Mordanschlag Springer sei, denn seine Zeitungen schafften erst die atmosphärischen Voraussetzungen für eine solche Tat.«[77]

Dreieinhalb Stunden nach dem Anschlag, um 20 Uhr, begann eine Versammlung im Audimax der TU Berlin mit 2000 bis 3000 Teilnehmern.[78] Neben Springer wurden unter anderem von Bernd Rabehl, Mitglied des Bundesvorstands des SDS, auch der regierende Oberbürgermeister Klaus Schütz und der Innensenator Kurt Neubauer für die Tat verantwortlich gemacht. Rabehl erklärte auf der Versammlung: »Ich erinnere daran, dass auch Neubauer und Schütz zusammen mit der Springer-Presse die Verantwortung für einen Mörder tragen, der sich an Rudi rangemacht hat, um ihn niederzuschießen. Und ich spreche ganz deutlich aus, die wirklich Schuldigen heißen Springer, und die Mörder heißen Neubauer und Schütz!«[79]

Die Versammlung beschloss, den Rücktritt des Senats, die Enteignung des Springer-Konzerns, die Demokratisierung von RIAS und SFB (Sender Freies Berlin) herbeizuführen. Gegen 21.15 Uhr begann der Marsch von der TU über die Straße des 17. Juni zum Springer-Haus in der Kochstraße in Kreuzberg.[80] Hans Werner Kock berichtete für den SFB von der Situation vor Ort um 23.35 Uhr: »Die Situation hier in Kreuzberg vor dem Axel-Springer-Verlagshaus hat sich in vielen Etappen abgespielt und jetzt derart zugespitzt, daß ein Wagenunterstellpark, in dem die kleinen Lieferwagen des Ullstein-Verlages stehen, in Brand gesteckt wurde. Die Feuerwehr ist jetzt mit einigen Löschzügen angerückt und versucht, den Brand zu löschen (…). Es hat Verletzte gegeben während der letzten Stunden, Verletzte durch Steinwürfe, denn immer wieder prasselten die Steine gegen die Fassade und auch gegen die Fenster des Verlagshauses Axel

Springer. Verletzte natürlich auf beiden Seiten. (…) Lassen Sie mich bitte noch sagen, daß die Situation hier, nachdem sie sich zunächst einmal beruhigt hatte, etwas unübersichtlich insofern geworden ist, als sich einige Gruppen zurückgezogen haben in die Nebenstraßen und dort offenbar auch den, wie ich glaube, teuflischen Plan ausgeheckt haben, hier etwas in Brand zu stecken, nämlich die Wagenhalle des Verlagshauses.«[81]

Nun wurde die filmische Anleitung, die Holger Meins Anfang Februar auf der Veranstaltung der Kritischen Universität gegeben hatte, umgesetzt: Mit Benzin gefüllte Flaschen, Molotowcocktails genannt, wurden auf die Verlagsgebäude, die Fahrzeuge und die Mitarbeiter geworfen. Interessanterweise taucht hier, in dieser an unüberprüfbaren Geschichten reichen Situation, erneut der angebliche Verfas-

Brennende Fahrzeuge und Gebäude des Springer-Verlags nach dem Dutschke-Attentat am Abend des 11.04.1968

sungsschutzmann Peter Urbach in zahllosen Geschichten auf: Dem Vernehmen nach brachte Urbach wie ein Hotdog-Verkäufer bei einem Fußballspiel vor dem Verlagshaus Springers seine Molotowcocktails unter die wütende Menge, und das alles nominell im Auftrag des Verfassungsschutzes.

In den folgenden Tagen kam es dann in zahlreichen Städten in der Bundesrepublik zu Blockaden vor Druckereien, die Zeitungen und Zeitschriften des Springer-Verlages druckten und vertrieben. Im Laufe von fünf Tagen beteiligten sich mehr als 50 000 Menschen an den Aktionen. Insgesamt waren 21 000 Polizisten im Einsatz, über 1000 Demonstranten wurden festgenommen. Es kam zu den schwersten Straßenschlachten in Deutschland seit der Weimarer Republik. In München gab es sogar zwei Tote.[82]

Damit war der vorläufige Höhepunkt der Anti-Springer-Kampagne erreicht. Fast alles, was Dutschke in seinem Artikel im Juli 1967 im *Oberbaum Blatt* und in einem *Spiegel*-Interview am 10.7.1967 an Maßnahmen gegen den Springer-Verlag angekündigt hatte, war wie nach einem Drehbuch umgesetzt worden. Im *Oberbaum Blatt* hatte Dutschke geschrieben, dass die langandauernde Kampagne ihren Höhepunkt mit der Blockierung der Produktion und der Verteilung von Springer-Zeitungen an einem »bestimmten öffentlich bekanntgegebenen Termin« stattfinden würde. »Tausende werden sich an der ›Springer-Aktion‹ beteiligen.« Weiter hieß es in dem Artikel: »Es ist klar, die Blockierung der Springer-Zeitungen trifft einen entscheidenden Lebensnerv dieser Gesellschaft: die funktionale Beherrschung der in Unmündigkeit und leidender Passivität gehaltenen Massen.«[83]

Im Interview mit dem *Spiegel* hatte Dutschke gesagt: »Die während der letzten Wochen entstandenen Aktionszentren werden im Laufe des nächsten Semesters direkte Aktionen gegen die Auslieferung von Springer-Zeitungen in West-Berlin unternehmen.« Auf die Frage des *Spiegels*, »Welche?«, antwortete er: »Wir wollen zu Tausenden vor dem Springer-Druckhaus durch passive Formen des Widerstandes die Auslieferung verhindern.«[84]

Der Täter Josef Bachmann

Der Attentäter Josef Bachmann wurde am 12.10.1944 in Reichenbach im Vogtland unehelich geboren.[85] Die Mutter, von Beruf Weberin, heiratete 1954 den Bergmann Johann B., der nicht der leibliche Vater Bachmanns war. Als Bachmann vier Jahre alt war, wurden Flecken auf der Lunge festgestellt und er wurde in eine Lungenheilanstalt nach Chemnitz eingewiesen. Insgesamt zwei Jahre brachte er dann in verschiedenen Kliniken zu. Im März 1956 fuhr die Familie anlässlich einer Konfirmation zu einem Verwandtenbesuch in die Bundesrepublik und entschloss sich dann, dort zu bleiben. Nach einer Zwischenstation im Aufnahmelager Uelzen zogen sie nach Peine, wo Verwandte wohnten.

1958 kam Bachmann auf die Hilfsschule, nachdem bei der Aufnahmeprüfung festgestellt worden war, dass er einen Intelligenzrückstand von ca. 2 Jahren und einen Intelligenzquotienten von 0,84 hatte. Im April 1959 begann er in Castrop-Rauxel auf der Zeche »Victor« eine Bergmannslehre. Diese brach er aber bereits nach sieben Monaten ab, weil ihm die Arbeit nicht gefiel. In der Folgezeit arbeitete Bachmann immer nur für einige Wochen und Monate bei verschiedenen Firmen als Arbeiter.

Wegen Diebstahls, Vergehen gegen die Straßenverkehrsordnung und unerlaubtem Waffenbesitz saß er von Dezember 1961 bis März 1962 in Peine in Untersuchungshaft und wurde dann zu vier Wochen Jugendarrest verurteilt. Er hatte damals wiederholt eine Gaspistole bei sich, deren Lauf er von einem Bekannten hatte durchbohren lassen, sodass sie zum Schießen mit scharfer Munition geeignet war. Was Bachmann mit der Pistole damals bezweckt hatte, konnte das Gericht nicht aufklären. Im Urteil wurde strafmildernd angeführt, dass die Intelligenz des Angeschuldigten unterdurchschnittlich und er deshalb leicht zu beeinflussen sei.

Zusammen mit seinem Freund Wilhelm V. verübte Josef Bachmann 1962 mehrere Tankstelleneinbrüche und Diebstähle von Autos und Motorrädern. Deswegen wurde er zu neun Monaten Jugendstrafe verurteilt. Im März 1963 wurde er aus der Strafanstalt Hameln entlassen. Die Strafanstalt vermerkte, dass Appelle an seine Einsicht an mangelnder geistiger Kapazität und an seinem Dickkopf gescheitert wären. Dennoch habe er im Gefängnis versucht, Bildungsrückstände aufzuholen, weil sie ihn sehr in seinem Selbstwertgefühl beeinträchtigt hätten.

1966 stand sein Freund Wilhelm V. vor Gericht. Bei einem Streit war eine Person durch den Schuss aus seiner Waffe am Kopf getroffen worden. Außerdem hatte er andere Personen mit seiner Pistole geschlagen und verletzt. Als V. zu Beginn des Verfahrens aus der Untersuchungshaft entlassen wurde, flüchtete er zusammen mit Bachmann nach Frankreich. Dort begingen sie Einbrüche und Diebstähle, schließlich wurden sie an der Côte d'Azur verhaftet. Bachmann wurde zu einem Jahr Gefängnis verurteilt und am 21. Juli 1967 nach Verbüßung der Strafe in die Bundesrepublik abgeschoben. Er kehrte zunächst nach Peine zu seiner Mutter zurück und versuchte danach vergeblich, in Hamburg und Bremen als Matrose anzuheuern. Im September und Oktober 1967 hielt er sich in West-Berlin auf und arbeitete bei verschiedenen Malerbetrieben.

Mitte Oktober fuhr er erneut nach Frankreich, um sich bei der Fremdenlegion zu bewerben. Dort wurde jedoch seine Einstellung mit der Begründung abgelehnt, dass er zu unreif sei. Über diese Ablehnung war Bachmann so betroffen, dass er sich bis zur Besinnungslosigkeit betrank und mit einer Alkoholvergiftung ins Krankenhaus eingeliefert werden musste. Nach seiner Entlassung fuhr er zurück nach Peine und arbeitete dort für einige Monate als Anstreicher. Ende Januar 1968 kündigte er. Als Begründung gab er an, dass er nichts dagegen tun könne, es läge ihm im Blut, dass er die Arbeitsstellen laufend wechseln müsse. Bachmann ging zunächst nach Innsbruck und arbeitete kurze Zeit bei der Österreichischen Bundesbahn, wo er mit der Schneebeseitigung beschäftigt war. Dann fuhr er nach München, wo er bei einer Firma als Abdichter arbeitete und als gute Arbeitskraft geschätzt wurde. Ende März wollte er einen Sportwagen kaufen, aber die Bank lehnte die Finanzierung wegen mangelnder

Bonität ab. Am 1. April begann er schließlich als Eisenschutzwerker und Anstreicher bei einem anderen Münchener Unternehmen, kündigte aber bereits nach einer Woche wieder und machte sich auf den Weg nach West-Berlin.

Die Polizei stellte bei ihren Nachforschungen zudem fest, dass sich Bachmann in Peine Anfang der 1960er-Jahre einer Gruppe von Jugendlichen angeschlossen hatte, einem Moped-Club, zu denen auch Wilhelm V. und Hans S. gehörten, mit denen Bachmann sich anfreundete. Seine Interessen galten Motorrädern, Autos und Waffen. 1964 kaufte er sich ein Motorrad vom Typ BMW 500, ein Jahr später einen gebrauchten Volkswagen. Seit 1961 kaufte Bachmann immer wieder Waffen, meist Gaspistolen oder Gasrevolver, deren Läufe durchbohrt waren oder die er selbst durchbohrte.

Bei dieser Gruppe von Jugendlichen handelte es sich, wie *Der Spiegel* im Dezember 2009 berichtete, um rechtsorientierte Jugendliche, die sich mit ihren Motorrädern trafen und regelmäßig gemeinsame Schießübungen abhielten. Die zentrale Figur der Gruppe war Paul Otte, Jahrgang 1924, ein NPD-Mann und seit Anfang der 1960er-Jahre eine Art Vaterfigur für Josef Bachmann.

Mit dabei war auch Wolfgang Sachse, er war ein Jahr älter als Bachmann und in Peine ehrenamtlicher Schießwart auf einem Schießplatz.[86] In seiner Vernehmung am 27.6.1968 erklärte Bachmann, dass es bei seiner Verurteilung im März 1962 auch um unerlaubten Waffenbesitz gegangen sei. Er hatte zu dieser Zeit eine Gaspistole besessen, die er von Wolfgang Sachse gekauft hatte. »Diese Pistole«, so Bachmann, »hatte Sachse dadurch zu einer scharfen Waffe gemacht, indem er den Lauf durchbohrt hatte. Mit Wolfgang Sachse und Wilhelm V. habe ich aus dieser Pistole auf dem Luhberg in Peine mehrfach scharfe Munition verschossen und mich so im Schießen geübt.«[87] Sachse war nach Recherchen des *Spiegel* in »militärisch organisierten DDR-Heimen« aufgewachsen und hatte »bei der FDJ das Schießen« gelernt, bevor er in den Westen kam. Später gehörte Sachse zu einer rechtsradikalen Terrorgruppe, die Sprengstoffanschläge durchführte, Terroranschläge plante, aber auch über

Verbindungen zum MfS verfügte. Das MfS begutachtete sogar einmal einen der selbstgebauten Sprengkörper und machte eine Probeexplosion. Wegen Mitgliedschaft in einer terroristischen Vereinigung wurden Sachse und Otte 1981 zu einer mehrjährigen Freiheitsstrafe verurteilt.[88]

Ob es tatsächlich 1967/68 ein rechtsradikales Netzwerk gab, zu dem Josef Bachmann gehörte, wie die Berichterstattung des *Spiegels* nahelegte, ist nicht erwiesen. Einer der Freunde Bachmanns, Willy V., der zum Zeitpunkt des Attentats im Gefängnis saß, hatte der Polizei mitgeteilt, dass er über Bachmann und seine Hintermänner hinsichtlich des Mordversuchs auf Rudi Dutschke Angaben machen könne.[89] Doch bei seiner Vernehmung am 27.4.1968 machte er solche Angaben gerade nicht. Ganz im Gegenteil, er teilte den Polizeibeamten mit, dass ihm keine Hintermänner bekannt seien und er auch nicht an solche »Hintermänner« oder eine »Untergrundorganisation« glaube. Es drängt sich im Nachhinein der Eindruck auf, dass hier jemand reden wollte, aber vorher dazu gebracht wurde, nichts zu sagen.

Erwiesen ist, dass Bachmann Sympathien für die NPD hatte und dass er ihre Veranstaltungen einige Male besucht hatte. Er las regelmäßig die rechtsextreme *National- und Soldatenzeitung* und die *Deutschen Nachrichten,* die Wochenzeitung der NPD. Gelegentlich las er auch den *Spiegel* und *BILD*. Unter den Sachen, die man nach dem Attentat auf Rudi Dutschke bei ihm fand, waren *Der Spiegel* vom 8.4.1968 und die *BILD* vom 11.4.1968.[90] Bachmanns Mutter gab in ihrer Aussage zu Protokoll, dass Bachmann »viel Sympathie für den Nationalsozialismus hatte. So erzählte er mir u. a. mal, er habe in der Zeitung gelesen oder im Fernsehen gesehen, daß in irgendeinem Land, ich glaube es war in England, die Nationalsozialistische Partei wieder zugelassen würde. Darüber freute er sich.«[91]

Josef Bachmann gab in seiner Vernehmung an, dass er als Junge großen Gefallen an den Kriegsschilderungen seiner Mutter gefunden hatte, und daran, dass Hitler die Jugend von der Straße weggeholt hatte. Auch hatten ihm die Eroberungsfeldzüge – ähnlich wie Napoleon – imponiert. »Die Tatsache, daß ich Napoleon und Hitler verehrte, bewog mich, beide ›Staatsmänner‹ zu zeichnen und die beiden Bilder in dem von mir bewohnten Zimmer bei meiner Mutter aufzuhängen. Hitler habe ich nach einer kleinen, etwa Paßbildgroßen Fotografie gezeichnet, die ich in dem Buch ›Literatur des 20. Jahrhunderts‹, das ich besitze, fand.«[92] Aus Interesse für Hitler-Deutschland und die Kriegsereignisse schaffte er sich mehrere Kriegsbücher an. Auch habe er sich *Mein Kampf* ausgeliehen, aber nicht gelesen. Einen Hinweis auf ein gefestigtes rechtsradikales Weltbild gibt es jedoch nicht. Es scheint eher eine oberflächliche Sympathie für eine politisch nationale Position gewesen zu sein, die sich vor allem aus einem starken Antikommunismus speiste. Dieser wiederum hing unter anderem damit zusammen, dass sein Onkel, Ernst Bachmann, 1952 eines Abends in Reichenbach in einem Lokal festgenommen worden war. Wegen »Staatsverleugnung« war er zu fünf Jahren Haft in Bautzen verurteilt worden. »Mit meinem Onkel verstand ich mich sehr gut und nahm mir deshalb seine Verurteilung sehr zu Herzen«, so Bachmann. »Als ich drüben zur Schule ging, trat man immer wieder an mich heran, junger Pionier zu werden. Ich war der einzige in der Klasse, der dieser Organisation bewußt fern blieb. Meine Haßeinstellung gegenüber dem Kommunismus erreichte ihren Höhepunkt durch den Mauerbau.«[93]

Auf jeden Fall scheinen ihn die Mauer und auch die DDR sehr beschäftigt zu haben. Ab 1961 fuhr Bachmann in unregelmäßigen Zeitabständen, manchmal nur für einen Tag, nach West-Berlin, um sich die Mauer anzusehen. Er konnte es nicht verwinden, dass ein Volk durch eine derartige Mauer gespalten wurde. Der gleiche Anlass führte ihn auch immer wieder an die Zonengrenze. Zusammen mit seinen Freunden Wilhelm V. und Hans S. fuhr er 1965/66 wiederholt mit den Motorrädern oder dem PKW zur Zonengrenze in die Nähe des Kraftwerks Harbke und versuchte, die Grenzsoldaten zu provozieren. Einmal schoss er sogar seinen 38er Trommelrevolver in Richtung Osten leer. Er warf Steine und Knüppel über die Grenze und versuchte, Minen zur Explosion zu bringen. Anfang 1966 fuhr Bachmann mit seinem VW zusammen mit Lothar S. nach Helmstedt und versuchte, mithilfe eines Abschleppseils einen Grenzpfosten aus der Verankerung zu reißen. An den Wochenenden, so gab seine Mutter zu Protokoll, sei er viel nach Berlin gefahren. »Einen bestimmten Grund hat er mir nicht angegeben. Er meinte nur, daß er die Mauer mal wieder sehen wolle. Auch im Urlaub ist er gern nach Berlin gefahren, und während seines dortigen Aufenthaltes war er auch im Ostsektor. (…) Bei der Rückkehr aus diesem Urlaub erzählte er mir von den Verhältnissen, die er in Ostberlin angetroffen hatte. Er meinte, er wäre überall immer wieder nach Zigaretten gefragt worden. Ob er in Ostberlin Freundschaften oder Bekanntschaften geschlossen hat, kann ich nicht sagen.«[94]

Hans S. war bei den Berlin-Fahrten häufig dabei. Sie fuhren immer auf der Interzonen-Autobahn. Diese Fahrten verliefen normalerweise ohne Schwierigkeiten. »Einmal«, so Hans S., »wurden wir jedoch von der Volkspolizei angehalten und längere Zeit (etwa 3 Stunden) festgehalten.«[95]

Als Bachmann las, dass Ulbricht nach Hannover kommen wolle, plante er ein Attentat und wollte dazu einen Schweizer Karabiner kaufen – es kam jedoch nicht dazu. Als Auslöser für seinen Plan, Dutschke zu erschießen, nannte Bachmann in den Vernehmungen am 12.4. und 16.4., dass er »durch die Ermordung des Negerführers Martin Luther King den Entschluß faßte, nach Berlin zu fahren und Rudi Dutschke umzubringen«.[96] Das Attentat auf Martin Luther King hatte am 4. April stattgefunden. Nach diesem Vorfall habe Bachmann sich gedacht, dass er das auch mit Dutschke machen müsse, »weil Dutschke großer Kommunist ist, die Menschen anstachelt und ein Anstifter, Verbrecher ist«[97].

Am 16.4. modifizierte Bachmann seine Aussage und erklärte: »Ich habe mich für die Ermordung von Martin Luther King sehr interessiert und zufällig habe ich mir den *Spiegel* dazu gekauft. Da stand etwas von Dutschke drin. Da habe ich mir das so gedacht, dem Dutschke, dem müßte man auch irgend etwas antun.«[98] Am 27.6. relativierte er im Beisein eines Rechtsanwalts nochmals seine Aussagen und erklärte, dass er Dutschke umbringen wollte, »um damit zu zeigen, daß ein politischer Mord (…) auch hier bei uns in Deutschland möglich sei«[99]. Man gewinnt den Eindruck, dass insbesondere die rechtsanwaltliche Unterstützung maßgeblich dazu beigetragen hatte, die Aussage vor allem unter strafrechtlichen Aspekten zu verändern, denn versuchter Mord unterscheidet sich hinsichtlich des Strafmaßes nicht unerheblich von versuchtem Totschlag.

Waffen und Munition hatte Bachmann nach eigenen Angaben im März 1968 in München gekauft. Es handelte sich um einen Arminius-Trommelrevolver, dessen Lauf bereits durchbohrt war, dazu 50 Schuss Munition für 85 Mark von einem Unbekannten. Später erstand er zudem eine Gaspistole vom Typ RG 5 – so die Angaben Bachmanns.

Denkbar ist auch, dass er die Waffen gar nicht in München gekauft hatte, weil er zu viel Angst hatte, dass die Grenzsoldaten der DDR Waffen und Munition bei der Kontrolle finden könnten, sondern die Waffen erst in Berlin bekam. Seine Ankunft in Berlin schilderte er folgendermaßen: »Es war ungefähr 9.30 Uhr, als der D-Zug auf dem Bahnhof Zoo hielt und ich ausstieg. Ich verließ die Bahnhofshalle und traf auf dem Bahnhofsvorplatz an dem Reiseproviant-Kiosk und Würstchenstand einen flüchtigen Bekannten, den ich während meines sechswöchigen Berlinaufenthaltes im Herbst 1967 (…) kennengelernt hatte.« Diesem Bekannten bot er zunächst ein Kofferradio zum Kauf an und danach seinen Arminius-Trommelrevolver. »Er zeigte sich interessiert, hatte aber nicht soviel Geld, um mir die Waffe abzukaufen.« Da das Geschäft nicht zustande kam, verabschiedete er sich von dem Bekannten.[100]

Aber warum hätte Bachmann Ende März in München Waffen und Munition kaufen sollen, diese dann im Zug und mit der Angst, entdeckt zu werden – er konnte deshalb laut eigener Aussage die ganze Nacht nicht schlafen – nach Berlin bringen sollen, um sie einem Bekannten, den er rein zufällig am Bahnhof traf, zu verkaufen? Viel mehr Sinn macht die Schilderung des angeblich zufälligen Treffens,

Josef Bachmann (links) während des Prozesses vor dem Landgericht Berlin zusammen mit seinem Pflichtverteidiger Dr. Gerhard Weyher. Bachmann wurde am 14.3.1969 zu sieben Jahren Zuchthaus und Verlust der bürgerlichen Ehrenrechte verurteilt.

wenn Bachmann erst bei diesem Treffen die Waffen erhielt und er sich diese Geschichte zurechtgelegt hatte, um eine plausible Erklärung für dieses Treffen geben zu können.

In jedem Falle hatte Bachmann umsichtig geplant: Als er verhaftet wurde, hatte er nichts bei sich, was einen Hinweis auf seine Identität hätte geben können. In seiner ersten Vernehmung am 16.4.1968 gab er an, dass er seine Brieftasche im Keller des Grundstücks Nestorstraße versteckt habe, damit keiner herausfinden könne, wer er sei.[101] Das BKA musste um Hilfe gebeten werden, um die Identität des Attentäters zu ermitteln.

Ein weiterer Umstand ist interessant: Bevor Bachmann die Schießerei mit der Polizei begann, nahm er ein Röhrchen mit 20 Schlaftabletten, er wollte offenbar sterben und nicht ins Gefängnis kommen. Die Schlaftabletten, so gab er bei der Vernehmung an, hatte er von einem Österreicher erhalten. Doch warum hatte er sie nicht einfach in einer Apotheke gekauft? Hatte er Komplizen, Helfer, mit denen er das Attentat vorbereitet hatte?

Nach der Tat folgte sehr schnell die Reue. Auf eine Phase der scheinbaren Ausgeglichenheit folgte eine depressive Stimmung und eine

Reihe von Selbstmordversuchen. In einem psychiatrischen Gutachten vom 22.7.1968 hob der Psychiater Dr. E. Philip hervor, dass »die relative psychische Ausgeglichenheit« Bachmanns während der ersten Untersuchungen auffällig gewesen war und es sich dabei wahrscheinlich um eine »postaggressionelle affektive Ausgeglichenheit« gehandelt habe, die sich jedoch später veränderte, sodass »eine depressiv-dysphorische Stimmung die Oberhand« gewann.[102] Die weitere Entwicklung in der Untersuchungshaft führte zu einer »schweren reaktiven Depression«, die mit Selbstmordtendenzen einherging. Einen Selbstmordversuch unternahm Bachmann am 9.6., einen weiteren am 23.10.68.[103]

Am 4.3.1969 begann der Prozess gegen Bachmann vor dem West-Berliner Schwurgericht. Am 14.3.69 wurde er zu sieben Jahren Zuchthaus verurteilt.[104] Beobachter des Prozesses erweckten in ihrer Berichterstattung den Eindruck, als habe Bachmann mit seinen Schüssen auf Rudi Dutschke nur ausgeführt, was die meisten wollten. So als sei er der Exekutor der schweigenden Mehrheit gewesen. Der *Spiegel*-Reporter Gerhard Maus berichtete unter der Überschrift »›Siebzig Prozent reiben sich die Hände‹«, Bachmann habe geglaubt, die Sympathien der Mehrheit auf seiner Seite gehabt zu haben, und habe nur ausgeführt, »Wie die Masse denkt!«[105]

Wolfgang Fritz Haug, Herausgeber der marxistischen Zeitschrift *Das Argument* war von Horst Mahler, der im Prozess Rudi Dutschke als Nebenkläger vertrat, zum Gutachter bestellt worden. Haug erklärte ganz im Tenor von Maus: »Als er die Kugeln in Dutschkes Gesicht feuerte, handelte er als Exekutor eines verschlüsselten öffentlichen Auftrags, den er auf eigene Faust entzifferte.«[106]

In dieses Bild passt es jedoch nicht, dass Bachmann nach der Tat in Depressionen verfiel, in die der Vollstrecker einer Mehrheitsmeinung sicher nicht gefallen wäre. In der Nacht vom 23. auf den 24.2.1970 beging Bachmann im Gefängnis Tegel schließlich Selbstmord.[107] Obwohl er nach fünf vergeblichen Versuchen als selbstmordgefährdet galt, gelang es ihm dieses Mal mithilfe einer Plastiktüte, die er sich über den Kopf gezogen hatte.[108]

Zu seiner Beerdigung im März 1970 kam auch der Rechtsanwalt Horst Mahler. Einer seiner Begleiter legte auf das Grab einen Strauß rot-weißer Tulpen, der eine Binde mit der folgenden Aufschrift trug: »Ein Opfer der Klassengesellschaft.«[109]

Das Opfer Rudi Dutschke

Am Karfreitag, dem 12.4.1968, ging beim MfS um 17.45 Uhr ein Anruf ein. Eine Person mit dem Namen Gromnicka informierte darüber, dass die amerikanische Nachrichtenagentur Associated Press soeben die Identität des Attentäters gemeldet habe und es sich um »Joseph (sic!) Bachmann« aus Reichenbach im Vogtland handele, der republikflüchtig geworden sei. Diese Information löste eine umfangreiche Recherche aus.

Am Samstag, dem 13.4.1968, legte die Kreisdienststelle Reichenbach erste Ermittlungsergebnisse vor, am Sonntag, dem 14.4.1968, informierte die Bezirksverwaltung Karl-Marx-Stadt den Stellvertreter des Ministers und am Ostermontag, dem 15.4.1968, lag ein zweiseitiges Dossier (»Einzel-Information«) des Ministeriums für Staatssicherheit über Bachmann vor.

Es wurde über seine Krankheiten in der Kindheit berichtet, das auffällige Verhalten in der Schule, die Republikflucht war vermerkt und zahlreiche Informationen aus der Berichterstattung der westlichen Presse über das Attentat waren wiedergegeben. Das MfS war darüber informiert, dass der Stiefvater Bachmanns kurz vor dem Attentat verstorben war.[110] Der Bergmann Johannes B., den Bachmanns Mutter 1954 geheiratet hatte, war genau einen Monat vor der Tat, am 11.3.1968, gestorben.[111]

Außerdem wurde im Auskunftsbericht des MfS ausdrücklich vermerkt, dass Bachmann nach seiner Republikflucht 1956 »nicht wieder in die DDR eingereist« sei.[112] Doch diese Feststellung stimmte mit den Angaben Bachmanns und anderer Zeugen nicht überein. Nach unterschiedlichen Aussagen hatte er sich mehrmals in Ost-

Berlin aufgehalten. Auch der Zwischenfall, der sich auf der Transit-
autobahn ereignet und von dem Hans S. in seiner Vernehmung
berichtet hatte, wurde nicht erwähnt.

Am 20.4.1968, neun Tage nach dem Attentat auf Dutschke, erhielt
der Chef der Westkommission beim Politbüro, Albert Norden, eine
Information von Rolf Schnabel, dem Direktor des DEFA Studios.
Schnabel teilte darin mit, dass er am 18.4.1968 ein Gespräch mit
dem Geschäftsführer der Deutschen Wochenschau GmbH in Hamburg, Wolfgang Esterer, über Materialaustausch gehabt hätte. Im
Verlaufe des Gesprächs hatte Esterer erklärt, dass die DDR sich
nicht wundern sollte,»wenn in den nächsten Tagen in der westdeutschen Presse bekannt würde, daß Bachmann (der Dutschke-
Attentäter) Ostkontakte gehabt habe«. Norden ließ daraufhin beide Personen sofort durch das MfS überprüfen. Mit Datum vom
30.4.1968 erhielt er die Mitteilung des Ministers Mielke, dass vom
MfS zu keinem der beiden irgendwelche Kontakte bestünden.[113]
Worauf konnte sich die Aussage Esterers bezogen haben und
warum wurden die angekündigten Informationen über Bachmann
im Westen nicht veröffentlicht?

Die SED interessierte sich jedoch nicht nur für den Attentäter Bachmann. Unmittelbar nach den Schüssen auf Dutschke wurde von der
SED ein Stimmungsbild der Bevölkerung in dem Gebiet Raum
Luckenwalde und Teltow erstellt, weil Dutschke dort gewohnt hatte,»bevor er republikflüchtig wurde«, und Angehörige von ihm
dort lebten und tätig waren. Albert Norden wurde darüber von der
Abteilung Parteiorgane des ZK am 19.4.68 informiert. In dem
Dokument, das den seltsamen Titel»Information über Diskussionen der Bevölkerung zum Notstandsterror der Bonner Regierung
und dem Mordanschlag auf Rudi Dutschke« trug, ging es vor allem
um Meinungen und Gerüchte innerhalb der Bevölkerung zu Rudi
Dutschke.

Besonders interessant ist an dieser Umfrage, dass die Bevölkerung
der Ansicht war, dass Dutschke wohl »1961 im Auftrag der DDR
nach Westberlin« gegangen sei. Andere stellten die Frage, warum es

denn eine Solidarisierung mit einem Republikflüchtigen gäbe und man seine Verwandten ohne große Schwierigkeiten sofort nach West-Berlin ausreisen ließ. Innerhalb der Bevölkerung war außerdem bekannt, welche Sonderbehandlung der Bruder Rudi Dutschkes erfahren hatte, der in Teltow Ingenieur im Geräte- und Reglerwerk war. Er durfte vier Tage nach West-Berlin fahren, um seinen Bruder im Krankenhaus zu besuchen, während andere DDR-Bürger selbst bei Todesfällen keine Ausreisegenehmigungen erhalten hatten.[114] Man versuchte diesen Fragen dadurch auszuweichen, indem man im Zusammenhang mit dem Dutschke-Attentat die neofaschistische Entwicklung in der Bundesrepublik und den »Notstandsterror« thematisierte.

Im Zusammenhang mit der Frage, wer Rudi Dutschke war, wird auch die Aussage des ehemaligen KPD-Funktionärs Manfred Kapluck bedeutsam. Er berichtete 1996 Bettina Röhl, dass man damals systematisch junge Leute in der DDR ausgebildet habe, um sie dann in den Westen zu schicken.[115] Sie hätten damals im Osten zu wenig geeignete Studenten gehabt, also holte man zwischen 1956 und 1960 ausgesuchte Jugendliche aus Westdeutschland, ausgewiesen gute Schüler – es waren meist die Kinder alter westdeutscher Kommunisten – und diese wurden dann an die Arbeiter- und Bauernuniversitäten in der DDR geschickt. »Der Plan sah vor«, so Kapluck, »dass sie in der DDR studieren und später im Westen für die Partei tätig werden sollten. Als sie mit dem Studium fertig waren – sie hatten sozialistische Gesellschaftswissenschaft, Ökonomie und Mathematik studiert, also das, was wir wollten –, schickten wir sie zurück in die BRD.«[116]

Dieses Muster lässt sich zwar nicht eins zu eins auf Dutschke übertragen, er war ja nicht aus dem Westen in den Osten gekommen, aber die Aussage Kaplucks macht deutlich, dass man systematisch verlässliche Leute aus dem Osten in den Westen schickte, um die Bundesrepublik zu unterwandern. Es gibt zahlreiche Hinweise dafür, dass man verlässliche Leute, sogenannte »Schläfer«, mit glaubwürdigen Legenden in den Westen schickte, diese sich einige

Jahre lang unauffällig verhielten und dann aktiv wurden. Würde dieses Muster auf Dutschke zutreffen, dann wäre seine Legende die eines jungen Mannes gewesen, der wegen seiner pazifistischen Haltung nicht freiwillig zur NVA ging, deshalb nicht studieren durfte und daraufhin in den Westen ging.

Im *Schwarzbuch des KGB* wiesen die Autoren Christopher Andrew, Professor für Neuere Geschichte in Cambridge und Geheimdienstexperte, und Wassili Mitrochin, Mitglied des sowjetischen Auslandsgeheimdienstes (1948–1992), darauf hin, dass es durch die Besonderheit der deutschen Teilung möglich war, »die Bundesrepublik leichter zu infiltrieren als jeden anderen größeren westlichen Staat. (…) Aus der DDR flohen so viele Menschen in den Westen«, so die Autoren, »daß es nicht schwer war, Hunderte oder sogar Tausende ostdeutsche und sowjetische Agenten im Flüchtlingsstrom heimlich mitzuschicken.«[117] War Rudi Dutschke einer dieser speziell ausgebildeten Agenten?

In diesem Zusammenhang ist es bemerkenswert, dass zum Datum der Übersiedlung Dutschkes nach West-Berlin widersprüchliche Angaben vorliegen, denn der Umzug nach West-Berlin erfolgte zum letztmöglichen Zeitpunkt, bevor die Grenze geschlossen wurde. Chaussy nennt Sonntag, den 6.8.1961, das MfS Mittwoch, den 9.8., Dutschke selbst den 10.8. und den 11.8., und sein Bruder Helmut Freitag, den 11.8.[118]

Gehen wir zunächst von der Schilderung von Rudi Dutschkes Bruder Helmut aus, der mitteilte, dass er seinen Bruder am Freitag, dem 11.8.1961, mit dem Motorrad von Luckenwalde nach Teltow gebracht habe, von dort seien beide zusammen weiter mit der S-Bahn nach West-Berlin zum Bahnhof Papestraße, heute Bahnhof Südkreuz, gefahren. In der Nacht vom 12. auf den 13.8. wurde West-Berlin abgeriegelt und mit dem Bau der Absperranlagen begonnen. Dutschke meldete sich im Flüchtlingslager Marienfelde an. In seinem Tagebuch notierte er unter dem 11. August 1961: »Nach Teltow, S-Bahn … Schlachtensee, am Wochenende ist es vollbracht.«[119]

Der ältere Bruder Helmut schilderte 2007 im Interview mit der Zeitschrift *Cicero* die Fahrt nach West-Berlin so: »Ich hatte Rudi am 11. August von Luckenwalde aus zurück nach Berlin begleitet. Meine Mutter hatte – ich weiß nicht mehr woher – irgendwie so einen Riecher gehabt. Die sagte mir damals, es passiert was, das kann sowieso nicht so lange dauern, bring den Jungen nach drüben. Dann bin ich mit Rudi nach Teltow gefahren, wir haben bei der Kontrolle gesagt, dass wir an die Ostsee wollen und sind dann nach Westberlin gefahren.«[120]

Diese Darstellung stimmt mit einer früheren Darstellung Helmut Dutschkes, die er in dem Film *Deutsche Lebensläufe: Rudi Dutschke* im Jahr 2002 gegeben hatte, überein. Damals schilderte er die Fahrt nach West-Berlin so: »Dann bin ich mit Rudi nach Teltow gefahren mi'm Motorrad. Das war ja alles schon abgesperrt, weil man also die Mauer bauen wollte. Und wir haben unterwegs noch Kontrollen gehabt, aber die haben uns gekannt und die haben uns dann auch fahren lassen. Und da bin ich mit Rudi bis Teltow gefahren. Da war die S-Bahn. Von (der) Teltow bis Papestraße. Und haben uns dort verabschiedet, damals 61 mit der Richtung: ja, det dauert nicht lange.«[121]

Wenn die Angaben von Dutschkes Biografen Ulrich Chaussy und Michaela Karl stimmen, dass Dutschke damals ein Volontariat bei der BZ machte und an den Wochenenden immer nach Hause kam, dann wäre Dutschke am Freitag, dem 11. August 61, nach Luckenwalde gekommen und noch am selben Tag zusammen mit seinem Bruder zurückgefahren.[122]

In einem Brief an einen Schulfreund in Luckenwalde schrieb Dutschke am 10.12.1961 jedoch: »Du kannst Dir sicherlich vorstellen, dass ich seit dem 10. August unheimlich viel erledigen mußte« – und zählte unter anderem die polizeiliche Anmeldung und die Personalausweiserstellung auf.[123] Doch warum schreibt Dutschke hier am »10. August«, wenn die Übersiedlung laut seinem Bruder Helmut am 11.8. stattfand? Vielleicht hatte Dutschke deshalb seit dem 10.8. so viel zu erledigen, weil am 10.8. die Entscheidung zur Übersiedlung fiel oder fiel die Entscheidung bereits am 9.8. – das Datum, das der MfS vermerkt hatte – und hatte das MfS von dieser Entscheidung erfahren und den Tag der Entscheidung irrtümlich als Tag der Republikflucht verzeichnet? Schließlich bleibt noch die Frage, warum ausgerechnet Dutschke und sein Bruder die erwähnten Straßensperren ungehindert passieren konnten – wohingegen es vielen anderen nicht mehr gelang.

Neben dem Zeitpunkt der Übersiedlung gibt auch die Nutzung von Dutschkes Pseudonymen Rätsel auf. Eine Reihe von Artikeln sowohl im *Anschlag*, der Zeitschrift der Subversiven Aktion, und im *Oberbaum Blatt* veröffentlichte Dutschke nicht unter seinem Namen, sondern unter Pseudonym. Häufig benutzte er das Kürzel A. J. Es stand für Adolf Joffe.[124] Joffe war ein bolschewistischer Revolutionär, der im März 1918 als russischer Botschafter nach Deutschland gekommen war und von der an der Straße Unter den Linden gelegenen Botschaft aus mit aller Kraft die deutschen Genossen bei der Vorbereitung zur Revolution unterstützte. Karl Liebknecht, Führer des Spartakusbundes und später Mitbegründer der KPD, war zu dieser Zeit häufig in der Botschaft zu Gast.[125] Aktivitäten zugunsten der deutschen Revolutionäre waren den deutschen Behörden nicht verborgen geblieben. Sie hatten herausgefunden, dass im russischen Diplomatengepäck revolutionäre Flugblätter transportiert wurden. Und so inszenierten sie am Bahnhof Friedrichstraße einen Zwischenfall, die dabei gefundenen Flugblätter mit Aufrufen zur Revolution dienten den deutschen Behörden als Anlass, Joffe auszuweisen und die russische Botschaft zu schließen.[126] Warum wählte Dutschke sich ausgerechnet als Pseudonym den Namen eines russischen Revolutionärs, der in Deutschland die Räterepublik einführen wollte?

Ein weiteres Rätsel um die Person Rudi Dutschke ist sein Volontariat beim Springer-Verlag. Seit Anfang 1961 soll Dutschke im Rahmen eines neunmonatigen Volontariats als Sportjournalist für die BZ gearbeitet haben.[127] Die BZ erschien im Ullstein Verlag und der gehörte damals mehrheitlich zum Springer-Verlag, dessen Enteignung Dutschke später forderte. Doch für dieses Volontariat gibt es keine Belege. Auch das Unternehmensarchiv der Axel Springer AG hat darüber keine Unterlagen.[128] Und keiner der Mitarbeiter konnte sich an Rudi Dutschke erinnern. Was hat er wirklich in dieser Zeit gemacht?

Seltsam ist auch, dass der »Republikflüchtling« Dutschke immer wieder ungehindert in die Länder des sozialistischen Lagers einreisen konnte. Mit der Übersiedlung nach West-Berlin im August 1961 war Dutschke nach den Gesetzen der DDR ein Republikflüchtling. Bereits seit 1952 gab es in der DDR den Straftatbestand der Republikflucht und im Dezember 1957 war das Passgesetz so geändert worden, dass, wer die DDR ohne Genehmigung verließ, zu bis zu drei Jahren Gefängnis verurteilt werden konnte. *Der Spiegel* berichtete im Mai 1962, dass allein im ersten Drittel des Jahres 1962 rund 100 westdeutsche und Westberliner Bürger auf den Interzonenstrecken von und nach Berlin verhaftet worden seien. Der Artikel führt weiter an, dass die DDR-Polizisten auch nach Berlinfahrern fahndeten, die »nach 1952, als die sowjetzonale Volkskammer das Delikt der Republikflucht erfand, heimlich die Sowjetzone verlassen haben«[129]. Erst am 16.10.1972 wurde DDR-Bürgern, die vor dem 1. Januar 1972 die DDR verlassen hatten, die DDR-Staatsbürgerschaft aberkannt und sie wurden seitdem strafrechtlich nicht mehr von den Behörden verfolgt.[130]

Für Dutschke scheint der Tatbestand der Republikflucht nicht gegolten zu haben. Nachdem er im Januar 1965 Mitglied im SDS geworden war, fuhr er bereits drei Monate später, im April 1965, als Teilnehmer einer fünfköpfigen SDS-Reisegruppe nach Moskau und Leningrad, und zwar mit dem Zug. Dabei durchquerte er auch die DDR.[131] Ein Jahr später, im Mai 1966, reiste Dutschke nach Ungarn.[132]

Im November 1967 konnte er sogar zusammen mit seiner amerikanischen Frau zur Beerdigung seiner Mutter nach Luckenwalde fahren. Vom 14. bis 16. November 1967 hielten die beiden sich in Luckenwalde auf. In den Stasi-Unterlagen, die sich in Kopie im Nachlass Dutschkes beim Hamburger Institut für Sozialforschung befinden, heißt es, dass Dutschke am 14.11.1967 aus West-Berlin nach Luckenwalde mit dem PKW eingereist sei und sich bei der

Volkspolizei für die Zeit vom 14.11. bis 16.11.67 angemeldet habe. Es sei nichts darüber bekannt, wer Dutschke die Aufenthaltsgenehmigung besorgt habe, angeblich sei die amerikanische Militärverbindungsmission beteiligt gewesen.[133] Sein früherer Freund und SDS-Mitstreiter, Bernd Rabehl, behauptete später, dass der Chef der SED Westberlin, Gerhard Danelius, diese Reise über seine Verbindungen zum MfS ermöglicht hätte.[134] Vom Bahnhof Friedrichstraße, so Rabehl, sei Dutschke mit einer Tschaika-Limousine in Begleitung von drei Personen, einem Fahrer und »zwei Zivilbullen« abgeholt und nach Luckenwalde gefahren worden. Um den Bewohnern von Luckenwalde eine plausible Erklärung zu geben, warum ausgerechnet der »Abhauer« Dutschke eine solche Sonderbehandlung erhielt, wurde, so Rabehl, das Gerücht verbreitet, dass er diese Sonderbehandlung der amerikanischen Militärmission verdankte. Andere Quellen besagen wiederum, dass die Reise Dutschkes durch Vermittlung der MfS-Agenten Barthel und Guggomos zustande gekommen sei.[135]

Auch in den folgenden Jahren fuhr Rudi Dutschke nach Ungarn und in die ČSSR. Zuletzt kurz vor dem Attentat im April 1968 zusammen mit seiner Frau nach Prag.[136] Diese Reisen sind den DDR-Behörden keineswegs entgangen, alle diese Einreisen wurden vom MfS genauestens vermerkt.[137] Im Januar und Februar 1968 verzeichnete das MfS, wie bereits erwähnt, außerdem eine Reihe von Besuchen in Ost-Berlin, die nach dem geltenden Passierscheinabkommen für West-Berliner eigentlich nicht möglich gewesen wären.

Offenbar spielte Dutschke verschiedene Rollen. Einmal trat er als DDR-Feind auf, der, so ein Bericht des MfS-Agenten Staritz (Deckname »Erich«) vom Januar 1967, »ein verschworener DDR-Gegner« war, der »ausschließlich von Scheißsozialismus in der DDR« sprach.[138] Dann wiederum erweckte er den Eindruck, als würde er »einige seiner extremsten Ansichten korrigieren«, wie der Leiter der Westabteilung am 23.11.1967 seinem Chef Norden berichtete.[139] Die diesem Schreiben beigelegte »Ergänzung zur Information von Rudi Dutschke vom 10.11.1967« vermerkte, dass Dutschke insbesondere seine Haltung zur Sowjetunion geändert habe. In einer Rede auf der Veranstaltung der West-Berliner Falken zum 50. Jahrestag der Oktoberrevolution habe er von den sowjetischen Freunden gesprochen. Wörtlich hieß es in der Information: »Er betont jetzt: es genügt nicht, von der Sowjetunion mehr Unterstützung für Vietnam zu fordern. Was ›unsere sowjetischen Freunde‹ tun, ist das eine, wir aber müssen den Imperialismus schlagen, wo wir ihn treffen, und das ist hier in dieser Stadt.«[140]

Ausdruck dieser schillernden Doppelgesichtigkeit – der Republikflüchtling und DDR-Gegner auf der einen Seite und der »Freund« der Sowjetunion auf der anderen Seite – sind auch Berichte über eine Veranstaltung zum Jahrestag des 17. Juni: In dem von seiner Witwe herausgegebenen Tagebuch ist unter dem 17. Juni 1967 eine Gegenveranstaltung zu den offiziellen Gedenkveranstaltungen verzeichnet. Dazu heißt es von Dutschke: »Erstmalig wurde von unserer Seite eine ›zweite Revolution‹ für die DDR, Osteuropa und SU gefordert.«[141] Doch die Journalisten, die bei dieser von AStA und Republikanischem Club organisierten Veranstaltung dabei waren, hatten einen völlig anderen Eindruck gewonnen. Sie schrieben, Dutschke habe gefordert: »die ›herrschende Regierung‹ müsse gestürzt werden.« Und damit habe er die der Bundesrepublik gemeint. Hinsichtlich der DDR berichtete die Presse, habe ein Redner des Republikanischen Clubs sogar gesagt: »Die Sowjetzone und spätere DDR hat die Bundesrepublik bereits sozial überholt.«[142]

Der häufig behaupteten DDR-Kritik Dutschkes steht auch entgegen, dass Dutschke mit Danelius und der SED Westberlin zusammenarbeitete. Über ein Gespräch, das Danelius in seiner Privatwohnung mit Dutschke, Lefèvre und anderen geführt hatte, unterrichtete dieser im Oktober 1967 sogar Walter Ulbricht. Man einigte sich darin auf »ein gemeinsames Vorgehen bei Demonstrationen gegen die US-Aggression in Vietnam, gegen die Notstandsgesetze, für die Anerkennung der Existenz zweier deutscher Staaten«[143]. *Der Spiegel* schrieb zu dieser Verbindung im Mai 1968:

»Tatsache ist: Wann immer Berlins Studenten in Hörsälen wie auf der Straße für Teufel und Dutschke (...) für Hochschulreform und gegen die Amerikaner in Vietnam zu Felde zogen – stets war West-Berlins SED dabei.«[144]

Zweifel an dem öffentlichen Image Dutschkes als DDR-Kritiker weckt auch ein Dokument aus dem Archiv des MfS. Auf einer Kerblochakte[145], die am 14.1.1967 angelegt worden war, wurde auf der Vorderseite, dort wo die persönlichen Daten (Adresse, Geburtsdatum etc.) verzeichnet wurden, unter Staatsangehörigkeit »DDR« und unter ehemalige Aufenthaltsorte: »Karl-Marx-Stadt« vermerkt. Auf der Rückseite wurde geschrieben: »wurde vor 1961 RF, habe diesen Schritt bereut.« Gemeint war wohl, dass er vor dem 13.8.1961 Republik-Flüchtling geworden war und er diesen Schritt bereut habe. Auch auf der Rückseite wurde verzeichnet, dass er früher in »K.-M.-Stadt«, also Karl-Marx-Stadt wohnhaft gewesen war. Wenn es sich bei dieser Information, als Quelle wird »Marquardt«, als Datum der Information der 12.1.1967 genannt, nicht um einen Fehler oder eine Verwechslung handelte, dann hätte Dutschke sich vor der »Republikflucht« unter anderem in Karl-Marx-Stadt aufgehalten. Doch keine der existierenden Dutschke-Biografien gibt einen Hinweis auf einen Aufenthalt in Karl-Marx-Stadt. Vielleicht hat das nicht belegbare Volontariat bei der BZ etwas damit zu tun?

Von der Quelle »Duo« stammt auf der Kerblochkarte unter dem Datum 9.1.1967 der Hinweis: »Gehört zur chin. Fraktion innerhalb des SDS in Westberlin. Soll eine Rolle spielen bei der geplanten Bildung einer neuen Partei durch den ›Sozialistischen Bund‹.« Tatsächlich gab es Bestrebungen unter anderem von Wolfgang Abendroth, dem Vorsitzenden des Sozialistischen Bundes, eine sozialistische Partei links von der SPD zu gründen.[146]

Ebenso auf der Kerblochkarte festgehalten ist eine Information von der HVA mit Datum vom 25.2.1967: »Verkehrt vorwiegend mit Lateinamerikanern. Führt jede Woche Schulungen seiner 48 Mitglieder durch. Nur wenige Deutsche sollen der ›Roten Garde‹ ange-

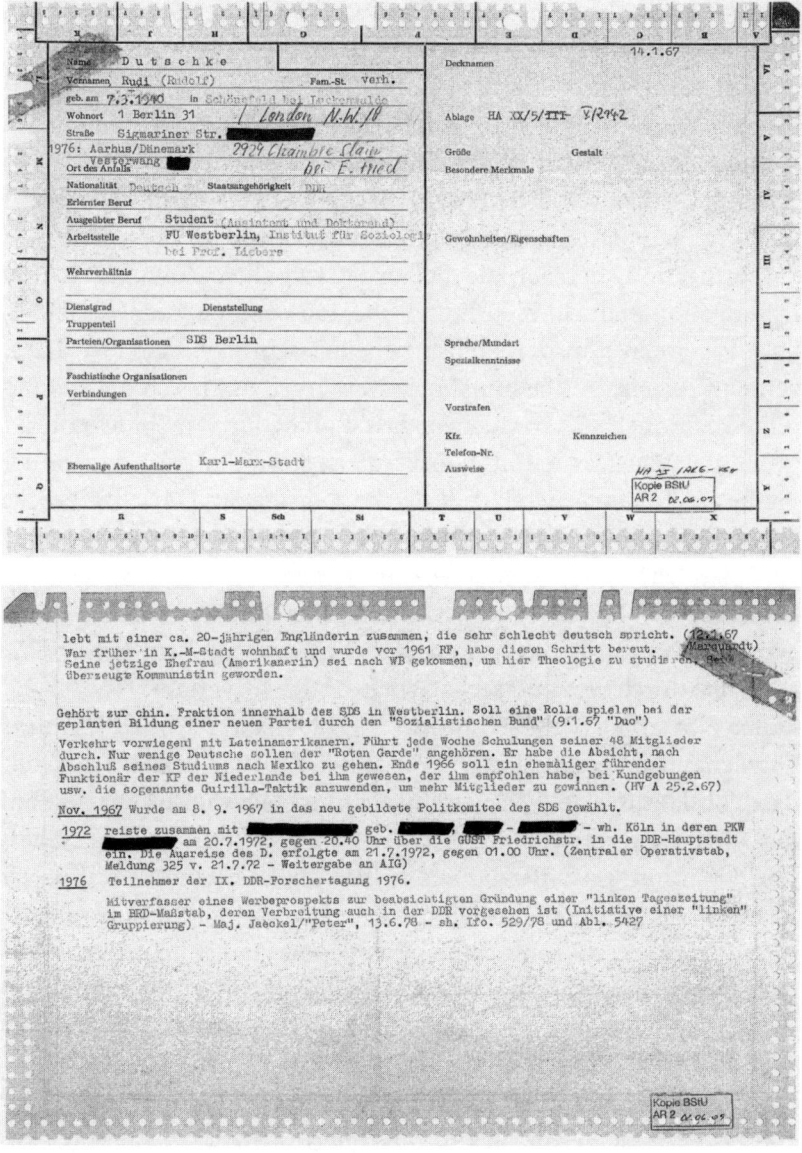

Kerblochkarte des Staatssicherheitsdienstes zu Rudi Dutschke, angelegt am
14.1.1967 – Vorder- und Rückseite

hören. Er habe die Absicht, nach Abschluß seines Studiums nach Mexiko zu gehen. Ende 1966 soll ein ehemaliger führender Funktionär der KP der Niederlande bei ihm gewesen [sic!], der ihm empfohlen habe, bei Kundgebungen usw. die sogenannte Guirilla-Taktik [sic!] anzuwenden, um mehr Mitglieder zu gewinnen.« Welche Guerilla-Taktik hatte der Funktionär der holländischen kommunistischen Partei empfohlen? Aktionen wie die Spaziergangsdemonstration, bei der die Polizisten zwischen Zuschauern und Demonstranten nicht mehr unterscheiden konnten, sodass unbeteiligte Passanten von der Polizei behelligt wurden? Oder ist damit gemeint, eigene Auffassungen zu verbergen und sich selbst und seine Positionen so darzustellen, dass man dadurch mehr Mitglieder gewinnt? Oder wurde mit dem Vermerk sogar auf das Konzept der Stadtguerilla hingewiesen, mit dessen Umsetzung Dutschke bereits begonnen hatte? Fragen werfen auch die genannten »Roten Garden« auf. Handelte es sich dabei um die Parallelorganisation, über die Dutschke sich bereits 1966 Gedanken gemacht hatte, um die Kleingruppen von vier bis sechs Kämpfern? Und warum wurde hier eine so exakte durch vier und sechs teilbare Zahl, 48, vermerkt?

Unter November 1967 ist auf der Kerblochkarte schließlich ohne Quellenangabe eingetragen: »Wurde am 8.9.1967 in das neu gebildete Politkomitee des SDS gewählt.« Tatsächlich wurde Dutschke auf der XXII. Delegiertenkonferenz (4.–8.9.1967) in dieses neugeschaffene Gremium gewählt, das aus 15 Personen bestand.[147] Auf dieser Konferenz hatte er zusammen mit Krahl das »Organisationsreferat« gehalten, er war also mit seinen Positionen zum Aufbau der Stadtguerilla keineswegs isoliert, sondern gehörte zu den führenden Köpfen des Verbandes.

Vieles an Dutschkes Biografie bleibt unklar, seine Person zwiespältig. Fest steht: Dutschke kam kurz vor dem Mauerbau im August 1961 nach West-Berlin, ab 1964 engagierte er sich bei der Subversiven Aktion, 1965 wurde er SDS-Mitglied und bereits im Oktober wählte man ihn auf der Delegiertenkonferenz in den Bundesvorstand des SDS. Er war Wortführer und Gesicht der Revolte. Er gab sich einerseits DDR-kritisch, andererseits vertrat er in den wesentlichen Fragen die Positionen der SED, sei es bei der Anti-Springer-Kampagne, dem Freistaatskonzept für West-Berlin oder der Anerkennung der DDR. Er verfolgte zielstrebig eine Eskalationsstrategie, die dann in das Konzept Stadtguerilla mündete.

Nach dem Attentat verließ Dutschke Deutschland und lebte zunächst in der Schweiz, dann in Italien bei dem Komponisten Henze und dem Verleger Feltrinelli. Im Dezember 1968 fuhr er nach London, wo er zeitweise bei dem Schriftsteller Erich Fried wohnte. Im Herbst 1969 besuchte ihn Horst Mahler in London, um ihn für die RAF-Gründung zu gewinnen, aber Dutschke wollte vom bewaffneten Kampf nichts mehr wissen.[148] 1971 zog er nach Dänemark, wo er mehrere Jahre als Dozent an der Universität Aarhus arbeitete. Kurz vor seiner Rückkehr nach Deutschland, er wollte sich in Bremen für die Grünen engagieren, ertrank er am 24.12.1979 überraschend in der Badewanne.[149]

Wer steckte hinter dem Attentat? – Spekulationen

Es hat seit 1968 viele Mutmaßungen gegeben, wer das Attentat auf Rudi Dutschke geplant haben könnte. Dutschkes Freund und Weggefährte, Bernd Rabehl, legte nahe, dass die Geheimdienste der Sowjetunion bzw. der DDR hinter dem Anschlag auf Dutschke steckten. In seiner 2002 veröffentlichten Darstellung schrieb er diese Vermutungen Dutschke selbst zu, der dazu nicht mehr Stellung nehmen konnte: »Dutschke war später überzeugt, daß Bachmann andere Motive und andere Hintermänner hatte. (...) Dutschke war immer überzeugt, dass der sowjetische oder DDR-Geheimdienst hinter dem Attentat stand.«[150] Dutschke sei der Meinung gewesen, so Rabehl weiter, dass der »Attentäter vom MfS zu seiner Tat angestiftet worden war«[151]. Dabei bezog Rabehl sich auf Vermutungen Dutschkes aus den 1970er-Jahren. Für den Fall seines Todes hatte

Dutschke einen Brief an seine Frau geschrieben, dort hieß es: »Mir ist die Sache nicht ganz klar, aber dennoch muss ich Dir einige Zeilen mitgeben – für den ›Fall aller Fälle‹. Du hast mir wenig geglaubt in meiner Einschätzung von Personen aus unserem Umkreis. Darum hat es auch keinen Sinn, Dir meine Überzeugungen und Begründungen niederzuschreiben. Nur eins sollst Du nie aus dem Kopf verlieren, das ist die 99,9%-Überzeugung von mir, dass, wenn es einen ›Abgang‹ von mir gibt, dann ist das in der gegenwärtigen Phase eher durchgeführt durch SU-DDR-Geheimdienst als durch westlichen.«[152]

Einen Grund sah Dutschke in seiner 1974 erschienenen Dissertation mit dem Titel *Versuch, Lenin auf die Füße zu stellen*. Sie sei mit ihrer Kritik des ›despotischen‹ Kommunismus vom Standpunkt des ›demokratischen‹ Kommunismus ein schwerer Schlag für DDR und UdSSR gewesen.

Gegen Rabehls Vermutungen spricht, dass der Brief von 1975 ist und die Motive, die Dutschke dort nannte, 1968 noch nicht galten. Im Frühjahr 1968 ging es um die Umsetzung des Konzepts Stadtguerilla, es ging darum, dass auf die Worte endlich Taten folgen sollten und die Eskalationsstrategie, die 1964 begonnen worden war, fortgesetzt würde. Der Vietnam-Kongress hatte die diesbezüglichen Erwartungen nicht erfüllt, es blieb relativ ruhig in West-Berlin. Das Dynamit, das Feltrinelli mitgebacht hatte, ließ Dutschke nicht explodieren. Die Bombe, mit der er nach Saarbrücken reiste, kam nicht zum Einsatz.

Nach dem Attentat auf Martin Luther King, einem der prominentesten Wortführer der amerikanischen Bürgerrechtsbewegung, kam es in den USA zu bürgerkriegsähnlichen Unruhen. Die Bilder zeigten ein Land im Ausnahmezustand. Verletzte, Tote, zerstörte Stadtviertel.[153] Die Regierung sah sich gezwungen, die Armee einzusetzen. Wer diese Bilder im Fernsehen und in den Zeitungen sah, dem musste sofort klar gewesen sein, wie man die nächste Stufe der Eskalation in West-Berlin zünden könnte. Ähnliche Unruhen in West-Berlin wie in den großen Städten der USA würden die Stadt an den Rand des Ausnahmezustands bringen. Nach dem Mordanschlag auf King war klar, dass ein Attentat auf den Anführer der Bewegung den größtmöglichen Nutzen für diese Strategie bringen würde. Doch wer wäre dazu in der Lage gewesen – und in wessen Interesse war es, dass sich die Lage in Westdeutschland weiter zuspitzte?

Josef Bachmann war kein Einzeltäter, er war von seiner Persönlichkeitsstruktur her niemand, der eine solche Tat eigenständig geplant und durchgeführt hätte. Er war ein leicht zu beeinflussender Mitmacher, er brauchte die Unterstützung der Gruppe, ihren Zuspruch, ihren Rückhalt.

Wer auch immer die Fäden bei diesem Mordversuch gezogen hatte, er hatte den Zeitpunkt optimal gewählt. Es war zum einen kurz nach dem Attentat auf Martin Luther King, sodass beide Anschläge in einen inhaltlichen Zusammenhang gestellt und die Empörung verstärkt werden konnte. Die Ostermärsche, für die die Linke mobilisiert hatte, waren für die nächsten Tage geplant und damit stand ein erhebliches Demonstrationspotenzial bereit. Und das Attentat konnte in die Mythologie des Osterfestes eingebaut werden, wodurch das Opfer eine noch stärkere Aufwertung erfahren würde.

Schließlich wurde mit Bachmann der optimale Täter gewählt, der durch seine politische Sympathie für die NPD und seinem Hitlerportrait an der Wand als Ausdruck der neofaschistischen Gefahr ideal in das Deutungsmuster passte: Rechtsradikaler erschießt Studentenführer. Es gelang, ihn dazu zu bringen, fast wie ein Selbstmordattentäter zu agieren. Zuerst schoss er Dutschke nieder und dann versuchte er, sich selbst das Leben zu nehmen, was schließlich mit einiger zeitlicher Verzögerung auch gelang. Die Gefahr, dass er über Hintermänner redete, bestand somit nicht mehr.

Wer auch immer diesen Mordanschlag eingefädelt hatte, wusste, was passieren würde, wenn Dutschke auf offener Straße niedergeschossen würde. Seit dem Vietnam-Kongress lag die Aggression in der Luft und es gab eine wachsende Frustration, dass nichts passierte. Mit den Schüssen konnte sich die aufgestaute Aggression entladen und eine weitere Sprosse auf der Eskalationsleiter nehmen.

V. Der dritte Akt

Die Legalisierung der Kommunistischen Partei

Im Zuge der sich nach dem 2. Juni 1967 verstärkenden Linksentwicklung und der nach dem Attentat auf Dutschke zunehmenden Radikalisierung gelang es der SED/KPD ohne größere Widerstände, die Kommunistische Partei zu legalisieren. Zunächst wurde 17 Jahre nach dem Verbot der FDJ die kommunistische Jugendorganisation in Form der Sozialistischen Deutschen Arbeiterjugend (SDAJ) gegründet, einige Monate später dann die DKP. Der SDS verlor an Bedeutung. Die im SDS organisierten »Traditionalisten«, die einen starken Flügel innerhalb des Verbandes gebildet hatten, engagierten sich in SDAJ und DKP und ab 1971 im MSB Spartakus.

Im Januar 1968 waren die Vorbereitungen zur Gründung eines marxistischen Jugendverbandes in der Bundesrepublik im vollen Gange. Das »Arbeitsbüro der KPD im ZK der SED« in Ost-Berlin erstellte am 11. Januar 1968 eine streng vertrauliche Vorlage für das Politbüro der KPD mit dem Titel »Zur Verwirklichung des Beschlusses über die Schaffung eines Jugendverbandes«.[1] Bereits zwei Wochen später, am 27. und 28. Januar 1968, gab es ein Treffen des Gründungsausschusses in Leverkusen, an dem 53 Personen teilnahmen. Vorbereitet wurde die Gründung einer revolutionären Jugendorganisation, deren Ziel die »sozialistische Umgestaltung« der Bundesrepublik sein sollte. In dem sechsseitigen Gründungsaufruf tat der aus 29 Personen bestehende Gründungsausschuss seinen Protest gegen die »muffige Gesellschaftsordnung« kund, unterstellte der Bundesregierung, eine »Notstandsdiktatur« zu planen, und erklärte die Errichtung des Sozialismus in der Bundesrepublik zu ihrem Ziel.

Das Arbeitsbüro war jedoch mit dem Gründungsaufruf nicht ganz zufrieden. Er war ihnen ein wenig zu revolutionär geraten. Am 1.2.1968 stellte das Arbeitsbüro fest: »Im Gründungsaufruf widerspiegelt sich die nicht ganz richtige politische Orientierung, wie sie schon in der im Politbüro des ZK der KPD behandelten Vorlage enthalten war: Es wird der Eindruck erweckt, als ob der Kampf um den Sozialismus schon die aktuelle Aufgabe der Gegenwart sei; dagegen kommt der Kampf um Demokratie, um Verteidigung, Ausbau und Erweiterung der demo-kratischen Rechte, um demokratischen Fortschritt viel zu kurz; in beiden Punkten steht der Aufruf nicht ganz im Einklang mit dem Programmentwurf der KPD.«[2] Deshalb sollten die Genossen der KPD »darauf hinwirken, daß das Manifest, das vom Gründungskongreß des Jugendverbandes beschlossen werden soll, eine richtige Orientierung erhält«. Man werde dafür sorgen, dass der Entwurf für das Manifest rechtzeitig beim Arbeitsbüro vorliege, sodass er »mit Genossen der SED« vorher beraten werden könne. [3]

Ausdruck des jugendlich revolutionären Überschwangs war vor allem der vorgeschlagene Name. Hier hatten die »jungen Genossen« sich nicht an die im Politbüro getroffene Festlegung gehalten, wie das Arbeitsbüro mahnend hervorhob. Insbesondere den führenden Genossen der SED gefiel die Bezeichnung »revolutionäre, sozialis-tische Jugend« nicht. Sie waren der Ansicht, dass die politische Bewusstseinsentwicklung bei der Masse der oppositionellen Jugend überschätzt würde. Die Genossen der KPD versprachen daraufhin, »nochmals eine prinzipielle, sachliche Diskussion mit den jungen Genossen zu führen«.

Albert Norden, Chef der Westkommission beim Politbüro der SED, wurde am 5.2.1968 vom Chef des Arbeitsbüros KPD, Max Span-genberg, über das Treffen des Gründungsausschusses und den Gründungsaufruf für den neuen sozialistischen Jugendverband informiert.[4]

Ein wichtiges Ziel, das mit der Gründung des Jugendverbandes ver-bunden war, bestand darin, die Möglichkeiten für eine Legalisierung der KPD auszuloten. In der Presseerklärung über die Bildung des

Gründungsausschusses wurde als eine der zentralen Forderungen »die Wiederzulassung der KPD« genannt. Auch die ursprüngliche Idee des Arbeitsbüros der KPD, Max Reimann, den Vorsitzenden der illegalen KPD, bei der Gründung des Jugendverbandes auftreten zu lassen, um damit die Aufhebung des gegen ihn bestehenden Haftbefehls öffentlichkeitswirksam zu fordern, zeigt den engen Zusammenhang zwischen der Gründung eines marxistischen Jugendverbandes und der Legalisierung der KPD.

Im Vorfeld des Gründungskongresses fanden am 29.3. und 2.4.1968 in der Abteilung »Arbeitsbüro beim ZK der SED« in Ost-Berlin verschiedene Treffen statt, »auf denen Maßnahmen zur politischen Unterstützung des neuen marxistischen Jugendverbandes Westdeutschlands beraten und vereinbart wurden«.[5] An diesen Beratungen nahmen teil: Erich Rau, der Westsekretär der FDJ, Siegfried Ransch von der Westabteilung des ZKs der SED, ein Vertreter des Arbeitsbüros der KPD und der Leiter der Jugendkommission beim ZK der KPD. Diese Treffen dienten dazu, die unterschiedlichen Abteilungen, die im Bereich der Jugend mit der Westarbeit befasst waren, bei der Gründung des Jugendverbandes zu koordinieren und vor allem für die richtige politisch-ideologische Ausrichtung des Gründungskongresses zu sorgen. Es wurde festgelegt, dass die »Genossen des Jugendverbandes« eine Reihe von jugendgemäßen Ausarbeitungen für Referat, Aktionsprogramm und Diskussion von SED/KPD erhalten sollten, darunter auch eine »jugendgemäße Darstellung des staatsmonopolistischen Systems in Westdeutschland und der gegenwärtigen Regierungspolitik der Kiesinger/Strauß-Regierung«. Außerdem wurden einzelne Aspekte des Kulturprogramms geplant, an dem möglichst auch Künstler aus der DDR teilnehmen sollten.

Zwei Wochen später, am 16.4.1968, wurden in einer vertraulichen Vorlage für das Politbüro weitere Einzelheiten des Gründungskongresses festgelegt, dazu gehörte auch die Delegiertenmappe, deren Inhalte bis ins Detail vorbereitet wurden. Man befasste sich mit dem Entwurf eines Aktionsprogramms, der Satzung, den Inhalten des

Hauptreferats und dem Ablauf der Veranstaltung. Für den Kongress, der am 4./5. Mai 1968 in Essen stattfinden sollte, war unter anderem vorgesehen, dass in der Eröffnungsrede – noch vor dem Hauptreferat und den Wahlen zu den Kongressorganen – eine knappe, gegenwartsbezogene Würdigung von Karl-Marx erfolgen sollte. Außerdem sollte auf die Mordanschläge auf Dutschke und King eingegangen werden.[6]

Zusätzlich vorgesehen war, dass unterschiedliche Personen und Organisationen Begrüßungsansprachen halten sollten, darunter ein Vertreter des Initiativausschusses zur Wiederzulassung der KPD, der Vorsitzende des SDS bzw. sein Vertreter, Prof. Abendroth vom Sozialistischen Bund, ein Teilnehmer des spanischen Bürgerkriegs und ein Teilnehmer der Novemberrevolution von 1918. Von dem Vorschlag, Max Reimann zum Gründungskongress einzuladen, hatte man inzwischen Abstand genommen. Wahrscheinlich deshalb, weil der gegen Reimann in der Bundesrepublik bestehende Haftbefehl zu seiner Verhaftung geführt hätte.

Die Gründung des Jugendverbandes erfolgte wie geplant am 4. und 5. Mai 1968 auf Schloss Borbeck in Essen. 400 Teilnehmer gründeten die SDAJ, bei der Namensgebung hatten sich die Genossen von SED und KPD durchgesetzt.[7] Zu den Gründungsmitgliedern der SDAJ gehörten unter anderem Rolf Jürgen Priemer, ehemaliges Mitglied der FDJ und zeitweise Redakteur der von der KPD/SED finanzierten Zeitschrift *Elan*; Wolfgang Gehrcke, Mitglied der KPD Hamburg, zeitweise Vorsitzender der Jugendkommission der KPD in Hamburg; Walter Möbius, ehemaliges Mitglied der FDJ. Alle drei wurden Mitglieder des geschäftsführenden Bundesvorstandes, Priemer wurde zum Bundesvorsitzenden gewählt.[8]

Einige Monate nach der Gründung der SDAJ ging ein Dortmunder Staatsanwalt gegen Priemer, Möbius und andere vor, weil er vermutete, dass hinter der SDAJ-Gründung die KPD steckte.[9] Doch ein Verbot der SDAJ erfolgte nicht. Einige Monate zuvor, am 8. Februar 1968, war es noch zur Verhaftung führender Funktionäre der KPD gekommen. Herbert Mies, der spätere Vorsitzende der DKP, und

Max Schäfer, einer der führenden Funktionäre der KPD, hatten auf einer Pressekonferenz den Programmentwurf der KPD der Öffentlichkeit präsentieren wollen. Ein Grund für die öffentlichkeitswirksame Aktion war sicherlich auch der, auszuloten, wie die bundesdeutschen Behörden angesichts des veränderten politischen Klimas darauf reagieren und mit dem KPD-Verbot umgehen würden. Innenminister Benda reagierte prompt, verbot die Pressekonferenz; Mies und Schäfer wurden vorläufig festgenommen.[10]

Fünf Monate nach diesem Versuch, Handlungsspielräume für die KPD unter den durch die Revolte veränderten politischen Bedingungen zu eruieren, und zwei Monate nach der hinter den Kulissen von KPD und SED gesteuerten Gründung der Jugendorganisation SDAJ kam es am 4. Juli 1968 zu einem Gespräch im Justizministerium, an dem vonseiten der KPD Grete Thiele, ehemalige Bundestagsabgeordnete, und der KPD-Funktionär Max Schäfer teilnahmen. Vonseiten des Ministeriums waren der Justizminister Gustav Heinemann und sein Staatssekretär Horst Ehmke anwesend.[11] Sie machten deutlich, dass eine Aufhebung des KPD-Verbots juristisch sehr kompliziert sei und deuteten an, dass stattdessen die Neugründung der KPD ein gangbarer Weg wäre.[12]

Das politische Klima hatte sich nach dem Tod Ohnesorgs im Juni 1967 und dem Attentat auf Dutschke im April 1968 nachhaltig verändert und es war zu einer merklichen Linksentwicklung gekommen. Die Bundesrepublik war innerhalb der westlichen Demokratien das einzige Land, das die kommunistische Partei verboten hatte. Außerdem war das KPD-Verbot ein wichtiges Hindernis auf dem Weg zu einer neuen Ostpolitik. Das alles waren wichtige Gründe dafür, dass für den vom Justizministerium vorgeschlagenen Weg der Neugründung einer verfassungskonformen kommunistischen Partei auch Vertreter von SPD, CDU und FDP ihre Zustimmung signalisierten.[13] Und so wurde das »D« vor das »K« gezogen und aus der KPD wurde die DKP. Am 25. September, zweieinhalb Monate nach den Gesprächen im Justizministerium, fand die offizielle Gründung der DKP statt. Bereits am 12. Oktober 1968 hatte die Partei 6000 Mit-

Karikatur aus den
Stuttgarter Nachrichten
zur Legalisierung der KPD
als DKP

Stuttgarter Nachrichten

Bäumchen, wechsle dich

glieder, die in 220 Orts- und Stadtteilausschüssen, 40 Betriebsaus-
schüssen, 123 Kreis- und zehn Landesausschüssen organisiert
waren.[14] Die erste Bundeskonferenz fand am 27. Oktober 1968 statt,
die Zahl der Mitglieder lag bereits bei 9085. Ab April 1969 erschien
das Zentralorgan *Unsere Zeit* zunächst als Wochenzeitung.[15] Auf
dem Essener Parteitag der DKP, der am 12. und 13.4.1969 stattfand,
wurde Kurt Bachmann zum Vorsitzenden gewählt. Herbert Mies
wurde sein Stellvertreter. Mies hatte bis 1968 in der DDR gelebt, war
von 1953 bis 1956 Vorsitzender der in der Bundesrepublik verbote-
nen FDJ, besuchte von 1956 bis 1959 die Parteischule in Moskau und
war einer der führenden Funktionäre innerhalb der KPD. Unter
anderem war er zeitweise als Sekretär des Parteivorsitzenden Max
Reimann tätig gewesen.[16] So wie Mies kehrten zahlreiche führende
KPD-Funktionäre, die in der DDR gelebt hatten, in die Bundesrepublik zurück. Zum Zeitpunkt des Parteitags gab die Partei die
Zahl ihrer Mitglieder bereits mit 22 000 an.[17]
Das rasche Wachstum der Partei hatte mehrere Gründe. Die KPD
hatte auch nach dem Verbot weiter existiert und verfügte über einige tausend Mitglieder, die nun der legalen DKP beitraten. Zahlrei-

che Mitglieder waren in Tarnorganisationen wie der DFU unterge-kommen und wurden nun DKP-Mitglieder. Auch die vor allem innerhalb der Jugend stattgefundene Linksentwicklung führte zu einem erheblichen Mitgliederzuwachs. »Eine fruchtbare und enge, partnerschaftliche Zusammenarbeit«, so Kurt Bachmann, »entwi-ckelte sich von Anfang an mit der Sozialistischen Deutschen Arbei-terjugend, die sich am 5. Mai 1968 gebildet hatte und aus deren Rei-hen viele junge Mitglieder die Konstituierung der DKP aktiv unter-stützten.«[18]

Auch auf die Studentenschaft wirkte die neugegründete DKP eine hohe Anziehungskraft aus. Innerhalb des SDS gab es eine starke Strömung, die »Traditionalisten«, die der KPD nahegestanden wa-ren. Diese »beachtliche Gruppierung« innerhalb des SDS sympathi-sierte mit der entstehenden DKP und trat ihr bei.[19] Auch andere Strömungen begannen nun, eigene Organisationen und Parteien zu gründen. Auf der Delegiertenkonferenz im September 1968 konnte nur noch ein kommissarischer Bundesvorstand gewählt werden und der SDS verlor rasch an Bedeutung. Die Auflösung wurde nach der Beerdigung von Hans-Jürgen Krahl, der bei einem Autounfall ums Leben gekommen war, am 20. Februar 1970 beschlossen. Offiziell erfolgte sie dann einen Monat später.[20]

Rund ein Jahr, nachdem sich der SDS am 21. März 1970 selbst auf-gelöst hatte, kam es im Mai 1971 in Bonn mit der Bildung des Mar-xistischen Studentenbundes Spartakus zur Gründung eines eigenen kommunistischen Studentenverbandes.[21]

Neben DKP, SDAJ und Spartakusbund wurde eine Reihe weiterer kommunistischer Organisationen geschaffen. Zahlreiche Akteure entstammten dem SDS und seinem Umfeld. Ende Dezember 1968 wurde die Kommunistische Partei Deutschlands/Marxisten Leninis-ten (KPD/ML) vom ehemaligen KPD-Funktionär Ernst Aust ge-gründet. 1969 die Gruppe Internationaler Marxisten, 1970 die Kommunistische Partei Deutschlands (Aufbauorganisation), zu der unter anderem Christian Semler und Jürgen Horlemann vom Berli-ner SDS gehörten. Im Herbst 1970 gründete sich in Heidelberg die

Kommunistische Gruppe, aus der im Juni 1973 der Kommunistische Bund Westdeutschlands (KBW) hervorging, 1973 wurde der Arbeiterbund zum Wiederaufbau der KPD von ehemaligen SDS-Mitgliedern aus München gegründet.[22]

Feltrinelli II

Während zwölf Jahre nach dem KPD-Verbot die Legalisierung der KPD in Form der DKP erfolgte und weitere legale kommunistische Organisationen entstanden, wurde parallel dazu der Aufbau geheimer Kampforganisationen betrieben. Es bildeten sich Gruppen, deren Mitglieder früher in der Kommune 1, dem SDS oder dem Republikanischen Club aktiv waren und aus denen sich dann die Bewegung 2. Juni und die Rote Armee Fraktion entwickelten. Diese im Untergrund agierenden Organisationen waren Teil eines internationalen Netzwerks. Einer der wichtigsten Organisatoren, ihr Finanzier und Verbindungsmann, war Giangiacomo Feltrinelli, Verleger, Millionär und Industrieller aus Mailand.[23] Er verfügte über Verbindungen nach Kuba, zu führenden Funktionären der Kommunistischen Partei Italiens, zu ehemaligen italienischen Partisanen, zu den Tupamaros, einer linken Terrorgruppe in Uruguay, zu Organisationen der Palästinenser im Nahen Osten und zu führenden Köpfen der westdeutschen Linken wie Rudi Dutschke und Ulrike Meinhof. Er hatte den Vietnam-Kongress 1968 in Berlin finanziert und das geheimnisumwitterte Internationale Nachrichten- und Forschungs-Institut gegründet.

Feltrinelli war 1926 in Mailand geboren worden und entstammte einer der reichsten Familien Italiens. Den Kern des Vermögens Feltrinellis bildeten Holzhandel und Holzverarbeitung. Daneben gab es zahlreiche Beteiligungen an Baufirmen, Immobiliengesellschaften und Banken.[24] 1944, mit 18 Jahren, schloss er sich den Partisanen an und wurde 1945 Mitglied der Kommunistischen Partei Italiens (PCI). 1955 gründete er den Verlag Feltrinelli und

Giangiacomo Feltrinelli spricht auf der alternativen Kundgebung zum 1. Mai 1968 in Berlin-Neukölln über SDS, SED-Westberlin und andere linke Gruppen.

veröffentlichte 1957 *Dr. Schiwago* von Boris Pasternak. Der russische Schriftsteller erhielt für diesen Roman ein Jahr später den Literaturnobelpreis. Für Feltrinelli war die Veröffentlichung mit einem massiven Konflikt mit der Sowjetunion und den italienischen Genossen verbunden. Die russischen Kommunisten wollten die Veröffentlichung des Buches verhindern, Feltrinelli verlegte es trotzdem und verließ daraufhin die Kommunistische Partei Ende 1957 im Streit. Er blieb aber auch nach seinem Austritt mit führenden Funktionären der PCI befreundet und veröffentlichte deren Bücher und Artikel.[25]

Feltrinelli hatte 1951 begonnen, das Institut für Sozialforschung Giangiacomo Feltrinelli in Mailand aufzubauen, das später über eine der umfangreichsten Bibliotheken und Archive zur Geschichte der Arbeiterbewegung verfügen sollte. Das Institut arbeitete mit dem Institut für Marxismus-Leninismus in Moskau und ähnlichen Instituten in der DDR, der Tschechoslowakei und Ungarn zusammen; man war sich gegenseitig bei der Beschaffung von Archivalien und dem Austausch von entsprechenden Kopien behilflich. Zusätzlich zu Verlag und Institut baute Feltrinelli ab Ende der 1950er-Jahre eine Buchhandelskette auf.

1964 besuchte er Fidel Castro in Kuba zum ersten Mal. Der Anlass: Er wollte eine Autobiografie Castros veröffentlichen. Während der zahlreichen Gespräche freundete er sich mit Castro an und besuchte ihn danach wiederholt.[26] Castro verfolgte das Ziel, vor allem in Lateinamerika, aber auch in Afrika und Asien die sozialistische Revolution voranzutreiben. Hierzu wurde mit der Organisation Tricontinentale eine neue internationale politische Plattform geschaffen.[27] Anfang des Jahres 1966 trafen sich in Havanna 600 Regierungsvertreter von Staaten Afrikas, Asiens und der sozialistischen Länder und Mitglieder internationaler kommunistischer Organisationen, um eine globale revolutionäre Strategie zu entwickeln.

Sprachrohr dieser Strategie wurde die Zeitschrift *Tricontinentale*, deren Leitspruch lautete: »Die Pflicht des Revolutionärs ist es, die Revolution zu machen!« Die Zeitschrift propagierte die neue revolutionäre Strategie des bewaffneten Kampfes und veröffentlichte Texte von Ho Chi Minh, Che Guevara und Yasir Arafat; die italienische Ausgabe erschien im Verlag Feltrinelli. Unter anderem wurde darin erstmals in Europa Marighellas Mini-Handbuch des Terrorismus abgedruckt.[28] *Tricontinentale* erschien vierteljährlich, auf ihrem Höhepunkt wurde sie an 100 000 Abonnenten in 87 Ländern verteilt. Sie kam von 1966 bis zum Zusammenbruch der Sowjetunion in den 1980er-Jahren heraus, dann fehlte Kuba das Geld, sie weiter zu finanzieren.

Nach der Tricontinental-Konferenz wurde in Havanna die OSPAAL (Organización de Solidaridad con los Pueblos de Asia, África y América Latina) gegründet. Der Text Che Guevaras »Schaffen wir zwei, drei, viele Vietnam«, den Dutschke und Salvatore 1967 ins Deutsche übersetzten, steht in Zusammenhang mit dieser Organisation. Es war ein Brief Guevaras an das Exekutivsekretariat von OSPAAL, in dem er »die Revolutionäre der dritten Welt« aufforderte, »an allen möglichen Orten den direkten militärischen Aufstand zu beginnen«. Che Guevara propagierte darin den »totalen Krieg« gegen den »Imperialismus«, den Krieg gegen den »großen Feind des Menschheitsgeschlechts: die Vereinigten Staaten von Nordamerika«. Ein Krieg, der getrieben wurde vom »unbeugsamen Haß dem Feind gegenüber (...), der den Menschen über die natürlichen Grenzen hinaus antreibt und ihn in eine wirksame, gewaltsame, selektive und kalte Tötungsmaschine verwandelt«. Denn, so Che Guevara: »Unsere Soldaten müssen so sein; ein Volk ohne Haß kann über einen brutalen Feind nicht siegen.«[29]

Im Sommer 1967 bat der kubanische Geheimdienst Feltrinelli, nach Bolivien zu fliegen, wo Che Guevara begonnen hatte, einen Guerillakrieg zu führen und wo man gerade seinen Verbindungsmann nach Kuba, den Franzosen Regis Debray, verhaftet hatte. Feltrinelli machte sich sofort auf die Reise nach La Paz. Ob er dort nur am Prozess gegen Regis Debray teilnahm, um im Rahmen einer internationalen Kampagne dessen Freilassung zu erreichen, oder ob es vor allem darum ging, Che Guevara aus Bolivien herauszuholen, ist bis heute ungeklärt. Gerüchte besagen, dass Feltrinelli den bolivianischen Behörden 50 Millionen US-Dollar für das Leben Guevaras geboten haben soll.[30]

Welche konkreten Aufträge und Pläne Feltrinelli tatsächlich nach Bolivien geführt hatten, sei dahingestellt. Der bolivianische Geheimdienst verhaftete ihn jedenfalls kurz nach seiner Ankunft und er war offenbar so wichtig, dass er vom Chef des bolivianischen Geheimdienstes, Roberto Quintanilla, persönlich verhört wurde. Feltrinelli wurde schließlich nach der Intervention der italienischen Behörden freigelassen und ausgewiesen. Einige Monate später wurde Che Guevara verhaftet und am 7. Oktober 1967 getötet.

Das Bild Guevaras, das heute zu einer Ikone der Popkultur geworden ist, wurde nach dessen Tod von Feltrinelli zu Tausenden als Poster gedruckt und in seinen Buchhandlungen verkauft.[31] Eine Kopie des »Bolivianischen Tagebuchs« von Che Guevara erhielt Feltrinelli im Frühjahr 1968 in Kuba. Er übersetzte es innerhalb weniger Tage und veröffentlichte es in Europa.[32] Quintanilla, der an der Tötung Guevaras beteiligt gewesen war, wurde vier Jahre später, 1971, als er bolivianischer Konsul in Hamburg war, mit Feltrinellis Waffe von einem Terrorkommando erschossen.[33]

202

Feltrinellis Verbindungen gingen nicht nur nach Lateinamerika. Bereits 1967 hatte er Kontakte zu George Habash (PFLP – Volksfront zur Befreiung Palästinas) in Beirut und zu Yasir Arafat (PLO – Palästinensische Befreiungsorganisation) geknüpft. Feltrinelli besuchte Habash in Beirut und – so der Nahost-Korrespondent der italienischen Tageszeitung *Corriere della Sera* – habe ihn aufgefordert, auf »internationaler Ebene« tätig zu werden.[34] Die amerikanische Journalistin Claire Sterling war davon überzeugt, dass Habash mithilfe von Feltrinellis Geld 1968 seinen ersten Kommandotrupp nach Westeuropa schickte und damit das »Zeitalter des internationalen Terrorismus mit einem Donnerschlag« eröffnete.[35] Die von Feltrinelli geknüpfte Verbindung in den Nahen Osten zu den bewaffneten Gruppen der Palästinenser spielte für die Entwicklung des deutschen Terrorismus in den folgenden Jahren eine zentrale Rolle. Die militärische Ausbildung erfolgte ab 1969 in palästinensischen Ausbildungslagern und bei einer Reihe von Anschlägen kam es zur Zusammenarbeit.

Feltrinelli war auch wegen seiner verlegerischen Tätigkeit mit den Führern der rebellierenden Studenten und anderen führenden Köpfen der Linken in Deutschland, Italien, Frankreich und anderen Ländern gut vernetzt. Ulrike Meinhof und Klaus Rainer Röhl besuchten zusammen mit ihren Kindern die Feltrinellis im Sommer 1967 in Mailand und verlebten »ein paar sonnige Tage in Feltrinellis Schloß in Villadeati«. Feltrinelli und Meinhof führten bei der Gelegenheit lange politische Gespräche über Kuba und die Revolution.[36] Dutschke besuchte Feltrinelli im September des gleichen Jahres und sprach mit ihm über die Guerilla. Mitte März 1968 kam es zu einem Treffen Feltrinellis in seinem Mailänder Institut mit Mitgliedern der Studentenbewegungen aus Italien, Frankreich und Deutschland. Unter den Teilnehmern war auch Renato Curcio, der 1970 die Roten Brigaden gründen sollte.[37]

Am 1. Mai 1968 war Feltrinelli in West-Berlin und hielt dort, »flankiert von Ulrike Meinhof und Horst Mahler, eine flammende Rede für die bewaffnete Gewalt«[38]. Die Demonstration, auf der er sprach, war von SDS, SED Westberlin und anderen Linken organisiert worden und war die linke Gegen-Veranstaltung zur offiziellen Mai-Kundgebung der Gewerkschaften.[39]

Im Oktober 1969 entstanden in West-Berlin die Tupamaros Westberlin. Auch hier scheint es Verbindungen zu Feltrinelli gegeben zu haben. Ihr Vorbild war die Stadtguerilla, die seit Mitte der 1960er-Jahre in Uruguays Hauptstadt Montevideo agierte. Sie trug den Namen »Movimiento de Liberación Nacional – Tupamaros«[40]. Deren Ziel war es, dem Beispiel Kubas folgend, im Land eine sozialistische Revolution herbeizuführen.[41] Aus den West-Berliner Tupamaros wurde später die Bewegung 2. Juni. Ihre Grundausbildung erhielten die Gründer der Gruppe im September und Oktober 1969 in Jordanien in einem Ausbildungslager von Arafats El Fatah. Arafat lernten sie dort auch persönlich kennen. Dieter Kunzelmann, einer der maßgeblich Beteiligten, schrieb später darüber in seiner Autobiografie: »Auf unseren Wunsch verbrachten wir eine Woche bei einer Elite-Einheit, die in der Jordansenke in biblischen Höhlen lebte, gründlichst politische Schulungen durchführte, verbunden mit einer soliden Ausbildung an Waffen.«[42]

Nach der Rückkehr aus Amman planten sie einen Anschlag auf das jüdische Gemeindezentrum in der Fasanenstraße in West-Berlin. Am 9. November 1969 sollte dort während der Gedenkveranstaltung zur Reichsprogromnacht eine Bombe explodieren. Der Drahtzieher des erfolglosen Anschlags – die Bombe wurde zwar gelegt, explodierte aber nicht – war der Mitbegründer der Kommune 1 und Aktivist der Subversiven Aktion Dieter Kunzelmann.[43]

Nach einer Serie von Bombenanschlägen in Mailand und Rom im November 1969 tauchte Feltrinelli unter, seit dem 4. Dezember 1969 lebte er im Untergrund.[44] Auf der bisher einzigen zu Feltrinelli aufgefundenen Akte des MfS, einer undatierten Kerblochkarte, sind hierzu auf der Rückseite Meldungen aus der *Welt* wiedergegeben. Demnach ermittelte die italienische Justiz gegen Feltrinelli wegen eines Bombenattentats, das bereits im Frühjahr 1968 auf der Mailänder Messe verübt worden war und führte bei ihm nach seinem

Untertauchen eine Hausdurchsuchung durch. Außerdem wurde Feltrinelli vom Mailänder Staatsanwalt wegen »Anstiftung zum Verbrechen« angeklagt, weil er in einer Ausgabe der *Tricontinentale* den Bau von Molotowcocktails erklärt hatte. [45]

Bereits seit Mitte 1968 befanden sich Andreas Baader und Gudrun Ensslin in Paris. Sie waren wegen des Brandanschlags auf zwei Kaufhäuser in Frankfurt am 2. April 1968 zu drei Jahren Haft verurteilt worden und, nachdem der Bundesgerichtshof die Revision gegen das Urteil verworfen hatte, untergetaucht und über die grüne Grenze nach Frankreich gegangen. [46]

In Paris lebten sie zeitweise in der Wohnung von Regis Debray, der in Bolivien im Gefängnis saß und für dessen Freilassung sich Feltrinelli auf Veranlassung des kubanischen Geheimdienstes eingesetzt hatte. Woher kannten sich Baader, Ensslin und Feltrinelli? Wann hatten sie sich wo kennengelernt? Wie kam es dazu, dass sie ausgerechnet in der Wohnung Debrays, einem der bekanntesten Propagandisten des bewaffneten Kampfes wohnen konnten? Offenbar gab es ein geheimes Netzwerk, eine konspirative Organisation.

In der zweiten Dezemberwoche 1969 trafen Baader und Ensslin in Mailand ein, die Grenze zwischen Frankreich und Italien war für sie kein Hindernis, und besuchten den bereits untergetauchten Feltrinelli, der sie »im Kampfanzug« empfing. »Im Schreibtisch hatte er Handfeuerwaffen und Handgranaten.« [47] Anfang 1970 kam es in Paris zu einem dreitägigen Treffen von Feltrinelli, Baader, Curcio und Führern der französischen »Gauche Prolétarienne« in der Wohnung von Jean-Edern Hallier, Millionär und französischer Linker. Seit der Tricontinental-Konferenz von Havanna war es, so Hallier, das hartnäckige Ziel Feltrinellis, ein »ganz Europa umfassendes Netz« aufzubauen und den europäischen Terror zu organisieren. [48]

Baader und Ensslin kehrten danach, offenbar mit falschen Papieren ausgestattet, nach West-Berlin zurück, um dort mit Horst Mahler und Ulrike Meinhof eine bewaffnete Gruppe zu bilden. Anfang April wurde Baader verhaftet, am 14.5.1970 gelang ihm die Flucht aus dem

Gefängnis. Anschließend flogen Baader, Ensslin, Meinhof und Mahler unbehelligt von den Grenzorganen der DDR über den Ost-Berliner Flughafen Schönefeld nach Jordanien, um sich in einem palästinensischen Ausbildungslager für den bewaffneten Kampf trainieren zu lassen. Im August 1970 kehrten sie zurück und es begann der Terror der RAF, der im Mai 1972 einen vorläufigen Höhepunkt fand. Diese Phase endete mit der Verhaftung der Gründer der Gruppe im Juni 1972.

Einige Monate zuvor, am 15.3.1972, war Feltrinelli im Norden von Mailand, nicht weit von einem der Lagerhäuser des Feltrinelli-Verlages ums Leben gekommen. Er hatte versucht, einen Strommast in die Luft zu jagen. Zunächst behaupteten seine Genossen, Feltrinelli sei ermordet worden und nannten alle möglichen Verdächtigen von verschiedenen westlichen Geheimdiensten, über die Mafia bis hin zu den Neofaschisten. Als dann aber eine erdrückende Beweislast keinen anderen Schluss mehr zuließ als den, dass Feltrinelli beim Versuch, einen Bombenanschlag auf einen Strommast zu verüben, durch ein Versehen ums Leben gekommen war, erklärte man, dass Feltrinelli »ein in der Schlacht gefallener Revolutionär« sei.[49]

Nach seinem Tod fand man in konspirativen Wohnungen Feltrinellis Waffen, Munition, Dynamit, gefälschte Pässe und Hunderte von gestohlenen Personalausweisen. Man entdeckte in einer der Wohnungen auch einen Aktenordner mit Informationen über potentielle Entführungsopfer. Eine der geheimen Wohnungen barg unter einer Falltür eine zwei mal drei Meter große Zelle.[50] Und in einem weiteren Versteck fand man Feltrinellis echten Pass, außerdem noch fünf gefälschte. In einem seiner gefälschten Ausweise fanden sich 22 Einreisestempel in die ČSSR.[51] Wohin war Feltrinelli in der ČSSR so oft gefahren?

Der KGB unterhielt damals in der ČSSR ein Ausbildungslager ins Karlsbad (Karlovy Vary) und es gab 50 Kilometer südlich davon in Doupov eine Spezialschule des sowjetischen Militärgeheimdienstes GRU (Glawnoje Raswedywatelnoje Uprawlenie, auf Deutsch:

Hauptverwaltung für Aufklärung) inmitten eines riesigen Waldgebietes, die der paramilitärischen Ausbildung diente. Das Lager in Doupov wurde formal von einem tschechoslowakischen Offizier des Sicherheitsdienstes geleitet und war offiziell ein Ausbildungslager für Fallschirmjäger.

Nach Informationen von General Sejna, der 1968 in den Westen übergelaufen war, hatte Feltrinelli in der Zeit von 1964 bis 1968 mindestens an einem Kurs in Karlsbad und zweien in dem GRU-Lager in Doupov teilgenommen und »war in Sabotage, Waffenkunde, elektronischer Telekommunikation und Stadtguerillataktik ausgebildet worden«[52]. Mindestens zwölf weitere Italiener waren in dem genannten Zeitraum in einem der beiden Trainingszentren geschult worden, darunter waren vier, die zu den Gründern der Roten Brigaden gehörten, sowie eine Reihe von Führern der autonomen Linken und Führer des landesweiten Studentenaufstandes von 1968.[53] Auch der Gründer der Roten Brigaden, Renato Curcio, soll in Karlsbad ausgebildet worden sein, so berichtete es der amerikanische Journalist Richard Burt 1978 in der *New York Times* unter Verweis auf entsprechende Geheimdienstquellen.[54]

Die amerikanische Journalistin Claire Sterling, die in Italien gelebt und sich intensiv mit Feltrinelli und dem Terrorismus in Italien beschäftigt hat, kam Anfang der 1980er-Jahre zu dem Schluss, dass Feltrinelli der erste war, der ein voll funktionsfähiges Terroristennetz in Europa aufbaute, das international operierte. Feltrinelli, so Sterling, war »der erste, der die Kulissen aufstellte und die Requisiten beschaffte für ein Ensemble von internationalen Killern, die bald auf die Weltbühne stürmten«[55].

Trotz zahlreicher Informationen gibt Feltrinelli immer noch viele Rätsel auf: Er hatte seit den 1950er-Jahren gute Kontakte zu Pietro Secchia, der Nummer zwei der Kommunistischen Partei Italiens (PCI), der auch der Leiter des geheimen Militärapparates war. Er verfügte über sehr gute Kontakte nach Moskau und Prag.[56] 1950/51 unternahm Feltrinelli verschiedene Reisen in die DDR, nach Ungarn und in die Tschechoslowakei. In der ČSSR führte ihn Secchia als einen Genossen ein, »der unser vollstes Vertrauen genießt«[57]. Zu Secchia hatte Feltrinelli auch nach seinem Austritt aus der PCI weiterhin gute Kontakte; Ende der 1960er-Jahre war auch Secchia bei den Treffen mit den ehemaligen Partisanen in Novi Ligure dabei: Man diskutierte darüber, den Partisanenkampf wieder aufzunehmen.[58]

Selbst nach seinem Austritt aus der PCI unterhielt Feltrinelli weiterhin gute Kontakte nach Moskau und die anderen sozialistischen Länder über das Institut Feltrinelli. Zudem hatte er sehr gute Verbindungen nach Kuba und arbeitete mit dem kubanischen Geheimdienst zusammen, der 1968 weitgehend vom KGB kontrolliert wurde. Im Mai 68 wurde Feltrinelli zusammen mit drei kubanischen Diplomaten aus Frankreich ausgewiesen. Die Französische Regierung hatte Hinweise, dass er zu den Hintermännern der Pariser Mai-Unruhen gehörte.[59]

Es ist deshalb nicht verwunderlich, dass es das Gerücht gibt, dass Feltrinelli ein KGB-Mann gewesen sein soll. Der Politologe Gerd Langguth schreibt in seinem Buch *Mythos '68* über Feltrinelli: »Es gibt sogar die Vermutung, daß er ein Agent des sowjetischen Geheimdienstes gewesen war, um mit seiner Hilfe westeuropäische Linksradikale zu Aktionen gegen den ›US-Imperialismus‹ zu bewegen.«[60] Eine solche Verbindung würde auch erklären, warum Feltrinelli im Februar 1968 mit einer Wagenladung Dynamit nach West-Berlin kommen konnte. Vermutlich hatte er den Sprengstoff nicht aus Italien mitgebracht, eine solch lange Fahrt wäre auch viel zu riskant gewesen, sondern hat ihn erst in der DDR erhalten. Es stellt sich schließlich die Frage, ob der Bruch mit der PCI und mit Moskau echt oder auch nur ein Teil der Inszenierung gewesen war.

Die Schnittstelle

Die linksrevolutionäre Doppelstrategie, die auch von Dutschke propagiert wurde, bestand im Zusammenwirken von illegalen militärischen Aktionen und legaler politischer Arbeit, in der Zusammenarbeit zwischen legalem Arm und irregulären bewaffneten Gruppen. Um aber die legale Arbeit nicht zu gefährden, durfte zwischen beiden kein Zusammenhang herstellbar sein. Auch eine Verbindung bewaffneter Gruppen mit dem sozialistischen Lager, das sich gerne als das Friedenslager in Szene setzte, durfte nach außen hin auf keinen Fall sichtbar werden. Das erforderte ein hohes Maß an Konspiration.

1968/69 gab es in Deutschland mit der DKP, der SDAJ und anderer linker Gruppen einen legalen Arm der kommunistischen Bewegung. Wenige Monate nachdem die DKP neu gegründet worden war, beauftragte die SED-Parteiführung Harry Schmidt (Deckname: Ralf Forster) mit dem Aufbau einer geheimen Militärorganisation, die als Bezeichnung seinen Tarnnamen erhielt.[61] Ganz im Sinne der Doppelstrategie sollte diese Gruppe als Schnittstelle zu den bewaffneten Gruppen fungieren. Im Falle einer revolutionären Situation in der Bundesrepublik sollte die geheime Militärorganisation »mit gewaltsamen Mitteln die Interessen der Arbeiterklasse vertreten«. Gemäß den Grundsätzen kommunistischer Konspiration hatten nur wenige Mitglieder des SED-Politbüros und des DKP-Präsidiums Kenntnis von der Existenz dieser Gruppe.[62] Informiert waren außerdem der Minister für Staatssicherheit, Erich Mielke, sowie der Verteidigungsminister. Die konspirative Absicherung der Gruppe erfolgte über das MfS durch das Büro der Leitung II, die dem Minister Mielke direkt unterstellt war. Diese Dienststelle sorgte für die Überprüfung der Kader und die materiell-technische sowie politisch-operative Absicherung der Gruppe Ralf Forster. Hierzu gehörte auch die Organisation der Reisen unter konspirativen Bedingungen. Die Ausbildung der Gruppe erfolgte durch die NVA, und zwar zunächst in Ungarn und der ČSSR, ab 1972 dann vor allem in der DDR. Die NVA stellte Uniformen, Waffen und Munition zur Verfügung und sorgte für die Unterbringung. Die Ausbildung im Guerillakampf erfolgte auf einem Gelände in Brandenburg und wurde als Reserveübungen der NVA getarnt. 1976 hatten nach Unterlagen des MfS 28 Teilnehmer eine solche Ausbildung durchlaufen.

In der Mitte der 1970er-Jahre formulierten »Konzeption der Grundausbildung für Führungskader« ging es darum, die Kämpfer der
Gruppe Forster für besondere Überfall- und Hinhaltemethoden
auszubilden. Lernziele waren, dem Feind Überraschungsschläge zu
versetzen, die Taktik von Klein-Kampfgruppen zu erlernen, die Ausbildung zum Einzelkämpfer. Inhalte der Ausbildung waren: der Einsatz von Spreng- und Brandmitteln; die Herstellung von Sprengstoff; die Regeln der Konspiration; Sprengung von Strommasten und
Eisenbahnlinien; Erstürmung von Gebäuden; das Legen von Hinter-
halten; der Umgang mit verschiedenen Waffen; das Handgranaten-
werfen; der Nahkampf; die Befreiung von Gefangenen. »Die Konzeption des MfS für die Grundlagenausbildung der Führungskader
sah sogar vor, den Gegner auch lautlos zu ›beseitigen‹, d. h. ihn
gezielt zu töten.« Angeleitet wurde die Gruppe Forster durch einen
von der DKP in Ost-Berlin gebildeten Militär-Rat. Unter der Tarn-
bezeichnung »Projektnormierung« erhielt die Gruppe Forster zunächst ein Gebäude in Berlin-Lichtenberg, später dann ein Objekt in
Berlin-Grünau.

Als mit der Gruppe Ralf Forster der geheime Militärapparat der
DKP aufgebaut worden war und daneben paramilitärische Gruppen
wie die RAF, die Bewegung 2. Juni und andere Organisationen entstanden waren, die mit militärischen Mitteln gegen die Bundesrepublik, ihre Institutionen, ihre Repräsentanten und ihre Verbündeten
kämpften und dabei weder vor Bombenanschlägen noch vor Mord
zurückschreckten, passte das MfS seine Strategie für das Vorgehen
im Operationsgebiet Bundesrepublik entsprechend an.

In einer Richtlinie des MfS vom 9. Januar 1974 wurde die Arbeit in
der Bundesrepublik und West-Berlin um die Zusammenarbeit mit
»patriotischen Kräften« erweitert. »Unter den patriotischen Kräften«, so hieß es in dem Papier, »sind diejenigen gesellschaftlichen
Kräfte und Einzelpersonen zu erfassen, die im wahren Interesse ihres
Volkes konsequent und revolutionär für eine Veränderung der bestehenden Machtverhältnisse eintreten und bereit sind, dafür etwas zu
tun, ihr Leben einzusetzen.«[63]

War man bis dahin beim MfS bei der Planung sogenannter »tsche-kistischer« Einsätze[64] davon ausgegangen, dass man vom Osten aus in der Bundesrepublik agierte, so änderte sich jetzt die Strategie. Man sah nun ein »Zusammenwirken tschekistischer Einsatzkader mit patriotischen Kräften« in der Bundesrepublik vor, mit dem Ziel, alle Möglichkeiten zu nutzen, um die Herbeiführung einer revolu-tionären Situation zu beschleunigen.[65] Im Falle einer revolutionären Situation bestünden die Aufgaben der tschekistischen Einsatzkräfte darin, sich in die revolutionäre Bewegung einzuordnen und die Füh-rung des Kampfes zu übernehmen.[66]

Durch die Existenz der Gruppe Forster als Teil der DKP, die als die führende Kraft der patriotischen Kräfte betrachtet wurde, hatte man damit einen Apparat installiert, der mehrere Funktionen überneh-men konnte. Es konnte mit Gruppen wie RAF und Bewegung 2. Juni kooperiert werden, es konnten aber auch Aktionen durchgeführt und dann diesen Gruppen angelastet werden.[67] Der Militärapparat ermöglichte es der SED, krisenhafte Situationen mithilfe ihrer Agen-ten dadurch zu eskalieren, dass sich die eigenen Leute in die Reihen der revolutionären Bewegung einordneten und entsprechend agier-ten. Die SED-Führung hatte dadurch auch die Möglichkeit geschaf-fen, im geeigneten Augenblick die Führung der revolutionären Bewegung zu übernehmen, um sie in ihrem Sinne und Interesse zu lenken. Man kann sich leicht ausmalen, wie eine solche revolutionäre Bewegung, getragen von den »patriotischen Kräften« der Bundesre-publik und unter der Führung von Agenten der SED bzw. des MfS in Zusammenarbeit mit den militärischen Verbänden der DDR bzw. des Warschauer Paktes die Machtverhältnisse in der Bundesrepublik nachhaltig verändert hätte.

So weit sollte es nicht kommen, jedoch war es durch eine deutliche Verschiebung des politischen Koordinatensystems der Bundesrepu-blik nach dem 2. Juni 1967 und dem April 1968 gelungen, die Kom-munistische Partei zu legalisieren und das KPD-Verbot faktisch auf-zuheben. Parallel dazu wurde seit dem 2. Juni 1967 offen über ein militärisches Konzept für die Revolution diskutiert. Dutschke war einer der maßgeblichen Wortführer und der Vietnam-Kongress bildete einen der Höhepunkte. Auf dem Kongress wurde auch über die Doppelstrategie, die Zusammenarbeit zwischen legal agierenden kommunistischen Parteien und irregulären Verbänden diskutiert. Der Brandanschlag Anfang April 1968 auf zwei Kaufhäuser in Frankfurt am Main, an denen maßgeblich Andreas Baader und Gudrun Ensslin beteiligt waren, war eine erste Aktion. Aber erst nach dem Attentat auf Dutschke war die Situation so weit eskaliert und das Klima so aufgeladen, dass der bewaffnete Kampf tatsächlich auf die Tagesordnung gesetzt wurde. 1969 implementierte die DKP einen geheimen Militärapparat und es bildeten sich erste Gruppen, die mit der systematischen Ausbildung begannen. Es folgten dann erste Anschläge.

Die »Klammheimliche Komplizenschaft«[68] zwischen DKP und den Terroristen der RAF hat das frühere Mitglied des DKP-Parteivorstands, Peter Schütt, 1997 enthüllt. Er berichtete davon, dass auf einer DKP-Konferenz zum 60. Jahrestag der Oktoberrevolution am 29.10.1977 Professor Jeschow, Leiter der Westeuropa-Sektion bei der internationalen Abteilung des ZK der KPdSU (Kommunistische Partei der Sowjetunion), in einer Grußadresse an die Genossen der DKP »sein Beileid zum Opfertod der tapferen Revolutionärin Ulrike Meinhof und ihrer Mitstreiter« ausgesprochen hatte. Rasch versuchte man vonseiten der DKP, die Äußerungen des sowjetischen Genossen zu relativieren, indem man sich vom Terrorismus distanzierte. Doch die DKP, so Schütt, »sprach in dieser Frage mit zwei Zungen, mit einer öffentlichen und einer heimlichen«. Schütt berichtete auch von Gesprächen der Parteivorstandsmitglieder im »abhörsicheren Keller« der Düsseldorfer Parteizentrale, in denen der Parteivorsitzende Mies den »Aktivisten der RAF seinen Respekt« bezeugte. »Zumindest einige von ihnen«, so gab Schütt die Äußerung Mies' wieder, »hätten heroisch gehandelt und das ›staatsmonopolistische System der BRD‹ in die tiefste Krise seit seiner Gründung gestürzt.« Mies kam in seiner Rede zu dem Schluss, dass sich »die Illusion von einem friedlichen und gewaltlosen Übergang zum

Sozialismus« erledigt habe. Das Konzept hinter der Doppelstrategie sah demnach so aus: »Wenn andere (...) die Festung sturmreif schössen und das Land ins Chaos stürzten, dann würden die Kommunisten in diesem Chaos nicht untergehen, sondern im Gegenteil die Gunst der Stunde nutzen, um sich als richtungsweisende Gegenmacht zu präsentieren und die Ordnung im Lande auf revolutionäre Weise, notfalls mit Hilfe der Waffenbrüder jenseits der Grenze, wiederherzustellen.«

VI. Das Drehbuch

Der Strategische Plan

Als General Jan Sejna im Februar 1968 die ČSSR verließ und über Ungarn, Jugoslawien und Triest in den Westen floh, da war er der ranghöchste kommunistische Funktionär, der jemals die Seiten gewechselt hatte. Und das, was er in Washington dem US-Geheimdienst mitteilte, passte überhaupt nicht in das Bild von der Sowjetunion bzw. dem sowjetischen Block, das viele Menschen sich im Zuge der beginnenden Entspannungspolitik gemacht hatten. Die Botschaft Sejnas war, dass es nach wie vor das Ziel der Sowjetunion und ihrer Satelliten war, überall auf der Welt die Macht zu erobern und sozialistische Systeme zu errichten. Dass die Politik der friedlichen Koexistenz nur eine taktische Variante auf diesem Weg wäre. Sejna teilte neben vielen Details aus dem Inneren des sozialistischen Machtapparates auch mit, dass hinter der zur Schau gestellten Fassade von Frieden und freundlichen Gesten ein »Strategischer Plan« existierte, der darauf abzielte, systematisch und planmäßig die Macht in den Ländern des Westens zu erobern.[1]

Sejna, geboren 1927, war 1946 mit 19 Jahren in die Kommunistische Partei der ČSSR eingetreten. 1950 fing er in der Armee an und machte schnell Karriere. Im Jahre 1954, er war erst 27 Jahre alt, wurde er Mitglied des Parlaments und des Zentralkomitees der Kommunistischen Partei. Ab 1956 war er Sekretär des Militärkomitees des Zentralkomitees, später umbenannt in Verteidigungsrat. Ab 1964 war er Erster Sekretär des Parteikomitees im Verteidigungsministerium und im Kollegium im Verteidigungsministerium.[2] In diesen hohen Positionen bekam er einen genauen Einblick darin, wie sehr die ČSSR durch die Sowjetunion kontrolliert wurde. Obwohl die sowjetische Armee die Tschechoslowakei 1945 verlassen hatte, zogen die Sowjets die Fäden; doch für die Mehrheit der Tschechen, so Sejna, war der sowjetische Imperialismus unsichtbar. Die Sowjets kontrollierten die ČSSR auf der höchsten Ebene von Partei und Staat. Die wichtigsten Rollen spielten dabei das Politbüro und der Parteiapparat der KPdSU, die fortlaufend die Politik der Satelliten bestimmte und kontrollierte. Der sowjetische Botschafter in Prag, so Sejna, sei nicht nur der Vertreter der sowjetischen Regierung, sondern auch der des Zentralkomitees der KPdSU gewesen und er hätte die Macht gehabt, sich in alle Entscheidungen von Staat und Partei direkt einzumischen. Alle wichtigen Dokumente des Politbüros hätte er im Voraus und in russischer Übersetzung erhalten.[3]

Nach dem Sieg der kubanischen Revolution 1959 besuchte im Sommer 1960 eine kubanische Delegation unter der Leitung von Raul Castro, dem Bruder Fidel Castros, für sechs Wochen die ČSSR, um vor allem über militärische Unterstützung durch das sozialistische Lager zu verhandeln.[4] Nachdem Castro bereits einige Zeit in Prag war, kam es auch zu einem einwöchigen Besuch in Moskau, wo er sich mit Chruschtschow traf. Kurze Zeit nach dem Besuch Castros erhielt die tschechoslowakische Partei von Chruschtschow die Aufforderung, die militärischen Wünsche Kubas zu erfüllen und ihnen Waffen zu liefern. Außerdem vereinbarte das Innenministerium die Zusammenarbeit zwischen dem Geheimdienst der ČSSR und dem Kubas.[5] Es wurden Militärberater nach Kuba gesandt und kubanische Offiziere kamen zur Ausbildung in die ČSSR. Die Sowjetunion schickte damals zunächst die ČSSR vor, um nicht mit den USA in direkten Konflikt zu geraten. Das änderte sich erst nach der gescheiterten Invasion in der Schweinebucht im April 1961 und der Raketenkrise im Oktober 1962. Danach übernahm die Sowjetunion immer stärker die Kontrolle über Kuba. Bereits im Dezember 1961 bekannte Fidel Castro sich erstmals öffentlich zum Marxismus-Leninismus. Anfang 1962 besuchten sowjetische Instrukteure den tschechoslowakischen Verteidigungsrat, um darüber zu diskutieren, den tschechoslowakischen Einfluss durch den der Sowjets zu ersetzen. Schließlich wurde in Kuba ein vollkommen neuer Parteiapparat installiert, der dem sowjetischen System entsprach und in dem es ein Zentralkomitee und einen Verteidigungsrat gab. 1966 war der Prozess der Implementierung des neuen Parteiapparats vollständig abgeschlossen. Dieser Apparat wurde ähnlich wie in der ČSSR und anderen Satellitenstaaten durch die Sowjetunion kontrolliert; in der Armee waren rund 90 Prozent der Offiziere Mitglieder der neuen Parteiorganisation.[6] Auch der neu installierte kubanische Geheimdienst arbeitete eng mit dem sowjetischen Geheimdienst KGB zusammen, der bereits seit Oktober 1959 über eine »Residentur« in Havanna verfügte.[7] Seit Anfang der 1960er-Jahre war der kubanische Geheimdienst DGI (Dirección General Inteligencia) in das Geheimdienstnetzwerk des Ostblocks eingebunden.[8] Durch ein Geheimabkommen vom Sommer 1968 erhielt die Sowjetunion eine noch größere Kontrolle über die kubanische Außenpolitik und den kubanischen Geheimdienst.[9]

Neben den Informationen über den Beginn der sowjetisch-kubanischen Zusammenarbeit seit dem Sommer 1960 und über die Rolle, die die ČSSR dabei zunächst gespielt hatte, berichtete Sejna vom langfristigen strategischen Plan der Sowjetunion, die kapitalistischen Staaten zu zerstören, die Machtverhältnisse weltweit zu verändern und dem Sozialismus überall auf der Welt zum Sieg zu verhelfen. Die Warschauer-Pakt-Staaten erfuhren von diesem Plan zum ersten Mal Mitte der 1960er-Jahre.[10] Innerhalb des Warschauer Pakts wurde während einer politischen Beratung im Januar 1965, an der hochrangige Parteifunktionäre teilnahmen, über die detaillierte Ausarbeitung eines solchen Plans gesprochen. Auf einem Treffen in Moskau im Oktober 1966 schlug die sowjetische Delegation unter Führung von Leonid Breshnew vor, dass die Länder des Warschauer Pakts den »Strategischen Plan« fortschreiben und ihre langfristigen innen- und außenpolitischen Ziele darin niederlegen sollten. Der vollständige Name des Plans lautete: »Langfristiger Strategischer Plan für die nächsten 10 bis 15 Jahre und die Jahre danach«.

Der Plan sah laut Sejna vor, in der ersten Phase eine Periode der friedlichen Koexistenz vorzubereiten. Diese Phase hatte bereits mit dem 20. Parteitag der KPdSU 1956 begonnen. Die zweite Phase bezeichneten die Sowjets als Phase des Kampfes der »Friedlichen Koexistenz«, sie sollte von 1960 bis 1972 dauern und vor allem die Einheit innerhalb des westlichen Lagers untergraben. In dieser Phase wollten die Sowjets die Furcht vor der Wiedergeburt eines nationalistischen Großdeutschlands schüren und den Französischen Nationalismus anstacheln, um Frankreich aus der NATO herauszulösen. In der Bundesrepublik sollten vor allem die Bindungen an die USA gelockert werden, um zu erreichen, dass der Staat sich an den Warschauer Pakt annäherte. Es war beabsichtigt, den Anti-Amerikanismus in Europa zu nutzen, um die amerikanische Bereitschaft zu schwächen, Europa zu verteidigen. Innerhalb der USA wiederum sollte der Isolationismus unterstützt werden. Vor allem die Angriffe der radikalen Bewegung von Studenten und Bürgerrechtlern sollten gegen das militärische und wirtschaftliche Establishment fokussiert werden. Das Establishment sollte als das wesentliche Hindernis auf dem Weg zum Frieden dargestellt werden. »Hier«, so Sejna, »erhielten wir eine unerwartete Unterstützung durch den Vietnam-Krieg.«

Phase drei, von 1972 bis 1994, sollte dann die völlige Demoralisierung des Westens mit sich bringen, in der die Auflösung der NATO erfolgen und in der die USA ihre Unterstützung für ihre früheren Verbündeten zurückziehen sollte. Die Phase vier, ab 1995, sollte schließlich zu einem weltweiten »Demokratischen Frieden« führen, der die militärische Überlegenheit des Warschauer Paktes bringen würde, die die USA dann akzeptieren müssten.

Der Strategische Plan sah für die wichtigsten Länder und Regionen des Westens Maßnahmen vor, um ihre Politik im Sinne der Sowjetunion zu ändern, darunter waren die Bundesrepublik, Österreich, die Schweiz, Skandinavien, Belgien, die Niederlande, Frankreich, Italien, Spanien, Portugal, die Türkei, Griechenland, Großbritannien, Australien, Amerika und Kanada.[11] Westdeutschland spielte in diesem Szenario eine zentrale Rolle. Die Detailplanung für Deutschland sah wiederum drei Phasen vor. In der ersten, von 1968 bis 1973, sollte das sozialistische Lager gute Beziehungen zur SPD herstellen und eine Umkehrung von Adenauers Politik des Kalten Krieges erreicht werden. Durch die Beeinflussung der Gewerkschaften und der Studentenorganisationen sollten die bestehenden Probleme in der Bundesrepublik verschärft werden und neue Konfliktbereiche entstehen. In der zweiten Phase von 1974 bis 1980 sollte es einen Aufschwung der sozialistischen Bewegung in der Bundesrepublik geben, der durch den Druck der fortschrittlichen Bewegungen in Europa herbeigeführt werden sollte. Schließlich sollte die NATO aufgelöst werden und die Rechten sollten nicht länger in der Lage sein, sich in Westdeutschland der fortschrittlichen linken Bewegung zu widersetzen.

Die sowjetische Politik zielte darauf ab, dass die SPD an die Macht käme und sie behielte. Auf der anderen Seite sollte alles getan werden, um die Führer der CDU/CSU, vor allem Franz Josef Strauß, zu diskreditieren. Da man im Osten, so Sejna, über ausgezeichnete Verbindungen zu einigen wichtigen west-deutschen Zeitschriften verfügte, sollten sie für entsprechende Operationen genutzt werden. Die SPD sollte dann so weit bearbeitet werden, dass sie die Oder-Neiße-Grenze und die DDR anerkannte und sich für die Aufhebung des KPD-Verbots einsetzte.[12]

Die Ausarbeitung der Details für Deutschland erfolgte vor allem durch die SED. Diese setzte Ende 1966 eine »Gesamtkommission ›Strategie und Taktik der Partei‹« ein. Aufgabe des Gremiums war es, strategische Leitlinien bis 1980 zu erarbeiten. Der am 7. Dezember 1966 vorgelegte Arbeitsplan formulierte die Aufgabenstellung: Durch die »Auflockerung und Aufspaltung des früher mit starren Fronten geführten kalten Krieges« sei ein neues Konzept für den neuen Bewegungskrieg »in der Auseinandersetzung zwischen Sozialismus und Kapitalismus bezogen auf die Situation der DDR« erforderlich.[13]

Im Plan waren für die Phasen bis 1975 bzw. 1980 folgende Schritte vorgesehen: Die »revolutionäre Entwicklung in Westdeutschland«

sollte dadurch beschleunigt werden, dass die Macht der Monopole eingeschränkt würde. Insbesondere der Zurückdrängung der Macht der »großkapitalistischen Meinungsfabriken« wurde ein besonderer Stellenwert eingeräumt. Geschehen sollte dies, so der Plan, mithilfe der Enteignungsmöglichkeiten, die das Grundgesetz und die Länderverfassungen boten. Des Weiteren sollte die Politik der friedlichen Koexistenz die Möglichkeit für eine politische Offensive bieten. Ziel war es, »eine[r] grundlegende[n] antifaschistisch-demokratische[n] Umgestaltung« der Bundesrepublik herbeizuführen, um schließlich zu einer Vereinigung der beiden deutschen Staaten zu gelangen.

Umgesetzt werden sollte diese Annäherung über eine von der SED gesteuerte, enger werdende Zusammenarbeit in den Bereichen Wirtschaft und Politik, begleitet von einer »nachhaltigen allseitigen Unterstützung der demokratischen Kräfte Westdeutschlands, damit sie die Staatsmacht fest in die Hand bekommen und sich die Basis für die notwendigen Veränderungen in der gesellschaftlichen Struktur schaffen können«.

Die SED plante, ihren Hauptstoß gegen die CDU/CSU zu richten und Einfluss auf die SPD zu nehmen, damit diese zu Instrumenten der Systemveränderung würden. SPD-Mitglieder und Funktionäre seien die Hauptkraft, die eine Änderung in der Bundesrepublik bewirken könnten, heißt es in dem Papier vom 7. Dezember 1966. Sie seien die potentiellen Bundesgenossen. Dazu sei es erforderlich, die SPD von ihrem Nationalismus zu kurieren, die Anerkennung der DDR und der bestehenden Grenzen zu erreichen.

Für die in der Etappe bis 1980 zu leistende Westarbeit wurde das Ziel formuliert, die Bundesrepublik in eine antimilitaristische und antifaschistische Demokratie zu »entwickeln« und die SPD-Losungen vom demokratischen Sozialismus, sozialer Demokratie etc. weiter in Richtung Sozialismus zu radikalisieren. Der Kampf um den Frieden sollte das entscheidende organisatorische und kommunikative Vehikel sein.

Terrorismus als Teil des Strategischen Plans

Der Strategische Plan hatte aber auch eine Komponente, die vor allem im Aufbau und in der Unterstützung paramilitärischer Organisationen, sogenannten Partisanen- und Guerillaeinheiten, bestand. General Sejna gab eine Reihe von Hinweisen darauf. In einem Interview mit der Zeitschrift *Washington Quarterly Review* teilte Sejna mit, dass das Politbüro der KPdSU 1964 beschlossen hatte, die Ausgaben für terroristische Aktivitäten im Ausland signifikant zu erhöhen.[14]

Einen weiteren Hinweis auf die Zusammenarbeit mit paramilitärischen Gruppen gibt ein Abschnitt im »Strategischen Plan«, der sich mit den Planungen zu Großbritannien beschäftigte. Um Großbritannien als einen der wichtigsten NATO-Partner zu destabilisieren, sah der Plan vor allem vor, die IRA zu unterstützen. Sejna berichtete davon, dass Vertreter der IRA bereits 1963 die Tschechoslowakei besucht hatten, um Waffen, Ausbildung und finanzielle Unterstützung zu erhalten. Der Besuch war damals vom militärischen Geheimdienst organisiert worden. Es war entschieden worden, die IRA zu unterstützen und ihr zunächst einmal rund 60 000 US-Dollar zur Verfügung zu stellen.[15] Später nahm diese Unterstützung signifikant zu und es wurden Waffen, Material und Know-How über die verschiedenen von der Sowjetunion kontrollierten Kanäle zur Verfügung gestellt.[16]

Auch die bisher bekannt gewordenen Planungen des Ministeriums für Staatssicherheit, Einzelkämpfer und Führungskader für Sondereinsätze in der Bundesrepublik auszubilden, deuten darauf hin, dass es eine Seite des Strategischen Plans gab, bei dem es um den Einsatz militärischer Mittel ging. Der KGB hatte Anfang der 1960er-Jahre einen sogenannten »spezifischen Dienst« aufgestellt, der auch in Friedenszeiten gegen Zielobjekte und -personen westlicher Länder mit Terrormethoden unterschiedlicher Art vorgehen sollte.[17] Eine dem »spezifischen Dienst« des KGB vergleichbare Aufgabe nahm seit 1962 eine neu geschaffene Abteilung des MfS, die Abteilung IV, wahr. In ihr wurde ebenfalls 1962 auch eine spezielle Abteilung der NVA, die 15. Verwaltung des Ministeriums für Nationale Verteidigung der NVA integriert, die wie der »Spezifische Dienst« für die Durchführung von Spezialaufträgen zuständig war.[18] Ab 1963/64 trainierte das MfS systematisch spezielle Mitarbeiter in geheimen Ausbildungsbasen für Terroreinsätze in der Bundesrepublik.

Neben der Schaffung einer konspirativen Struktur innerhalb der eigenen Geheimdienste ging es auch darum, im Westen Organisationsformen für die Doppelstrategie zu etablieren. Jedoch durften die Sowjetunion und die DDR keinesfalls mit dem Aufbau von geheimen, konspirativen Strukturen mit paramilitärischen Gruppen in der Bundesrepublik in Verbindung gebracht werden. Das hätte das Konzept der friedlichen Koexistenz massiv gefährdet. Wäre 1970 in der Öffentlichkeit bekannt geworden, dass die RAF und andere Terrorgruppen von der DDR bzw. der Sowjetunion unterstützt wurden, dann wären die Ostverträge und die Anerkennung der DDR nicht zustande gekommen. Also konnte diese Aufgabe nur durch andere, von der Sowjetunion und ihrem Geheimdienst zwar kontrollierte, aber ihnen nicht zuzuordnende Kanäle erfolgen.

Der Plan bestand zunächst darin, diese Aufgabe durch die Kubaner erledigen zu lassen. Und so fuhren auch aus der Bundesrepublik die ersten Studenten im Sommer 1968 nach Kuba, es waren 44 Mitglieder des SDS. Der Deutsche Bundestag beschäftigte sich im Oktober 1968 mit dem Kuba-Besuch der Studenten. In einer Kleinen Anfrage wollte eine Gruppe von Abgeordneten wissen, wie die Bundesregierung »die Teilnahme von SDS-Mitgliedern an revolutionären Schulungskursen in Kuba« beurteilte.[19] Mit Schreiben vom 26.11.68 nahm Innenminister Benda dazu Stellung und teilte mit, dass Mitglieder des SDS an einem »internationalen Arbeitslager mit politischen Seminaren« auf Kuba und an den Feierlichkeiten anlässlich des kubanischen Nationalfeiertages am 27. Juli teilgenommen hatten. »Eine Ausbildung in revolutionären Kampfmethoden und in Guerillataktik hat«, so der Innenminister, »entgegen den vorher geäußerten Erwartungen mancher Teilnehmer – nicht stattgefunden.«[20]

Die Abgeordneten lagen mit ihrer Anfrage jedoch gar nicht so falsch. Es gab auf der Insel Kuba tatsächlich militärische Ausbildungslager, eines davon war »im Zuge der Tricontinentale auf Betreiben des KGB-Oberst Wadim Kotscherin (oder: Kotschergine), er war Chef der sowjetischen Botschaft, in den südlich von Havanna gelegenen Bergen eingerichtet« worden.[21] In der zweiten Hälfte der 1960er-Jahre, so Josef Horchem, langjähriger Chef des Hamburger Verfassungsschutzes, waren dort rund 5000 Guerilleros ausgebildet worden.[22] Doch obwohl es auf Kuba Ausbildungslager gab und obwohl es aufseiten der SDS-Mitglieder nicht an der Bereitschaft fehlte, sich für den militärischen Kampf trainieren zu lassen, kam die Ausbildung 1968 nicht zustande.

Vermutlich eignete Kuba sich nicht als geheimes Trainingscamp für Stadtguerilleros aus der Bundesrepublik. Kuba gehörte spätestens seit der Raketenkrise 1962 auch in der öffentlichen Wahrnehmung zum sozialistischen Lager und war eng mit der Sowjetunion verbündet, Castro bekannte sich sogar offen zum Marxismus-Leninismus. Kuba war verhältnismäßig klein und leicht zu kontrollieren. Die USA hatten mit Guantanamo sogar einen Militärstützpunkt auf der Insel und es gab eine umfassende Satelliten- und Luftüberwachung. Das war vermutlich der Grund, dass man von dem Konzept abkam, Kuba für den Aufbau konspirativer paramilitärischer Strukturen in der Bundesrepublik zu nutzen.

Stattdessen entschied man sich dafür, Verbindungen über Organisationen der PLO im Nahen Osten für diese Zwecke heranzuziehen. Im Nahen Osten war die Lage unübersichtlich und nur schwer zu kontrollieren und niemand konnte Organisationen eindeutig dem sozialistischen Lager oder der Sowjetunion zuordnen. Ab 1969 wurden die Verbindungen der Sowjetmacht in den Nahen Osten für den Aufbau der Stadtguerilla in der Bundesrepublik genutzt. Die Tupamaros Westberlin, später wurde daraus die Bewegung 2. Juni, erhielten im Herbst 1969 in Jordanien ihre Grundausbildung, und zwar in einem Lager der Fatah, einer Organisation, die zur PLO gehörte. Sie war eine 1959 von Arafat und anderen gegründete Guerillaorganisation zur Befreiung Palästinas. In einem weiteren Lager der Fatah, das sich ebenfalls in Jordanien befand, wurde die Führung der ersten RAF-Generation, Baader, Ensslin, Mahler und Meinhof von Juni bis August 1970 ausgebildet.[23]

Arafat selbst hatte spätestens seit 1968 Beziehungen zur Sowjetunion, damals war er in Begleitung des ägyptischen Präsidenten Nasser unter falschem Namen nach Moskau gereist, um über Waffenlieferungen zu verhandeln, die ihm nicht zuletzt auch aufgrund der Unterstützung Nassers zugesagt worden waren.[24]

Neben den Kontakten zu Arafat verfügte der KGB auch über Mitarbeiter innerhalb der Fatah. So platzierte der KGB ab 1968 beispielsweise einen Agenten im Büro des Geheimdienstchefs Arafats, der gleichzeitig auch dessen persönlicher Berater war. Neben der Fatah gehörte zur Dachorganisation PLO auch die PFLP, zu der der KGB gute Kontakte hatte. Verbindungen zum Führer der PFLP, Dr. Habash, hatte Feltrinelli bereits 1967 hergestellt.

Doch die Beziehungen reichten tiefer: Der Chef des KGB, Juri Andropow, teilte im April 1974 dem Generalsekretär der KPdSU, Genosse Breshnew, mit, dass der KGB »seit 1968 konspirative amtliche Kontakte zu dem Mitglied des Politbüros der Volksfront für die Befreiung Palästinas (PFLP), dem Leiter der Abteilung für Äußere Operationen der PFLP Wadia Haddad« unterhielt.[25]

»Die Kontakte mit Haddad«, so Andropow weiter, »gestatten uns, die Tätigkeit der Abteilung für Äußere Operationen der PFLP bis zu einem bestimmten Grade zu kontrollieren, sie in einem für die Sowjetunion günstigen Sinne zu beeinflussen sowie bei absoluter Geheimhaltung mit den Kräften seiner Organisation aktive Maßnahmen in unserem Interesse durchzuführen.« Ein Jahr später berichtete Andropow Breshnew, dass Haddad für seine Diversions- und Terrorhandlungen gegen Israel, die USA und den Iran am 14. Mai 1975 eine Sendung von Waffen und Munition erhalten habe. Es handelte sich um 53 Maschinenpistolen, 50 Pistolen, darunter zehn mit Schalldämpfung, und 34 000 Patronen. »Die illegale Übergabe der Waffen«, so der Bericht Andropows, »erfolgte nachts

in den neutralen Gewässern des Golfs von Aden ohne Kontaktaufnahme und unter strengster Beachtung der Konspiration mit Hilfe
eines Aufklärungsschiffes der Seekriegsflotte der UdSSR. Von den
Ausländern weiß nur Haddad, daß diese Waffen von uns übergeben
wurden.«[26]

Die PFLP, die nicht nur über gute Beziehungen zum KGB verfügte,
sondern auch Verbindungen zum MfS hatte, war es auch, die im
Herbst 1977 in Mallorca eine Flugzeugentführung organisierte und
so die Bundesrepublik tagelang in Atem hielt. Parallel zur Entführung des Arbeitgeberpräsidenten Hanns Martin Schleyer durch
Mitglieder der RAF wollte man den Druck auf die Bundesregierung
erhöhen, die gefangenen RAF-Mitglieder freizulassen.[27] Hintergrund
war, dass sich Peter-Jürgen Boock und Brigitte Mohnhaupt während der Schleyer-Entführung in Bagdad mit Haddad getroffen
hatten. Haddad war zum damaligen Zeitpunkt Chef der PFLP-SC –
das SC stand für »Special Command«. Er hatte die beiden RAF-
Mitglieder mit ausgebreiteten Armen und Bruderküssen empfangen
und bot ihnen zwei Aktionen zur Unterstützung an: entweder
eine Botschaftsbesetzung oder die Entführung einer Lufthansa-
Maschine. Man hatte sich schließlich für die Flugzeugentführung
entschieden.[28]

Deutlich wird, dass das Terrornetz, das in den 1960er-Jahren geknüpft wurde, ein Bestandteil des Strategischen Plans der KPdSU
und der mit ihr verbündeten Parteien war, die Macht in den westlichen Staaten zu erobern. Der Einsatz von Gewalt war ein Element
der Gesamtstrategie und auch ein wichtiges Thema bei einem Treffen der kommunistischen Parteien 1969 in Moskau, bei dem es zu
einer erstaunlichen Koinzidenz kam: Nicht nur in Bezug auf die Ausbildung und die weitere Unterstützung der RAF und der Tupamaros
Westberlin führten Beziehungen über Mitgliedsorganisationen der
PLO in die Sowjetunion. Bereits bei der Gründung der West-Berliner Tupamaros um Dieter Kunzelmann scheint die Sowjetunion ihre
Fäden gezogen zu haben.

Tupamaros

Die Abfolge der Redebeiträge bei dem Treffen 1969 mag tatsächlich Zufall gewesen sein. Aber wenn es Zufall war, dann war es ein ziemlich großer. Als sich vom 5. bis 17. Juni 1969 in Moskau 75 kommunistische Parteien aus der ganzen Welt trafen, um über »die Entfaltung des Kampfes gegen den Imperialismus« zu beraten, da hatte die Konferenzregie sich etwas ganz Besonderes ausgedacht: Auf die Rede des Ersten Sekretärs des Zentralkomitees der Kommunistischen Partei Uruguays, Rodney Arismedi, folgte unmittelbar der Beitrag von Gerhard Danelius, Vorsitzender der Sozialistischen Einheitspartei Westberlins.[29] West-Berlin folgte direkt auf Uruguay – das war im Juni 1969.

Mitte der 1960er-Jahre war in Uruguay die Stadtguerillaorganisation Tupamaros entstanden, deren Ziel es war, im Land eine sozialistische Revolution herbeizuführen. Innerhalb weniger Jahre stürzten sie Uruguay, das lange Zeit als Musterdemokratie, als die Schweiz Lateinamerikas, gegolten hatte, in eine tiefe Krise.[30] Auf der Moskauer Konferenz 1969 sprach der Vertreter der KP Uruguays indirekt auch über die Strategie der Tupamaros und erklärte, dass sich in den letzten Jahren in seinem Land ein »Kampf auf Leben und Tod« entfaltet habe. Wörtlich sagte er: »Dieser ausdauernde und harte Kampf der Arbeiterklasse und des Volkes ist der bezeichnendste Charakterzug der uruguayischen Realität.« In Uruguay war die Doppelstrategie, das Zusammenspiel zwischen legal agierender Kommunistischer Partei und illegal operierenden Tupamaros, erfolgreich implementiert worden, die KP konnte sogar die Zahl ihrer Mitglieder verzehnfachen, allein 1968 traten 11 000 neue Mitglieder bei.[31]

In West-Berlin formierte sich Ende Oktober 1969 eine paramilitärische Gruppe, die sich auf die Tupamaros Uruguays bezog – sie nannten sich Tupamaros Westberlin.[32] Bereits im September 1969, gerade einmal zwei Monate nach der Konferenz in Moskau, erhielt die Gruppe eine Ausbildung im bewaffneten Kampf in einem Lager in Jordanien. War die Anordnung der Redebeiträge – erst Uruguay, denn West-Berlin – tatsächlich nur Zufall gewesen? Wenn ja, wie konnte nach dem erst mal gegebenen, verdeckten Hinweis auf die Tupamaros in Uruguay in nur zwei Monaten eine paramilitärische Gruppe gegründet werden, die sich ebenfalls Tupamaros nannte. Stand dahinter vielleicht eine sehr viel langfristigere Planung und wie weit war die SED Westberlin darin involviert? Wusste Danelius Bescheid oder war es ein Geheimnis, das KPdSU und SED teilten und wer zog die Fäden?

Auf der Konferenz in Moskau spielte die Frage der Gewalt in den unterschiedlichen Beiträgen der Vertreter der verschiedenen kommunistischen Parteien eine wichtige Rolle. Das von fast allen Parteien ohne Einschränkungen akzeptierte Abschlussdokument erklärte, dass die kommunistischen Parteien ihre Politik selbständig entwickeln und »in Abhängigkeit von den jeweiligen Bedingungen den friedlichen oder nichtfriedlichen Weg des Übergangs zum Sozialismus« wählen sollten.[33]

Damit wurde die Doppelstrategie letztlich offiziell abgesegnet, standen bewaffneter Kampf und friedlicher Übergang im Abschlussdokument gleichberechtigt nebeneinander. In diesem Kontext war es sicherlich kein Zufall, dass ausgerechnet der Vertreter der KP Uruguays, Arismedi, das Schlusswort der Beratung hielt. Er erklärte darin unter anderem, dass Millionen Menschen voll Hoffnung die Beratung verfolgten, »weil sie bereit sind, ihr Blut zu vergießen und ihr Leben im Kampf zu lassen«[34].

Vom Prototyp in die Serienanwendung

Um vor allem junge Menschen für das sozialistische Lager zu gewinnen, besann man sich in den 1960er-Jahren verstärkt auf ein bereits erprobtes Konzept. Wiederum ist bei Feltrinelli ein Hinweis darauf zu finden: Unter dem Datum des 2. Februar 1968 hatte jemand in der Feltrinelli-Familienchronik notiert, dass Giangiacomo den Rat gegeben hatte, die Biografie von Kim Philby zu lesen.[35] Dieser Eintrag verweist auf eine Geschichte, die in den 1930er-Jahren begann – die Geschichte von Arnold Deutsch. Der 1904 geborene Deutsch studierte in Wien Chemie, Philosophie und Psychologie und erhielt 1928 den Doktortitel mit Auszeichnung. Er war Mitglied der Kommunistischen Partei, nach außen hin tarnte er sich als gläubiger Jude. Er begann, unmittelbar nachdem er die Universität verlassen hatte, für den OMS, eine spezielle Abteilung für internationale Verbindungen der Komintern, zu arbeiten. Auch seine Frau Josefine wurde vom OMS angestellt.

Ungefähr zu der Zeit, als Deutsch für die Komintern zu arbeiten begann, schloss er sich der von dem deutschen kommunistischen Philosophen und Psychologen Wilhelm Reich gegründeten Sex-Pol-Bewegung für sexuelle Politik an. Deutsch leitete den Wiener Münster-Verlag, bei dem Reichs Schriften und andere Sex-Pol-Literatur erschienen. Einige Jahre lang konnte Deutsch »die offene Mitarbeit in Reichs Sex-Pol-Bewegung mit der geheimen Tätigkeit als sowjetischer Agent verbinden«[36]. 1932 wurde Deutsch vom OMS zur Auslandsabteilung des russischen Geheimdienstes überstellt. Er erhielt zunächst den Decknamen »Stefan«, später den Namen »Otto«.

Seine »postume Erhebung in die Reihen der unsterblichen Helden des KGB verdiente er sich auf seinem zweiten Posten in England«. Deutsch reiste Anfang 1934 nach London und suchte dort Anschluss an akademische Kreise. 1935 folgte ihm seine Frau, die in Moskau zur Funkerin ausgebildet worden war. Während seiner Zeit in London warb Deutsch 20 neue Agenten und unterhielt Kontakte zu 29 Verbindungsleuten. Die wichtigsten von Deutsch rekrutierten Agenten waren die »Glorreichen Fünf«. Bei ihnen handelte es sich um Absolventen der Universität Cambridge, die dann im Außenministerium und im Geheimdienst viele Jahre lang in Spitzenpositionen für den KGB tätig waren. »Deutschs Erfolg war eine neuartige, von der Zentrale abgesegnete Anwerbungsstrategie, die darin bestand, an führenden Universitäten an junge, radikale Idealisten heranzutreten, bevor sie an die Schalthebel der Macht gelangten.« In Deutsch verbanden sich eine »charismatische Persönlichkeit und tiefe psychologische Einsichten« mit einem »visionären Glauben an die Zukunft einer von der Ausbeutung und Entfremdung des kapitalistischen Systems befreiten Menschheit«. Seine Botschaft war auch deshalb so attraktiv, weil sie »neben der politischen auch die sexuelle Dimension besaß«.

Einer der »Glorreichen Fünf« war Kim Philby, der später innerhalb des britischen Geheimdienstes eine wichtige Rolle spielen sollte. Zuletzt war Philby von 1956 bis 1963 im Nahen Osten für den englischen Geheimdienst MI6 tätig, getarnt als Nahost-Korrespondent der Zeitschrift *The Economist* in Beirut. 1963 setzte er sich in die Sowjetunion ab.[37]

Betrachtet man die Arbeit von Deutsch und die Rekrutierung von wichtigen KGB-Agenten im Umfeld der Universitäten Oxford und Cambridge, auf die der Eintrag in Feltrinellis Chronik hinweist, dann gewinnt man den Eindruck, dass diese in den 1930er-Jahren so erfolgreich angewandte Anwerbungsstrategie in den 1960er-Jahren eine erfolgreiche Neuauflage erlebte. Auffällig ist nicht nur die Renaissance der Schriften Wilhelm Reichs in den 1960er-Jahren, sondern auch die Verbindung zwischen politischer und sexueller Befreiung, die unter Bezug auf die Schriften Reichs vor allem von der Kommune 1 propagiert wurde. Auch das Konzept vom Marsch durch die Institutionen war darin schon angelegt, es basierte auf der Erkenntnis, dass die Absolventen der Universitäten später führende Positionen in unterschiedlichen gesellschaftlichen Bereichen, staatlichen Institutionen und Wirtschaftsunternehmen, bekleiden würden. Deutsch hatte in den 1930er-Jahren den Prototypen für die neue Strategie entwickelt und sie an den beiden englischen Eliteuniversitäten erfolgreich eingesetzt. In der zweiten Hälfte der 1960er-Jahre wurde dieser Prototyp unter den Bedingungen der Massenuniversität in der Bundesrepublik und anderen westlichen Ländern zum Serienprodukt. Mit dieser neuen Strategie gelang es, die Rekrutierungserfolge für die unterschiedlichsten Bereiche, angefangen bei Tätigkeiten für politisch linke Gruppen über die Zusammenarbeit mit dem Staatssicherheitsdienst bis hin zur Beteiligung an paramilitärischen Gruppen signifikant zu steigern.

Epilog

Die Ereignisse der Jahre 1967 und 1968, kurz 68 genannt, haben den Verlauf der Geschichte der Bundesrepublik nachhaltig verändert und ihr eine neue Richtung gegeben. Nach zwölf Jahren fiel 1968 faktisch das KPD-Verbot und die kommunistische Partei konstituiert sich als DKP. Im März 1969 wurde der Sozialdemokrat Gustav Heinemann neuer Bundespräsident, die Bundestagswahl im September 1969 führte erstmals zu einer Regierung unter sozialdemokratischer Führung. Der CDU/CSU gelang es 13 Jahre lang nicht, an die Macht zurückzukehren. Unter dem Sozialdemokraten Willy Brandt kam es zu einer neuen Ostpolitik und damit zur faktischen Anerkennung der DDR und der Oder-Neiße-Grenze. 68 führte zur »Umgründung der Republik« (Görtemaker).

Die Ermordung Ohnesorgs am 2. Juni 1967 wirkte wie ein Katalysator und beschleunigte die Linksentwicklung innerhalb der Studenten und anderer Kreise der Bevölkerung; das politische Koordinatensystem in der Bundesrepublik verschob sich nach links. Bereits seit 1964 hatte es eine fortlaufende und systematische Eskalation der politischen Situation an der Freien Universität gegeben. Die Universitätsleitung plante sogar, die FU für mehrere Monate zu schließen und dem SDS die Förderungswürdigkeit zu entziehen. Der 2. Juni erscheint unter diesen Umständen als das Ergebnis einer systematisch betriebenen Konfrontation: Die Ideologisierung von Teilen der Studenten war bereits sehr weit fortgeschritten. Der Schuss diente dazu, auch noch die letzten Zweifler davon zu überzeugen, dass die Bundesrepublik sich auf dem Weg in eine Diktatur, auf dem Weg in einen neuen Faschismus befand und die Notstandgesetze dafür den legalen Deckmantel liefern sollten. Der SED-Mann Kurras bewies durch seinen Schuss, dass die SED mit ihrer Behauptung vom undemokratischen Charakter der Bundesrepublik Recht hatte. Die deutsche Linke verdankt Kurras viel. Als er abdrückte, schoss er nicht nur zum Nutzen der SED. Doch der Ruhm blieb ihm versagt. Anders als der Agent Kim Philby, dem zu Ehren die Sowjetunion sogar eine eigene Briefmarke drucken ließ, stempelte man ihn als faschistoiden Uniformfetischisten und unkalkulierbaren Waffennarr ab.

Nach dem 2. Juni 1967 wurde innerhalb des SDS offen über den Aufbau paramilitärischer Geheimorganisationen diskutiert und geplant, aus West-Berlin eine entmilitarisierte Räterepublik zu machen, um dann die funktionslos gewordenen bürgerlichen Politiker ins Bundesgebiet zu deportieren. Faktisch hätte dies den ersten Schritt zur Integration West-Berlins in die DDR bedeutet, denn West-Berlin ohne amerikanisches, britisches und französisches Militär wäre eine leichte Beute gewesen.

Als zentrales Hindernis auf dem Weg zur Macht wurde der Springer-Verlag identifiziert, weil er in den Augen der linken Rebellen mit seinen Medien das Bewusstsein der Bevölkerung kontrollierte und damit verhinderte, dass die Massen zur revolutionären Tat schritten und sich ihnen anschlossen. Das Attentat auf Dutschke, durchgeführt von einer Art Selbstmordattentäter, führte zur nächsten Eskalationsstufe: Es kam zum Ausbruch offener Gewalt und zum Angriff auf den Springer-Verlag nicht nur in Berlin, sondern im ganzen Bundesgebiet. Die Bundesrepublik erlebte Straßenschlachten von einem bis dahin nicht gekannten Ausmaß. Der Attentäter Bachmann war von seiner Persönlichkeitsstruktur her kein Einzeltäter – und das MfS schreckte auch vor der Zusammenarbeit mit rechten Gruppen nicht zurück. Vieles deutet darauf hin, dass auch hinter diesem Anschlag östliche Geheimdienste steckten.

Nach dem Attentat kam es zum Aufbau paramilitärischer Gruppen, die ihre Aktivitäten 1969 zunächst in West-Berlin starteten, weil sie dort zumindest logistische Unterstützung durch die DDR in Anspruch nehmen konnten und weil es das Ziel war, West-Berlin zu destabilisieren. Die Steuerung dieser Gruppen erfolgte nicht unmittelbar durch den KGB oder das MfS, sondern mithilfe palästinensischer Gruppen, die wiederum vom KGB oder durch verbündete Geheimdienste kontrolliert wurden. Der Terrorismus richtete sich vor allem gegen die Spitzen von Wirtschaft, Staat und Gesellschaft der Bundesrepublik und zielte auch darauf ab, das westliche Bündnissystem zu zerstören. Angriffsziele waren die NATO, die amerikanischen Streitkräfte und ihre führenden Repräsentanten.

Das MfS, das in den 1960er-Jahren eine interne konspirative Struktur für den Einsatz von Sonderkommandos im Westen aufgebaut hatte, erweiterte Anfang der 1970er-Jahre das Konzept für die Bundesrepublik und integrierte darin die mittlerweile im Westen agierenden paramilitärischen Einheiten als sogenannte »patriotische Kräfte«. Außerdem entstand innerhalb der DKP ein geheimer Militärapparat, der als Schnittstelle für die Zusammenarbeit mit dem MfS und Terrorgruppen wie der RAF dienen sollte. Damit war Ende der 1960er-Jahre die von der Sowjetunion entwickelte Doppelstrategie auch in der Bundesrepublik implementiert. Legal agierende politische Organisationen und Parteien und im Untergrund tätige illegale Gruppen wirkten verdeckt zusammen.

In den 1970er-Jahren führte der Terrorismus die Bundesrepublik in eine tiefe Krise und brachte das Land im Herbst 1977 fast an den Rand des Staatsnotstands mit nachhaltigen Auswirkungen auf die politische, soziale und wirtschaftliche Entwicklung der Bundesrepublik. Das Land erschien mit Berufsverboten, allgegenwärtiger Polizeipräsenz und aufwändigem Fahndungsapparat als ein Überwachungs- und Polizeistaat. Das politische Klima der Bundesrepublik veränderte sich zudem über die durch die legalen Apparate der DKP und ihres politischen Umfelds Anfang der 1980er-Jahre aufgebaute »Friedensbewegung«. Diese hatte vor allem die Aufgabe, das westliche Bündnis zu schwächen und daran mitzuwirken, die Bindungen an die USA zu lockern, damit diese sich aus Europa zurückzogen. Der gegen die NATO-Politik gerichteten Friedensbewegung gelang es, große Massen zu mobilisieren. Damit setzte sie die Regierung innenpolitisch erheblich unter Druck. Ein wichtiger Schritt auf dem geplanten Weg zur Schwächung der westlichen Staaten war damit getan.

Der Rückzug der USA aus Europa und die Auflösung der NATO waren die zentralen Ziele der Sowjetunion, denn dann wäre sie zusammen mit ihren Satellitenstaaten die einzige Großmacht in Europa gewesen. Die im Strategischen Plan der Sowjetunion formulierten Ziele konnten teilweise erreicht werden. So gelang es, in der Bundesrepublik und anderen Westeuropäischen Ländern einen Antiamerikanismus zu schüren, der bis heute wirksam ist. Die SPD kam an die Macht, die DDR und die Oder-Neiße-Grenze wurden anerkannt und das KPD-Verbot fiel.

Die Revolte von 68 hatte zu diesen Entwicklungen den Auftakt gebildet. Sie war ein wichtiger Ausgangspunkt, um innergesellschaftliche Konflikte weiter zu schüren und die Eskalation fortzusetzen. Die Strategen in der Sowjetunion und in der DDR fanden innerhalb der Studenten einen wichtigen Resonanzboden für ihre Politik. Ein bedeutendes Werkzeug war dabei der SDS, der über unterschiedliche Kanäle gesteuert wurde. Er trug entsprechend der Festlegungen der SED die politischen Inhalte in die Studentenschaft hinein. Hierzu gehörte insbesondere der Kampf gegen die Notstandsgesetze, gegen das Engagement der USA in Vietnam, der Kampf gegen die NATO, Aktionen gegen Meinungsfabriken wie den Springer-Verlag und für die Anerkennung der DDR.

Der Marxismus bot für die jungen Menschen nicht nur eine Erklärung für den Faschismus, indem er ihn als Ergebnis der kapitalistischen Gesellschaft interpretierte. Er bot sich auch als Erklärungsmöglichkeit für die Probleme der Gegenwart an. Das von den Kommunisten entwickelte Modell einer Dreiteilung der Welt in Kapitalismus, Sozialismus und Dritter Welt prägte das Wahrnehmungsmuster der Studenten, das auch durch Zeitschriften wie *Konkret, Kursbuch* und *Blätter für deutsche und internationale Politik* propagiert wurde. Entsprechend wurde auch der Schah wahrgenommen – als eine Marionette des Neokolonialismus der USA. Gleichzeitig hatten die Kommunisten innerhalb der Jugend einen

Glaubwürdigkeitsvorschuss, weil sie anders als die eigenen Eltern gegen den Nationalsozialismus gekämpft und dafür im KZ gesessen hatten.

Die politische Orientierungssuche fiel zusammen mit der Entstehung eines neuen jugendlichen Freiraums. Die Situation des Aufwachsens veränderte sich tiefgreifend, es entstand eine neue Jugendkultur, die sich in deutlicher Abgrenzung von den Eltern etablierte. Der Widerstand gegen konservative Ordnungs- und Wertevorstellungen der Eltern, die z. T. mit nationalsozialistischen Werten verwechselt wurden, richtete sich auch gegen die politisch konservative Haltung der Eltern. Und so wurde, wer jung war und progressiv sein wollte, links. Die Wucht der politischen Auseinandersetzung war deshalb so groß, weil diese unterschiedlichen Ebenen zusammenfielen und die politische Dimension fast immer auch eine persönlich familiäre hatte, in der Eltern-Kind-Konflikte, vor allem Vater-Sohn-Konflikte eine zentrale Rolle spielten.

Mit 68 gelang es, erheblichen Einfluss vor allem auf die studentische Jugend zu gewinnen und sie für Ziele der DDR zu instrumentalisieren. Darüber hinaus wurde eine Linksentwicklung erreicht, die sich vor allem in Stimmgewinnen für die SPD niederschlug. Obwohl die RAF und andere Terrorgruppen die Bundesrepublik in den 1970er-Jahren an den Rand des Notstandes führten, gelang es dennoch nicht, die zentralen Ziele des Strategischen Plans umzusetzen. West-Berlin konnte nicht in die DDR integriert werden, die Wirtschafts- und Gesellschaftsordnung der Bundesrepublik erwies sich als ziemlich stabil und eine Wiedervereinigung auf DDR-Niveau fand nicht statt. Westdeutschland trat nicht aus der NATO aus, die USA zogen nicht aus Europa ab und die NATO wurde nicht aufgelöst. 1982 kehrte die CDU/CSU in die Regierung zurück.

Interessanterweise wurde die 68er-Revolte bis heute von vielen der Beteiligten und ihren professionellen Beobachtern nicht als Teil der Geschichte des Kalten Krieges und der Auseinandersetzung zwischen den zwei Systemen gesehen, sondern lediglich als eine Episode in der Geschichte des Aufwachsens. Sicherlich war sie das auch, doch die politische Dimension dominierte eindeutig und hat auch die Geschichte des Aufwachsens nachhaltig beeinflusst und dazu beigetragen, dass die nachfolgenden Generationskohorten ihre Adoleszenz als politische Rebellion inszenierten und dabei dem Vorbild und Muster der 68er-Revolte folgten. Damit entstand immer wieder ein neues Reservoir, um die politische Linke mit frischem personellem Nachschub zu versorgen.

Anhang

Zuordnung von SED-»Patengebieten« in der Bundesrepublik

SED-Bezirksleitungen	Orte und Gebiete in der Bundesrepublik
Neubrandenburg	Kiel, Husum
Schwerin	Lübeck, Bremen, Bremerhaven
Rostock	Hamburg
Potsdam	Hannover, Osnabrück, Emden
Halle (Saale)	Essen, Mühlheim, Recklinghausen, Gelsenkirchen und andere Städte in Nordrhein-Westfalen
Magdeburg	Göttingen, Wolfenbüttel, Braun-schweig, Salzgitter
Karl-Marx-Stadt	Düsseldorf, Aachen, Wuppertal, Solingen, Siegburg, Remscheid, Köln
Frankfurt (Oder)	Frankfurt am Main, Hanau, Offenbach
Leipzig	Marburg, Kaiserslautern, Dortmund, Bochum, Ostwestfalen-Lippe
Cottbus	Saarbrücken, Völklingen, Saarlouis u. a.
Dresden	Mannheim, Karlsruhe, Freiburg, Tübingen, Stuttgart, Ludwigsburg u. a.
Suhl	Nürnberg, Augsburg
Gera	München, Landshut, Passau, Rosenheim, Straubing, Regensburg u. a.

Quelle: Staadt, Westpolitik der SED, S. 34 f.

Zuordnung von FDJ-Gruppen an Hochschulen/Universitäten der DDR und SDS-Gruppen in der Bundesrepublik

FDJ-Hochschulorganisation	SDS-Gruppen
Leipzig	Köln, Bochum
Dresden	Karlsruhe, Mannheim
Jena	München
Rostock	Hamburg
Halle	Münster
Greifswald	Kiel

Quelle: Herms, Popp, Westarbeit der FDJ, S. 332

Aufstellung der in Westdeutschland erscheinenden oppositionellen Zeitungen und Zeitschriften vom 9.11.1962

Name	Ort
Blinkfüer	Hamburg
Freies Wort	Kiel
Neues Echo	Bremen
Heute	Hildesheim
Tatsachen	Duisburg
Frankfurter Bote	Frankfurt
Kasseler Bote	Frankfurt
ZU	Mannheim
Saarwoche	Saarbrücken
Tribüne	Nürnberg
Offen und frei	Stuttgart
Sozialistische Korrespondenz	Hamburg
Sozialistische Jugendkorrespondenz	Hamburg
Sozialistische Demokratie	Bovenden
Andere Zeitung	Hamburg
Konkret	Hamburg
Deutsche Volkszeitung	Düsseldorf
Bauernruf	Düsseldorf
Aktuelle Frauenpost	Hamburg
Das andere Deutschland	Hannover
Elan	Frankfurt
VUS-Organ (Theoretische Monatszeitschrift)	Hamburg
VUS-Forum (Monatszeitung)	Hamburg
Nachrichten (Seeger-Dienst)	Ludwigshafen
Bonner Korrespondenz	Bonn
DW-Dienst (Jugend)	Wiesbaden
Pläne	keine Angabe
Frau und Frieden	Bonn

Quelle: Arbeitsbüro der KPD, DY IV 2/10.03, 131, Bl. 8

Abkürzungsverzeichnis

APO	Außerparlamentarische Opposition
AStA	Allgemeiner Studentenausschuss
CISNU	Conföderation iranischer Studenten – National Union
ČSSR	Tschechoslowakische Sozialistische Republik
DBJR	Deutscher Bundesjugendring
DDR	Deutsche Demokratische Republik
DFG	Deutsche Friedensgesellschaft
DFG-VK	Deutsche Friedensgesellschaft – Vereinigte KriegsgegnerInnen
DFU	Deutsche Friedensunion
DGI	Dirección General Inteligencia
DKP	Deutsche Kommunistische Partei
FDGB	Freier Deutscher Gewerkschaftsbund
FDJ	Freie Deutsche Jugend
FNL	Front National de Libération (Nationale Front für die Befreiung Südvietnams – Vietcong)
FU	Freie Universität
GRU	Glawnoje Raswedywatelnoje Uprawlenije, sowjetischer/russischer Militärnachrichtendienst
HVA	Hauptverwaltung Aufklärung
IdK	Internationale der Kriegsdienstgegner
INFI	Internationales Nachrichten- und Forschungsinstitut
ISB	Internationaler Studenten Bund
KBW	Kommunistischer Bund Westdeutschlands
KGB	Komitee für Staatssicherheit (Sowjetischer Geheimdienst)
Komintern	Kommunistische Internationale
Komsomol	Jugendorganisation der Kommunistischen Partei der Sowjetunion
Konvent	Studentenparlament der FU Berlin
KPD	Kommunistische Partei Deutschlands
KPD/ML	Kommunistische Partei Deutschlands/Marxisten Leninisten
KPdSU	Kommunistische Partei der Sowjetunion
MfS	Ministerium für Staatssicherheit der DDR (Stasi)
MSB Spartakus	Marxistischer Studentenbund Spartakus

NVA	Nationale Volksarmee
OMS	Kurier- und Nachrichtendienst der Komintern
OSPAAL	Organización de Solidaridad con los Pueblos de Asia, África y América Latina
PB	Politbüro
PCI	Kommunistische Partei Italiens
PFLP	Volksfront zur Befreiung Palästinas
PLO	Palästinensische Befreiungsorganisation
RAF	Rote Armee Fraktion
RC	Republikanischer Club
RCDS	Ring Christlich Demokratischer Studenten
RIAS	Radio im Amerikanischen Sektor
SB	Sozialistischer Bund
SDAJ	Sozialistische Deutsche Arbeiterjugend
SDS	Sozialistischer Deutscher Studentenbund
SED	Sozialistische Einheitspartei Deutschlands
SFB	Sender Freies Berlin
SHB	Sozialdemokratischer Hochschulbund
Stasi	Staatsicherheitsdienst der DDR
UdSSR	Union der Sozialistischen Sowjetrepubliken
VDS	Verband Deutscher Studentenschaften
VEB	Volkseigener Betrieb
Vietcong	Nationale Front für die Befreiung Südvietnams
VUS	Vereinigung Unabhängiger Sozialisten
ZAG	Zentrale Arbeitsgruppe
ZK	Zentralkomitee

Anmerkungen

Vorwort

[1] Vgl. Weinke, Annette, »Der Justizfall Kurt Müller und seine Bedeutung für die kommunistische Parteisäuberungswelle im geteilten Deutschland« in: *Zeitschrift für Geschichtswissenschaft*, 1997, Nr. 4, S. 293–310.

[2] Kolakowski, Leszek, »Der Rationalismus als Ideologie«, in: Traktat über die Sterblichkeit der Vernunft. Philosophische Essays. München 1967, S. 254.

Prolog

[1] Vgl. Hardach, Gerd, »Die Rückkehr zum Weltmarkt 1948–1958«, in: Modernisierung im Wiederaufbau. Hrsg. von Axel Schildt und Arnold Sywottek. Bonn 1998, S. 80–104.

[2] Vgl. Peden, George, »Modernisierung in den 50er Jahren«, in: Modernisierung im Wiederaufbau, S. 49.

[3] Vgl. Horvath, Peter, »Die Teilzahlungskredite als Begleiterscheinung des westdeutschen ›Wirtschaftswunders‹ (1948–1960)«, in: *Zeitschrift für Unternehmensgeschichte*, 1992, Nr. 1, S. 55.

[4] Vgl. Schildt, Axel, Die Sozialgeschichte der Bundesrepublik Deutschland bis 1989/90. München 2007, S. 17 und S. 34.

[5] Vgl. Kenkmann, Alfons, »Von der bundesdeutschen ›Bildungsmisere‹ zur Bildungsreform in den 60er Jahren«, in: Dynamische Zeiten. Hrsg. von Axel Schildt u. a. Hamburg 2000, S. 402–423. Zur Entwicklung des Bildungswesens in der Bundesrepublik vgl. auch Fend, Helmut, Sozialgeschichte des Aufwachsens. Frankfurt am Main 1996, S. 133ff.; Schildt, Sozialgeschichte, S. 28f. und S. 52.

[6] Zur Wertewandeldiskussion vgl. Bude, Heinz, Das Altern einer Generation. Frankfurt am Main 1995, S. 63ff.

[7] Ebenda, S. 67.

[8] Vgl. Etzemüller, Thomas, 1968 – Ein Riss in der Geschichte? Konstanz 2005, S. 9ff.

[9] Kießling, Simon, Die antiautoritäre Revolte der 68er. Köln 2006, S. 288.

[10] Gilcher-Holtey, Ingrid, »Die Phantasie an die Macht«. Mai 68 in Frankreich. Frankfurt am Main 1995, S. 26.

[11] Vgl. u. a. Görtemaker, Manfred, Geschichte der Bundesrepublik Deutschland. Frankfurt am Main 2004, S. 475ff.; Kraushaar, Wolfgang, Achtundsechzig. Eine Bilanz, Berlin 2008, S. 150; Frei, Norbert, 1968. Jugendrevolte und globaler Protest, München 2008, S. 112; Schnibben, Cordt, Die Achtundsechziger. Vollstrecker des Weltgewissens, in: *Der Spiegel*, 2.6.1997, S. 108.

[12] Jürgen Leinemann, 68 – eine Art von Erbschaftsverweigerung, in: Die wilden 68er. *Spiegel Spezial*, 1988, Nr. 1, Juni 1988, S. 67.

[13] Schneider, Peter, Rebellion und Wahn. Köln 2008, S. 158.

[14] »Wendepunkt für Otto Schily«, in: FAZ, 2.6.2009, S. 8.

[15] Fuhrer, Armin, Wer erschoss Benno Ohnesorg? Der Fall Kurras und die Stasi. Berlin 2009, S. 7.

[16] Vgl. *Der Spiegel*, 1.10.2007, S. 75 und S. 78; Allertz, Robert, Die RAF und das MfS. Berlin 2008, S. 7ff.

[17] Kraushaar, Wolfgang, Die Bombe im Jüdischen Gemeindehaus. Hamburg 2005, S. 224ff.

[18] Reinders, Ralf, Fritzsch, Ronald, Die Bewegung 2. Juni. Berlin 1995, S. 109.

[19] Peters, Butz, Tödlicher Irrtum. Die Geschichte der RAF. Berlin 2004, S. 549ff.

[20] Ebenda, S. 579.

[21] Vgl. Peters, S. 580; Müller, Michael, Kanonenberg, Andreas, Die RAF-Stasi-Connection. Berlin 1992, S. 178ff.

[22] Peters, S. 580.

[23] Müller, Kanonenberg, S. 186ff.

[24] Peters, S. 522ff.; Müller, Kanonenberg, S. 171ff.

[25] Vgl. Allertz, Robert, S. 36.

[26] Müller, Kanonenberg, S. 8f. und S.186f.

[27] Peters, S. 582ff.

[28] Ebenda S. 386ff.

[29] Ebenda, S. 575ff.

[30] Staadt, Jürgen, »Eine deutsche Waffenbrüderschaft«, in: FAZ, 5.10.2007, S. 12.

[31] Roik, Michael, Die DKP und die demokratischen Parteien 1968–1984. Paderborn 2006, S. 107.

[32] Vgl. http://www.dfg-vk.de/verband/geschichte/ (30.05.2010).

[33] Vgl. u. a. Schütt, Peter, »Marionetten an roten Fäden«, in: *Rheinischer Merkur*, Nr. 48, 2.12.1994, S. 15; Ploetz, Michael, Müller, Hans-Peter, Ferngelenkte Friedensbewegung? DDR und UdSSR im Kampf gegen den NATO-Doppelbeschluss. Münster 2004; Baron, Udo, Kalter Krieg und heisser Frieden. Der Einfluss der SED und ihrer westdeutschen Verbündeten auf die Partei ›Die Grünen‹. Münster 2003; Baron, Udo, »Die verführte Friedensbewegung«, in: *Die politische Meinung*, Nr. 407, Oktober 2003, S. 55–61; Die verführte Friedensbewegung. Der Einfluss des Ostens auf die Nachrüstungsdebatte. Hrsg. Von Jürgen Maruhn und Manfred Wilke. München 2002.

34 SAPMO-BArch, DY 30 IV 2/10.03, 57, Bl. 62–86, Arbeitsbüro der KPD, »Vorlage für die Verbesserung der Arbeit in der Friedensbewegung«, 12.3.1962.
35 Ebenda, Bl. 169–174, »Beschluß zur Unterstützung der Ostermärsche 1963«, 7.11.1962.
36 Röhl, Bettina, So macht Kommunismus Spaß! Hamburg 2006, S. 81.
37 Mies, Herbert, Mit einem Ziel vor Augen. Erinnerungen. Berlin 2009, S. 299f.
38 Knabe, Hubertus, Die unterwanderte Republik, München 2001, S. 244f.
39 Arbeitsbüro der KPD, Bl. 81.
40 Ebenda, Bl. 82.
41 SAPMO-BArch, DY 30 IV 2/10.03, 133, Bl. 149–154, »Aktennotiz über die Beratung vom 6. Januar 1969 zu Problemen der ›Blätter für deutsche und internationale Politik‹«; vgl. auch Naumann, Klaus, »Auf einem Sonderweg nach Westen? Die ›Blätter‹ in den 80er Jahren«, in: Blätter für deutsche und internationale Politik, 2008, Nr. 4, S. 71–82.
42 Kellerhoff, Sven Felix, Die Stasi und der Westen. Der Kurras-Komplex. Hamburg 2010, S. 8ff.
43 Siehe dazu ausführlich: Knabe, S. 44–103.
44 Reiche, Reimut, »Berlin ist ein Exempel«, in: Die Welt, 26.7.1967, S. 7

I. Der erste Akt

1   Vgl. u. a. Uwe Soukup, Wie starb Benno Ohnesorg? Der 2. Juni 1967, Berlin 2007, S. 18f.; Michael Ludwig Müller, Berlin 1968. Die andere Perspektive, Berlin 2008, S. 32; Ulrich Enzensberger, Die Jahre der Kommune I. München 2006, S. 145ff.
2   Vgl. Müller, Hans Dieter, Hörmann, Günther, »Ruhestörung« (Film). Ulm 1967.
3   Soweit nicht anders angegeben, stützt sich die Darstellung auf die Urteilsbegründung der 14. großen Strafkammer des Landgerichts Berlin vom 21.11.1967 (Urteil 1967), Landesarchiv Berlin, B Rep, Nr. 1613, Bl. 129–154, und der 10. großen Strafkammer des Landgerichts Berlin vom 22.12.1970 (Urteil 1970), B Rep 058, Nr. 1618, Bl. 1–38. (Bei Archivalien mit der Hauptsignatur B Rep 058 handelt es sich um Akten aus dem Landesarchiv Berlin.)
4   Vgl. Dietz Bering, »Man hatte es für unmöglich gehalten«, in: Kölner Stadt-Anzeiger 1.6.07, http://www.ksta.de/html/artikel/1179819731767.shtml.
5   Die Schilderung stimmt in wesentlichen Punkten mit der des Rechtsanwalts Horst Mahler, die er auf der Pressekonferenz am 4. Juni 1967 gegeben hat, überein. Abgedruckt in: Bedingungen und Organisation des Widerstandes. Der Kongreß in Hannover. Hrsg. von Bernward Vesper. Berlin 1967, S. 117–124.
6   Vernehmungsprotokoll der Zeugin Jutta B., B Rep, Nr. 1607, Bl. 53–56.
7   Urteil 1970, Bl. 16.

8 Vermerk des Einsatzleiters der Abteilung I, Kriminalrat Eitner vom 8.6.67, Nr. 1607, Bl. 60.
9 Ebenda, Bl. 59f.
10 Aktenvermerk Eitner, Bl. 59.
11 Aussage des Obermedizinalrats Pokorny, Polizeiklinik Spandau, und Prof. med. Kraulands, Verhandlung 1970, B Rep 058, Nr. 1617, Bl. 18RSff.
12 Vgl. Müller, Berlin 1968, S. 26f.
13 Der Spiegel, 5.6.67, S. 42.
14 Vgl. Bering, »Man hatte es für unmöglich gehalten«.
15 Obduktionsbericht vom 3.6.1967, B Rep 058, Nr. 1619, Bl. 5–11. Aussage des Sachverständigen Prof. Dr. med. Krauland im Verfahren 1970, Nr. 1617, Bl. 19RS–21.
16 Der Verfasser hat 2009 hierüber mit einem Facharzt gesprochen.
17 Nach Recherchen der Zeitung Der Tagesspiegel war der behandelnde Arzt Homayoun T. gewesen, ein Iraner, dessen Vater gute Beziehungen zum Schah hatte; vgl. Soukup, Uwe, »Die Stunde der Zeugen«, in: Der Tagesspiegel, 2. Juni 2009, S. 3.
18 B Rep 058, Nr. 1612, Bl. 23RS.
19 B Rep 058, Nr. 1613, Bl. 147 und Nr. 1618, Bl. 15.
20 Ebenda, Bl. 4.
21 B Rep 058, Nr. 1619, Bl 10.
22 Urteil 1967, B Rep 058, Nr. 1613, Bl. 144RS.
23 Wesel, Uwe, Die verspielte Revolte. 1968 und die Folgen. München 2002, S. 51.
24 Röhl, Klaus Rainer, Fünf Finger sind keine Faust. München 1998, S. 199.
25 Wesel, S. 50.
26 Carini, Marco, Fritz Teufel. Wenn's der Wahrheitsfindung dient. Hamburg 2003, S. 58.
27 Chaussy, Ulrich, Die drei Leben des Rudi Dutschke. Berlin 1993, S. 167f. und S. 356. Quelle hierfür war die Erzählung von Gunter Soukup, später Professor an der Pädagogischen Hochschule in West-Berlin, er leitete den Jugendclub Ça ira. Sein Sohn, Uwe Soukup, räumte später ein, dass es sich möglicherweise um eine Verwechslung gehandelt haben könnte, vgl. Soukup, Uwe, Wie starb Benno Ohnesorg? S. 90f.
28 Vgl. Soukup, S. 139ff.
29 Vgl. Nirumand, Bahman, Leben mit den Deutschen. Reinbek 1989, S. 108.
30 Bering, »Man hatte es für unmöglich gehalten«.
31 Ebenda, S. 139.
32 Vgl. ebenda, S. 144.
33 Ebenda, S. 143.
34 Ebenda.
35 Vgl. Bering, 1.6.07; »Rede von Bischof D. Kurt Scharf vom 7. Juni«, in: Nevermann, Knud, Der 2. Juni 1967. Studenten zwischen Notstand und Demo-

kratie. Dokumente zu den Ereignissen des Schah-Besuchs. Herausgegeben vom Verband Deutscher Studentenschaften (VDS). Köln 1967, S. 30.

[36] »Freunde über Benno Ohnesorg«, in: *Berliner Morgenpost* 4.6.67, S. 12.

[37] Chaussy, S. 65.

[38] Soukup, S. 144.

[39] Ebenda, S. 141.

[40] Knabe, S. 192.

[41] Ebenda.

[42] Ebenda, S. 211–216.

[43] *Der Spiegel,* 1967, Nr. 25, 12.6.1967, S. 43.

[44] Soukup, S. 138.

[45] Baumann, Michael, Wie alles anfing. Frankfurt am Main 1977, S. 37.

[46] B Rep 058, Nr. 1607, Bl. 61.

[47] B Rep 058, Nr. 1613, Bl. 138.

[48] Ebenda, Bl. 50.

[49] B Rep 058, Nr. 1607, Bl. 61.

[50] Eitner gab im Verfahren 1970 als Zeitpunkt der Abgabe des Berichts von Kurras 2 Uhr an. B Rep 058, Nr. 1617, Bl. 150. In der Urteilsbegründung hieß es fälschlicherweise 2 Stunden später, Nr. 1618, Bl. 17.

[51] Urteil 1970, B Rep 058, Bl. 24.

[52] Hier wurde irrtümlich die falsche Hausnummer angegeben.

[53] Urteil 1967, B Rep 058, Nr. 1613, Bl. 136RS–137.

[54] B Rep 058, Nr. 1607, Bl. 77–79.

[55] Kellerhoff, S. 73f; vgl. auch »Kurras-Prozeß: Das Gericht geht ins ›Kino‹«, in: *Berliner Morgenpost,* 15.11.1967, S. 3; Soukup, S. 108.

[56] B Rep 058, Nr. 1613, Bl. 141.

[57] Ebenda, Bl. 146.

[58] Die Aussage, die Kurras am 9. und 12. Juni 1967 gegenüber der Staatsanwaltschaft gemacht hatte, stimmte mit der im ersten Prozess im Wesentlichen überein. Im dritten Prozess machte er von seinem Aussageverweigerungsrecht Gebrauch.

[59] Insgesamt fanden drei Prozesse statt. Der Erste begann am 3.11.67 und endete am 21.11.67 mit Freispruch. Gegen dieses Urteil wurde Revision eingelegt, der vom BGH teilweise stattgegeben wurde. Die Revisionsverhandlung begann am 18.4.69. Hier kam es zum Eklat, denn der Vertreter der Nebenklägerin Christa Ohnesorg, Rechtsanwalt Mahler, weigerte sich, seine Anwaltsrobe anzuziehen. Daraufhin wurde das Verfahren abgebrochen. Ein neues Verfahren fand vor der 10. Großen Strafkammer Berlin statt. Es endete am 22.12.1970 mit dem endgültigen Freispruch vom Vorwurf der fahrlässigen Tötung.

[60] Vgl. Müller-Enbergs, Helmut, Jabs, Cornelia, Der 2. Juni 1967 und die Staatssicherheit, in: *Deutschland Archiv*, 2009, Jg. 42, Nr. 3, S. 395–400.

[61] BStU, GH 2/70, Bd 1, Bl. 181.

[62] Ebenda, Bd. 2, Bl. 153. Das monatliche Nettoeinkommen eines Vier-Personen-Arbeitnehmerhaushalts lag 1960 bei 670 DM.

[63] Ebenda, Bd. 2, Bl. 153

[64] *Die Welt*, 5.6.2009, S. 2.

[65] Vgl. Fuhrer, S. 32.

[66] Vgl. BStU MfS GH Nr. 2/70, Bd. 1, Bl. 12–17 und Bl. 116–119.

[67] Vgl. Leonhard, Wolfgang, Die Revolution entläßt ihre Kinder. Köln 1979. S. 296ff.

[68] Ebenda, S. 317.

[69] BStU, MfS GH, Nr. 2/70, Bd. 1, Bl. 117. Akten des sowjetischen Geheimdienstes legen nahe, dass Kurras bereits seit 1945 Mitglied der KPD, ab 1946 der SED war; vgl. *Berliner Morgenpost*, 27.5.2009, S. 4.

[70] Mit der Teilung Berlins 1948 gab es zwei Polizeiverwaltungen, eine im Ost- und eine im Westteil. Der erste Polizeipräsident der Westpolizei war der Sozialdemokrat Johannes Stumm.

[71] MfS GH, Nr. 2/70, Bd. 1.

[72] Ebenda, Bl. 118.

[73] Ebenda, Bl. 183. In einem Perspektivplan für Kurras vom 25.3.1963 wird ebenfalls auf seine Tätigkeit als Sportschütze hingewiesen und vor allem darauf, dass Kurras 1962 als bester Schütze der Kripo ausgezeichnet worden war; ebenda, Bl. 213.

[74] Ebenda, Bl. 207.

[75] BStU, MfS GH, Nr. 2/70, Bd. 17, Bl. 40.

[76] Ebenda, Bl. 46f.

[77] Vgl. »Befehl 107/64 des Ministers für Staatssicherheit [zur Bereitstellung und Ausbildung von Kadern für spezifische Aufgaben«, 21.1.1964, in: Auerbach, Thomas, Einsatzkommandos an der unsichtbaren Front. Berlin 2001, S. 111–113. Die Tscheka war die von Felix Dserschinski unter Lenin gegründete politische Polizei zur Bekämpfung der Konterrevolution; daher der Begriff Tschekist.

[78] Ebenda, S. 17.

[79] Ebenda, S. 100.

[80] Ebenda, S. 108.

[81] Ebenda, S. 141.

[82] Ebenda, S. 24.

[83] Ebenda, S. 154.

[84] Ebenda, S. 155f.

[85] Ebenda, S. 113.

[86] Ebenda, S. 97f.

[87] BStU, MfS GH, Nr. 2/70, Bd. 1, Bl. 273–291.

[88] Ebenda, Bd. 10, Bl. 194.

[89] Ebenda, Bd. 11, Bl. 247.

[90] Ebenda, Bl. 258.

91 Ebenda, Bd. 17, Bl. 110.
92 Ebenda, Bl. 111.
93 Ebenda, Bl. 120.
94 »Pistole und Munition gefunden«, in: BZ 10.6.67, S. 3.
95 Urteil 1970, B Rep 058, Nr. 1618, Bl. 5.
96 Vgl. Kellerhoff, S. 83ff.: »Der Spion – Faszination Schießen«.
97 BStU, MfS GH, Nr. 2/70, Bd. 1, Bl. 112.
98 Ebenda, Bl. 113.
99 Kappelt, Olaf, Braunbuch DDR. Nazis in der DDR. Berlin 2009, S. 432f.;
Leonhard, Die Revolution, S. 303.
100 Steinborn, Norbert, Krüger, Hilmar, Die Berliner Polizei 1945–1992. Von der
Militärreserve im Kalten Krieg auf dem Weg zur bürgernahen Polizei? Berlin
1993, S. 3.
101 Vgl. ebenda, S. 5 und S. 39.
102 »Besuch beim ›Genossen vom Schießverein‹«, in: Die Welt, 19.6.09, S. 2.
103 Vgl. Fuhrer, S. 114ff.
104 Knabe, Hubertus, »Frontstadt Berlin. Die geheimen Propagandaaktionen der
Stasi«, in: Die politische Meinung, Nr. 381, August 2001, S. 33f.
105 »Sowjetische Note an die Vereinigten Staaten vom 27. November 1958«, in:
Die Berlin-Frage. Politische Dokumentation 1944–1965, Frankfurt/Main
1965, S. 101–105.
106 Der Spiegel, 1958, Nr. 50, 10.12.1958, S. 18.
107 Vgl. Gaddis, John Lewis, Der Kalte Krieg. Eine Neue Geschichte. München
2007, S. 92 und S. 173.
108 Vgl. Der Spiegel, 1958, Nr. 1, 1.1.1958, S. 22; Garstka, Dietrich, Das schweigende Klassenzimmer. Berlin 2007; Effner, Bettina, Heidemeyer, Helge, »Die
Flucht in Zahlen«, in: Flucht im geteilten Deutschland. Erinnerungsstätte
Notaufnahmelager Marienfelde. Hrsg. von Bettina Effner und Helge Heidemeyer. Berlin 2005, S. 27–31.
109 Dokumente zur Außenpolitik der Deutschen Demokratischen Republik
1966. Berlin (Ost) 1970. Band XIV. 1. Halbband, S. 457.
110 Ebenda, S. 451.
111 Ebenda, S. 471f.
112 Vgl. Dokumente zur Außenpolitik der Deutschen Demokratischen Republik
1967. Berlin (Ost) 1970. Band XV. 1. Halbband.
113 Staadt, Jochen, Die geheime Westpolitik der SED 1960–1970, S. 64f.
114 Vgl. Wenzel, Otto, »›Die sowjetischen und ostdeutschen Stoßkeile treffen sich
an der Kaiserdammbrücke‹. Die geplante Eroberung West-Berlins«, in: FAZ,
1993, Nr. 47, 25.2.1993, S. 11.
115 Auerbach, Einsatzkommandos, S. 30f.
116 Ebenda.
117 Kraushaar, Wolfgang, Die Protestchronik 1949–1959. Bd. 3, 1957–1959.
Hamburg 1996, S. 1921f.

[118] Wesel, S. 18f.
[119] Ebenda, S. 19.
[120] Vgl. BStU MfS ZAIG/1, Nr. 9054 Bd. 1–3; BStU MfS ZAIG/1, Nr. 9057, Bd. 1–3.
[121] *Spandauer Volksblatt*, 26.4.67.
[122] *Berliner Morgenpost*, 26.4.67. An der FU wurde das Studentenparlament als Konvent bezeichnet.
[123] *Der Tagesspiegel*, 2.6.67.
[124] *Telegraf*, 13.5.67; *Berliner Morg*enpost 13.5.67; *nacht-depesche*, 13.5.67..
[125] *Der Tagesspiegel*, 31.5.67; FAZ, 31.5.67.
[126] »Pfuirufe für KZ-Baumeister Lübke«, in: *Neues Deutschland*, 1.6.67.
[127] Nirumand, geboren 1936, lebte nach eigenen Angaben von 1951 bis 1960 in Deutschland, hielt sich von 1960 bis 1965 im Iran auf und kehrte 1965 in die Bundesrepublik zurück, seit Sommer 1965 wohnte er in West-Berlin. Vgl. *Spiegel*, 13.11.67, S. 164; Nirumand, Leben mit den Deutschen.
[128] Nirumand, Bahman, »Revolutionäre Romantik«, in: *Cicero* 2006, Nr. 1.
[129] Vgl. ebenda.
[130] Vgl. Nevermann, Der 2. Juni 1967, S. 22–27.
[131] Laut Nirumands Schwiegersohn Jörg Lau war das im Frühjahr 1963, nach Darstellung Nirumands im Frühjahr 1965; vgl. Lau, Jörg, Hans Magnus Enzensberger. Ein öffentliches Leben. Frankfurt am Main, S. 221, Interview Nirumand, in: *Cicero*, 2006, Nr. 1.
[132] Enzensberger, Kommune, S. 146.
[133] *Der Spiegel*, 1967, Nr. 40, 25.9.67, S. 191.
[134] Nirumand, in: *Cicero* 2006, Nr. 1.
[135] Ebenda; vgl. auch Röhl, Bettina, Kommunismus, S. 556f. und Röhl, 5 Finger, S. 197ff. *Konkret* konnte in diesem Monat nicht pünktlich erscheinen wegen eines Rechtsstreits mit dem *Spiegel*.
[136] Ulrike Meinhof, »Offener Brief an Farah Diba«, in *Konkret*, Nr. 6, 1967. Wieder abgedruckt in: Meinhof, Ulrike Marie, Deutschland Deutschland unter anderm. Aufsätze und Polemiken. Berlin 1995, S. 116–121.
[137] »Sieben Nächte Jubel«, in: *Der Spiegel*, 1967, Nr. 44, 23.10.1967, S. 129–145.
[138] »Gewalt auf dem Campus. Das Persien-Bild des Bahman Nirumand«, in: *Der Spiegel* 1967, Nr. 44, 23.10.1967, S. 132.
[139] *Der Spiegel*, 13.11.67, S. 164.
[140] Vgl. »Welcher Perser isst schon Schwein?«, in: *Der Spiegel*, 1967, Nr. 47, 13.11.1967, S. 164–169; »Spiegel-Verlag/Hausmitteilung« in: *Der Spiegel*, 1967, Nr. 51, S. 3.
[141] Vgl. Horowitz, David, Kalter Krieg. Hintergründe der US-Außenpolitik von Jalta bis Vietnam. Berlin (West) 1969, S. 77.
[142] *Spiegel*, 17.8.60, S. 40f.; vgl. auch das CIA-Dokument, The Outlook for Israel, 5.10.61, NIE 35–61, www.foia.cia.gov
[143] *Süddeutsche Zeitung*, 1.8.06, S. 11; *Spiegel* 17.8.60, S. 40f.

144 Taheri, Amir, Chomeini und die Islamische Revolution. Hamburg 1985, S. 167 und S. 216.
145 Enzensberger, Hans Magnus, »Unsere weißen Hände«, in: Nirumand, Persien, S. 152.
146 BStU, MfS GH, Nr. 2/70, Bd. 11, Bl. 242.
147 BZ 8.6.09, S. 14.
148 Müller, Berlin 1968, S. 73.
149 »Blutfreitag in Westberlin. Mord an Benno Ohnesorg«. *Defa Wochenschau* »Der Augenzeuge«, Nr. 25 vom 28.6.67.
150 BZ, 10.6.67, S. 3.

II. Ansichtssachen

1 Kenkmann, Alfons, »Von der ›Bildungsmisere‹ zur Bildungsreform«, in: Dynamische Zeiten, S. 408f.
2 Zu den Schriftstellern der Beat-Generation vgl. u. a. Kirsch, Hans-Christian, On the Road. Die Beat-Poeten William S. Burroughs, Allen Ginsberg, Jack Kerouac. Hamburg 1995. Zur Entstehung der Jugendkultur in den 1950er- und 1960er-Jahren vgl. u. a. Fend, Sozialgeschichte des Aufwachsens; Schildt, Axel, »Von der Not der Jugend zur Teenager-Kultur: Aufwachsen in den 50er Jahren«, in: Modernisierung im Wiederaufbau, S. 335–348; Etzemüller, 1968 – Ein Riss in der Geschichte?; Siegfried, Detlef, »Vom Teenager zur Pop-Revolution. Politisierungstendenzen in der westdeutschen Jugendkultur 1959 bis 1968«, in: Dynamische Zeiten, S. 582–623.
3 Mitscherlich, Alexander und Margarete, Die Unfähigkeit zu trauern. Leipzig 1990, S. 250.
4 Radebold, Hartmut, »Abwesende Väter – Fakten und Forschungsergebnisse«, in: Schulz, Hermann, Radebold, Hartmut, Reulecke, Jürgen, Söhne ohne Väter. Erfahrungen der Kriegsgeneration. Berlin 2004, S. 115–119.
5 Ebenda, S. 141.
6 Aly, Götz, Unser Kampf 1968. Frankfurt am Main 2008, S. 196.
7 Vgl. u. a. Bell, Daniel, The End of Ideology. New York 1960.
8 Elias, Norbert, Studien über die Deutschen. Frankfurt am Main 1992, S. 301.
9 Aly, S. 196.
10 Elias, S. 302.
11 Schneider, Rebellion, S. 195.
12 Vgl. Lau, Enzensberger, S. 161.
13 Vgl. Ebenda, S. 134f.
14 Ebenda, S. 156.
15 Ebenda, S. 158.
16 *Kursbuch* Nr. 1, Juni 1965, S. 11f.

17 Vorher war Michel u. a. Mitarbeiter beim Frankfurter Institut für Sozialwissenschaften und Lektor beim Suhrkamp Verlag gewesen, vgl. ebenda, S. 209.

18 *Kursbuch*, Nr. 1, S. 115.

19 Ebenda, S. 1.

20 Ebenda, S. 55.

21 Ebenda, S. 64.

22 Ebenda, S. 74.

23 *Kursbuch*, Nr. 4, S. 222, Fragen Nr. 57–61.

24 Lau, S. 222.

25 Ebenda, S. 33.

26 *Kursbuch*, 1966, Nr. 4, S. 64.

27 Vgl. Lau, S. 227. Abgedruckt in: Vaterland, Muttersprache, Hrsg. von Klaus Wagenbach u. a., Berlin (West) 1980, S. 238f.

28 Text in: Vaterland, Muttersprache, S. 255ff., mit Umfrage aus dem *Spiegel*; vgl. Lau S. 232f.

29 Lau, S. 244.

30 Ebenda, S. 245f.

31 *Kursbuch*, Nr. 11, Januar 1968, S. 1.

32 Lau, S. 255. *Kursbuch* Nr. 12 (April 1968), »Der nicht erklärte Notstand« und *Kursbuch* Nr. 13 (Juni 1968) »Die Studenten an die Macht«.

33 Lau, S. 274f.

34 Schneider, S. 194.

35 Vgl. Bedingungen und Organisation des Widerstandes. Der Kongreß in Hannover. Hrsg. von Bernward Vesper, Berlin 1967; Ausschnitte des Kongresses im Film: Müller, Hans Dieter, Hörmann, Günther, »Ruhestörung« (Film), Ulm 1967.

36 Kongreß, S. 12.

37 Ebenda, S. 31f.

38 Ebenda, S. 54.

39 *Die Zeit*, Nr. 37, 9.9.67; vgl. auch Chaussy, S. 140f.

40 BZ, 21.12.66, S. 2.

41 Kongreß, S. 80.

42 Ebenda, S. 81.

43 Ebenda, S. 93.

44 Ebenda, S. 94.

45 Ebenda, S. 101.

46 Vgl. Rabehl, Bernd, Rudi Dutschke. Revolutionär im geteilten Deutschland. Schnellroda 2002, S. 72ff; Karl, Michaela, Rudi Dutschke. Revolutionär ohne Revolution, Frankfurt am Main 2003, S. 154ff.; Rudi Dutschke. Jeder hat sein Leben ganz zu leben. Die Tagebücher 1963–1979. Herausgegeben von Gretchen Dutschke. Köln 2003, S. 55; Dutschke, Gretchen, Rudi Dutschke. München 1998, S. 142ff.; Knabe, Unterwanderte Republik, S. 217ff. Knabe datiert

die Besprechung irrtümlich auf Juni 1968, tatsächlich war es Juni 1967, der Ort war nicht Pichelsberg, sondern Pichelsdorf.

[47] Vgl. Dutschke Tagebücher, S. 55; Rabehl, S. 72.

[48] Rabehl, S. 72.

[49] Dutschke Tagebücher, S. 55.

[50] Dutschke, Diskussion in Pichelsdorf am 24.6.1967, Nachlaß, zitiert nach Karl, S. 154.

[51] Vgl. Karl, S. 155; wieder abgedruckt in: Frankfurter Schule und Studentenbewegung. Von der Flaschenpost zum Molotowcocktail 1946–1995. Band 2: Dokumente. Herausgegeben von Wolfgang Kraushaar. Hamburg 1998, S. 255–260. Der Artikel erschien in der Nr. 5 des wöchentlich erscheinenden *Oberbaum Blatt*. Die Nr. 1 war am 1. Juni 67, dem Vortag des Schah-Besuchs erschienen. Bei dem auf der Nr. 5 vermerkten Datum, 12. Juni 1967, handelte es sich um einen Druckfehler. Tatsächlich war es der 12. Juli 67, wie auch Karl richtig datierte. Die Auflage des *Oberbaum Blatt* wurde mit 7000 angegeben, der Herausgeber war Hartmut Sander.

[52] Frankfurter Schule, Bd. 2, S. 257.

[53] Im Kommunistischen Manifest wird die kommunistische Gesellschaft als eine Assoziation bezeichnet, worin die freie Entwicklung eines jeden die freie Entwicklung aller ist.

[54] Frankfurter Schule, Bd. 2, S. 260.

[55] Ebenda, S. 259.

[56] Vgl. Staadt, Jochen, Voigt, Tobias, Wolle, Stefan, Feind-Bild Springer. Ein Verlag und seine Gegner. Göttingen 2009, S. 45ff.

[57] Franz Knipping: 1962–1965 Lehrauftrag für Geschichte der deutschen Presse im Imperialismus (1900–1945); 1965–1967 Professor mit Lehrauftrag für Zeitgeschichte des deutschen Journalismus; 1965–1967 Dekan der Fakultät für Journalistik; ab 1967 beim Neuen Deutschland in verschiedenen Funktionen; vgl. http://www.uni-leipzig.de/unigeschichte/professorenkatalog/leipzig/Knipping_1139 (Stand: 17.5.2010).

[58] Knipping, Franz, Jeder vierte zahlt an Axel Cäsar. Die Abenteuer des Hauses Springer. Berlin (Ost) 1963.

[59] Ebenda, S. 129 und S. 142.

[60] Frankfurter Schule, Bd. 2, S. 258–259.

[61] Ulbricht, Walter, Der Weg zum künftigen Vaterland der Deutschen. Berlin (Ost) 1966, S. 41.

[62] Ebenda, S. 44.

[63] Vgl. Enzensberger, S. 158; Dutschke Tagebücher, S. 41.

[64] Frankfurter Schule, Bd. 2, S. 258f.

[65] Ebenda.

[66] Ebenda, Bd. 2, S. 259.

III. Hinter der Bühne

1   SAPMO-BArch, DY 30 IV A 2/2.028, 106, Bl. 137–141. Die folgenden Zitate sind, soweit nicht anders vermerkt, diesem Bericht entnommen.
2   Statut der Sozialistischen Einheitspartei Deutschlands, Berlin (Ost) 1970, S. 92.
3   Vgl. Herms, Michael, Popp, Karla, Westarbeit der FDJ. 1946–1989. Eine Dokumentation. Berlin 1997, S. 345.
4   Ebenda.
5   Der Bundesvorstand des SDS bestand aus fünf Mitgliedern, dem 1. Vorsitzenden, dem 2. Vorsitzenden und einem dreiköpfigen Politischen Beirat. Im Juni 1967 waren das Reimut Reiche (1. Vorsitzender; Frankfurt/Main), Peter Gäng (2. Vorsitzender; West-Berlin) sowie als Mitglieder des Beirats Erich Eisner (München), Wolfgang Lefèvre (West-Berlin) und Lothar Wolfstetter (Mannheim). Sie waren auf der 21. Delegiertenkonferenz des SDS (1.–4.9.66, Frankfurt/Main) gewählt worden. Vgl. Frankfurter Schule und Studentenbewegung. Hrsg. vom Wolfgang Kraushaar. Bd. 1, Chronik. Hamburg 1998, S. 234f.
6   SAPMO-BArch, DY 30/IV A 2/2.028, 106, Bl. 142–149. Die folgenden Zitate sind, soweit nicht anders vermerkt, diesem Bericht entnommen.
7   Vgl. Knabe, S.217ff. Anders als bei Knabe vermerkt, fand das Treffen im Juni 1967 statt.
8   Protokoll der Verhandlungen des VII. Parteitages der Sozialistischen Einheitspartei Deutschlands. 17. bis 22. April 1967. Berlin (Ost) 1967, S. 63.
9   SAPMO-BArch, DY 30/IV A 2/2.028, 106, Bl 159–169. Die folgenden Zitate sind, soweit nicht anders vermerkt, diesem Bericht entnommen.
10 Vgl. Herms, Popp, S. 295–368.
11 Vgl. Staadt, S. 28.
12 Stiftung Archiv der Parteien und Massenorganisationen der DDR im Bundesarchiv. Führer zu Archiv- und Bibliotheksbeständen. Hrsg. von Angelika Menne-Haritz. Berlin 2006, S. 70.
13 Herms, Popp, S. 520.
14 Vgl. Staadt, S. 331f.
15 Vgl. Herms, Popp, S. 520ff.
16 Ebenda, S. 298.
17 Staadt, S. 123.
18 Herms, Popp, S. 296f.
19 Ebenda, S. 305; Staadt, S. 131f.
20 Die folgenden Hintergrundinformationen und Zitate sind, soweit nicht anders vermerkt, Herms, Popp, S. 269–324 entnommen.
21 Über das Wirken der FDJ-Halle an der Universität Münster im Rahmen der Westarbeit des Bezirks Halle legte Martin Mönnighoff 1998 eine Lokalstudie vor. Vgl. Mönninghoff, Martin, »›Hettstedt ruft Münster!‹ ›Westarbeit‹ der

Sozialistischen Einheitspartei Deutschlands im Bezirk Halle und in Nord-rhein-Westfalen (1956–1970)«. (Diss.) Münster 1998, 238ff.

22 SAPMO-BArch DY 30 IV A2/ 2.028, 106, Bl. 118–127. Die folgenden Infor-mationen und Zitate sind, soweit nicht anders vermerkt, diesem Bericht ent-nommen.

23 »Information über politische Seminare einer FDJ-Delegation mit Funktio-nären und Mitgliedern des Sozialistischen Deutschen Studentenbundes (SDS) in Frankfurt/Main und Bonn vom 9.–12. Dezember 1966.« In: Eben-da, Bl. 86–91.

24 Ebenda, Bl. 87.

25 Ebenda, Bl. 92ff.

26 Ebenda, Bl. 92. Die folgenden Zitate sind, soweit nicht anders vermerkt, die-sem Konzept entnommen.

27 SAPMO-BArch, DY 30, IV A 2/2.028, 107, Bl. 10ff. Die folgenden Zitate sind, soweit nicht anders vermerkt, diesem Bericht entnommen.

28 Kellerhoff, S. 281. Die Bezeichnung Außerparlamentarische Opposition, kurz: APO, kam mit der Bildung der Großen Koalition ab Dezember 1966 als Sammelbezeichnung für die unterschiedlichen linken Gruppen und Initia-tiven auf, die unter anderem in der Antinotstandskampagne, der Oster-marschbewegung, der Anti-Springer-Kampagne oder der Studentenbewe-gung aktiv waren. Vgl. hierzu u. a. Otto, Karl A., Vom Ostermarsch zur APO. Geschichte der außerparlamentarischen Opposition in der Bundesrepublik 1960–1970. Frankfurt am Main, New York 1977, S. 15ff.

29 Knabe, S. 187ff.; Feind-Bild Springer, S. 94ff.; Kellerhoff S. 253ff.

30 Knabe S. 187f. Die folgenden Informationen und Zitate sind, soweit nicht anders vermerkt, entnommen aus Knabe, S. 187–201.

31 Vgl. hier auch Fichter, Tilman, Lönnendonker, Siegward, Kleine Geschichte des SDS. Berlin (West) 1977, S. 64 und S. 165.

32 Vgl. Knabe, S. 207–216; Feind-Bild Springer, S. 94ff.

33 Vgl. auch »Berichte von ›Erich‹«, in: Der Spiegel, 1994, Nr. 38, S. 95–101.

34 Kommuniqué 8. PV-Tagung, in: Dokumente der KPD 1945-56, S. 165f.

35 Führer zu Archiv- und Bibliotheksbeständen, S. 69f., S.104f., S. 108f.; Köss-ler, Till, Abschied von der Revolution. Kommunisten und Gesellschaft in Westdeutschland 1945–1968. Düsseldorf 2005, S. 373; Staadt, S. 27ff.

36 »Programm der nationalen Wiedervereinigung Deutschlands«, in: Wissen und Tat Sondernummer II, Nr. 12, 1952, S. 4ff.

37 Kössler S. 456.

38 Ebenda, S. 373f.

39 Ebenda, S. 385 und S. 450.

40 Ebenda, S 382; Röhl, Bettina, S. 81f.

41 Kössler, S. 375ff.

42 Röhl, Bettina, S: 80ff.; Benz, S. 12.

43 Röhl, Bettina, S. 81.

[44] Ebenda, S. 81.

[45] Quelle: Arbeitsbüro der KPD, DY IV 2/10.03, 131, Bl. 8.

[46] Klaus Rainer Röhl wurde 1956 Mitglied der KPD. Siegfried, S. 296; Röhl, Bettina, S. 60ff; Röhl, 5 Finger, S. 58ff.

[47] Röhl, Bettina, S. 95.

[48] Ebenda S. 123.

[49] Ebenda, S. 78 und S. 103.

[50] Ebenda, S. 82.

[51] Ebenda, S. 235ff.

[52] Ebenda, S. 352.

[53] Ebenda, S. 355.

[54] Siegfried, S. 304.

[55] Vgl. Siegfried, S. 298ff.

[56] SAPMO-BArch, DY IV, 2/10,03, 131, Bl. 39–40.

[57] Röhl, Bettina, S. 427; Röhl, 5 Finger, S. 135.

[58] »Beschlussvorlage zur Weiterführung der Arbeit mit dem Sozialistischen Bund und dem SDS« 22. Oktober 1962, SAPMO-BArch, DY 30 IV 2/10.03, 57, Bl. 141–149.

[59] Ebenda.

[60] Röhl, Bettina, S. 353.

[61] Fichter, S. 84.

[62] Ebenda, S. 134.

[63] Vgl. u. a. Staadt, Jochen, »Die Lübke-Legende«, Teil I-III, in: *Zeitschrift des Forschungsverbundes SED-Staat*, 2005, Nr. 18, S. 54–71; 2006, Nr. 19, S. 107–124; 2007, Nr. 21, S. 18–27.

[64] Extremismus-Berichte des Innenministeriums NRW an den Landtag oder Landesbehörden 1966, S. 12 (http://www.im.nrw.de/sch/doks/vs/ib1966.pdf).

[65] SAPMO-BArch, DY 30 IV 10.03, 5, Bl. 91–97. Die folgenden Informationen und Zitate sind, soweit nicht anders vermerkt, diesem Bericht entnommen.

[66] Vgl. Frankfurter Schule, Bd. 1, S. 232f.

[67] Fichter, Lönnendonker (1977), S. 70; Frankfurter Schule, Bd. 1, S. 182f. u. S. 192.

[68] Fichter, Lönnendonker (1977), S. 70.

[69] SAPMO-BArch DY 30 IV 2/10.03, 57, Bl. 141–149.

[70] Vgl. Kraushaar, Wolfgang, 1968 als Mythos, Chiffre und Zäsur, Hamburg 2000, S. 149f.; Knabe, S. 203f.; »Links-Gruppen bereiten Zusammenarbeit vor«, in: *Der Tagesspiegel*, 9.1.68.

IV. Der zweite Akt

[1] HIS RUD 110,01.

[2] Chaussy S. 29.

[3] HIS RUD 110,01.

[4] Vgl. Chaussy, S. 29f. und S. 34.

[5] Ebenda, S. 36.

[6] Ebenda, S. 42f.

[7] Rabehl datierte die ersten Kontakte auf Herbst 1963, vgl. Rabehl, Bernd, »Nachtcafé«, in: Kunzelmann, Dieter, Leisten Sie keinen Widerstand. Berlin 1998, S. 38–44; Michaela Karl datiert sie auf Anfang 1964, vgl. Karl, Michaela, Rudi Dutschke, S. 20. Einer der Initiatoren der Subversiven Aktion war Dieter Kunzelmann. Die bekanntesten Mitglieder der Gruppe waren Rudi Dutschke, Dieter Kunzelmann und Bernd Rabehl. Alle drei verließen später die Subversive Aktion und wurden innerhalb des SDS in West-Berlin aktiv. Siehe dazu: Subversive Aktion. Der Sinn der Organisation ist ihr Scheitern. Herausgegeben von Frank Böckelmann und Herbert Nagel. Frankfurt am Main 2002, S. 301.

[8] Subversive Aktion, S. 169–174.

[9] Langguth, Gerd, »Rudi Dutschke und das Konzept Stadtguerilla«, in: 40 Jahre 1968, S. 50f.

[10] Subversive Aktion, S. 258f.

[11] Dutschke, Gretchen, »Unser Leben«, in: Dutschke, Rudi, Aufrecht gehen. Eine fragmentarische Autobiographie. West-Berlin 1981, S. 7.

[12] Dutschke, Gretchen, Rudi Dutschke. München 1998, S. 16.

[13] Dutschke, Rudi, Geschichte ist machbar. West-Berlin 1980, S. 40.

[14] Vgl. das Kapitel »Das Kursbuch«, S. 81–87.

[15] Enzensberger, Kommune, S. 77; zur Kommune I vgl. auch Kunzelmann, Dieter, Leisten Sie keinen Widerstand! Bilder aus meinem Leben. Berlin 1998, S. 59ff.

[16] Enzensberger, Kommune I, S. 76. Obwohl maßgeblich an der Kommune-Diskussion beteiligt, machten Dutschke und Rabehl schließlich nicht mit.

[17] Dutschke, Gretchen, S. 60; Dutschke Tagebücher, S. 24.

[18] Klein, Thomas, SEW. Berlin 2009, S. 112; Kubicki, Karol, Lönnendonker, Siegward, Die Freie Universität Berlin 1948–2007. Göttingen 2008, S. 64, Dutschke Tagebücher, S. 22f.; Subversive Aktion, S. 279ff.

[19] Subversive Aktion, S. 22.

[20] »Genehmigte Demonstrationen müssen in die Illegalität überführt werden«, in: Geschichte ist machbar, S. 35; Subversive Aktion, S. 324.

[21] Barbarisches Leben, S. 61.

[22] Vgl. Kraushaar, Wolfgang, »Rudi Dutschke und der bewaffnete Kampf«, in: Kraushaar, Wolfgang u. a., Rudi Dutschke, Andreas Baader und die RAF, Hamburg 2005, hier: S. 28ff.; eine erweiterte Fassung des Aufsatzes erschien später in: Die RAF und der linke Terrorismus. Hrsg. von Wolfgang Kraushaar. Bd. 1. Hamburg 2006, S. 218–247; vgl. auch Langguth, Gerd, Mythos '68. München 2001, hier vor allem das Kapitel »Dutschkes Gewaltphilosophie«.

[23] Kraushaar, Rudi Dutschke, S. 30. Was sich hinter den »T. u. Son. Gruppen« verbirgt, konnte bisher nicht eindeutig geklärt werden.

[24] Frankfurter Schule, Bd. 2, S. 287–290. Das Organisationsreferat wurde am Dienstag, dem 5.9.67 gehalten.

25 Vgl. Rudi Dutschke. Geschichte ist machbar, S. 89–95; Fichter, Lönnendon-
    ker (1977), S. 116ff.
26 Frankfurter Schule, Bd. 2, S. 289f.
27 Vgl. Meyers Großes Taschenlexikon, Bd. 9, S. 2916.
28 Der Chilene Gaston Salvatore war eng mit Dutschkes befreundet, seitdem sie
    gemeinsam im Mai/Juni 1967 den Text von Che Guevara »Schaffen wir zwei,
    drei, viele Vietnam« übersetzt hatten.
29 Schneider, Rebellion, S. 193 und S. 248f.
30 Was bleibt, sind Fragen. Die klassischen Interviews. Hrsg. von Hans-Dieter
    Schütt, S. 444.
31 Ebenda, S. 446.
32 Vom MfS sind Einreisen Dutschkes am 19.1.68, 20.1.68, 30.1.68 und 6.2.68
    vermerkt. HIS RUD 140,01.
33 SAPMO-BArch, DY 30 IV A2/2.028, 107, Bl. 19–33. Die folgenden Zitate
    sind, soweit nicht anders vermerkt, diesem Bericht entnommen.
34 Chaussy, S. 201.
35 Vgl. ullstein bild, Foto Nr. 00367143
36 Der Kampf des vietnamesischen Volkes und die Globalstrategie des Imperia-
    lismus. Internationaler Vietnam-Kongreß. Hrsg. SDS Westberlin und Inter-
    nationales Nachrichten- und Forschungs-Institut (INFI). Berlin 1968, S. 50.
37 Ebenda S. 55.
38 Vgl. Fichter, Lönnendonker (2008), S. 243; »KP in der Wäsche«, in: Der Spie-
    gel, 1968, Nr. 30, 22.7.68, S. 46.
39 Vietnam-Kongreß, S. 86.
40 Ebenda, S. 86.
41 Ebenda, S. 63.
42 William C. Westmoreland war Oberbefehlshaber der US-Truppen im Viet-
    namkrieg zwischen 1964 und 1968.
43 Ebenda, S. 64.
44 Dutschke, Gretchen, Rudi Dutschke, S. 175; Fichter, Lönnendonker (1977),
    S. 122.
45 Dutschke (Pseudonym: R.S.), Oberbaum Blatt (12.7.67), in: Frankfurter
    Schule, Bd. 2, S. 258.
46 Vgl. Staadt u. a., Feind-Bild Springer, S. 53ff.
47 Meinhof, Ulrike Marie, Die Würde des Menschen ist antastbar. Berlin 2004,
    S. 104–107.
48 Vietnam-Kongreß, S. 107–124. Die folgenden Zitate sind, soweit nicht anders
    vermerkt, dieser Rede entnommen.
49 Vgl. das Kapitel »Feltrinelli I«, S. 159f.
50 Vietnam-Kongreß, S. 38.
51 Ebenda, S. 141.
52 Ebenda, S. 146.
53 Vgl. Peters, S. 833ff.

54 Vietnam-Kongreß, S. 146.
55 Ebenda, S. 30f.
56 Ebenda, S. 158ff.
57 Fichter, S. 123f.
58 Vietnam-Kongreß, S. 157.
59 Zur Entstehung und Ausrichtung der Zeitschrift siehe auch Kapitel »Feltri-nelli II«, S. 199–208.
60 Vietnam-Kongreß, S. 13.
61 Dutschke Tagebücher, S. 62.
62 Schneider, S. 258.
63 Dutschke, Gretchen, Rudi Dutschke, S. 180f; Chaussy, S. 208. Hier war es eine Wohnung in der Uhlandstraße und das Dynamit war in einer Reisetasche transportiert worden.
64 Chaussy, S. 214f; Die RAF und der linke Terrorismus, Bd. 1, S. 225.
65 Dutschke Tagebücher, S. 70f.; Kraushaar, Dutschke und der bewaffnete Kampf, S. 27.
66 Kraushaar, ebenda, S. 27f.
67 Chaussy, S. 203ff. Ursprünglich wollte man zu den Kasernen der US-Solda-ten ziehen und sie zur Desertion auffordern.
68 Vgl. Müller, Berlin 68, S. 217.
69 So Nirumand 1989 in seinem Buch: Leben mit den Deutschen, S. 112ff.
70 Vgl. nachfolgend, sofern nicht anders angegeben: »Zwischenbericht« vom 18.4.1968, B Rep 058, Nr. 1557, Bl. 35–42 und »Schwurgerichtsanklage« Generalstaatsanwalt vom 20.9.1968, B Rep 058, Nr. 1555, Bl. 65–75.
71 Aussage Peter W., B Rep 058 Nr. 1557, Bl. 2.
72 Aussage des Zeugen K., B Rep 058, Nr. 1558, Bl. 13; Aussage Rudi Dutschke, 6.6.68, B Rep 058, Nr. 1557, Bl. 141–144.
73 Aussage Rudi Dutschke, ebenda.
74 »Revolveruntersuchung« (31.5.68), B Rep 058, Nr. 1557, Bl. 149.
75 »Durch Revolverschüsse verletzte männl. Person«, B Rep 058, Nr. 1558, Bl. 2–3.
76 B Rep 058, Nr. 1558, Bl. 98.
77 Chaussy, S. 248.
78 Fichter, Lönnendonker (1977), S. 127; Chaussy, S. 249ff.
79 Chaussy, S. 250; Fichter, Lönnendonker (1977), S. 127.
80 Ebenda.
81 Zitiert nach: Chaussy, S. 252.
82 Vgl. Frankfurter Schule, Bd. 1, S. 304ff.
83 Frankfurter Schule, Bd. 2, S. 258f.
84 Der Spiegel, 10.7.67, zitiert nach: Frankfurter Schule, Bd. 3, S. 269.
85 Die nachfolgenden Angaben beruhen, soweit nicht anders angegeben, auf der »Schwurgerichtsanklage«, Generalstaatsanwalt vom 20.9.1968, B Rep 058, Nr. 1555, Bl. 65–75.
86 Der Spiegel, 2009, Nr. 50, S. 30–34.

[87] B Rep 058, Nr. 1555, Bl. 6.
[88] *Der Spiegel*, 2009, Nr. 51, S. 38.
[89] B Rep 058, Nr. 1557, Bl. 82ff.
[90] B Rep 058, Nr. 1558, Bl. 1ff.
[91] Vernehmung Gertrud B., 12.4.68, B Rep 058, Nr. 1551, Bl. 14.
[92] Vernehmung Josef Bachmann, 2.7.68, B Rep 058, Nr. 1555, Bl. 18.
[93] Ebenda, Bl. 19.
[94] Vernehmung Gertrud B., 12.4.1968, B Rep 058, Nr. 1551, Bl. 12.
[95] Vernehmung Hans S., B Rep 058, Nr. 1557, Bl. 172.
[96] Vernehmung Josef Bachmann 27.6.1968, B Rep 058, Nr. 1555, Bl. 23.
[97] Vernehmung Josef Bachmann 12.4.1968, B Rep 058, Nr. 1558, Bl. 98RS.
[98] Vernehmung Josef Bachmann 16.4.1968, B Rep 058, Nr. 1558, Bl. 105.
[99] Vernehmung Josef Bachmann 27.6.1968, B Rep 058, Nr. 1555, Bl. 23.
[100] B Rep 058, Nr. 1555, Bl. 26.
[101] B Rep 058, Nr. 1558, Bl. 106RS.
[102] B Rep 058, Nr. 1555, Bl. 59.
[103] Gutachten Dr. E. Philip, B Rep 058, Nr. 1555, Bl. 48–60 und Nr. 1555, Bl. 96–111.
[104] Vgl. Chaussy, S. 288; zum Prozessverlauf vgl. Ebenda S. 281–290.
[105] *Der Spiegel*, 1969, 10.3.1969, S. 76–78.
[106] Chaussy, S. 288.
[107] Karl, Dutschke, S. 348.
[108] *Der Spiegel*, 1970, 2.3.1970, S. 198.
[109] Vgl. Chaussy, S. 294.
[110] BStU, ZAIG, 1481, Bl. 97.
[111] B Rep 058, Nr. 1551, Bl. 18.
[112] BStU, ZAIG, 1481, Bl. 96f.
[113] SAPMO-BArch, DY 30 IV A 2/2.028, 107, Bl. 7f.
[114] Ebenda, Bl. 6.
[115] Röhl, Bettina, S. 80.
[116] Ebenda, S. 85.
[117] Andrew, Christopher, Mitrochin, Wassili, Das Schwarzbuch des KGB. Moskaus Kampf gegen den Westen. Berlin 2006, S. 535.
[118] 6.8.61: Chaussy, S. 30; 9.8.61: HIS RUD 140,01; 10.8.61: Chaussy, S. 34; 11.8.61: Dutschke Tagebücher, S. 362 und 11.8.61 (Helmut Dutschke): »Bist du verrückt, Rudi, wie sprichst du denn!« Ein Gespräch mit Helmut und Manfred Dutschke, in: *Cicero*, Nr. 8, 2007, S. 56–62, hier: S. 59.
[119] Dutschke Tagebücher, S. 362. Die im Notaufnahmelager angefertigte Aussiedlerakte Dutschkes existiert zwar, ist aber nicht zugänglich.
[120] »Bist du verrückt, Rudi, …«, in: *Cicero*, Nr. 8, 2007, S. 59.
[121] Deutsche Lebensläufe: Rudi Dutschke, Buch und Regie Frank Hertweck und Simone Reuter, SWR 2002; ab ca. Min. 7:07.
[122] Chaussy, S. 29 und S. 34; Karl, S. 19f.
[123] Chaussy S. 34; HIS RUD 105,01.

[124] Vgl. Dutschke, Gretchen, Rudi Dutschke, S. 219.

[125] Vgl. Joffe, Nadescha A., Rückblende. Essen 1997, S. 28ff.

[126] Vgl. »Die Deutschen und die Revolution, Lenin und der Kaiser«, in: *Spiegel-Special Geschichte*, 2007, Nr. 4, 18.12.2007, S.39.

[127] Vgl. Chaussy, S. 34; Karl, S. 20; Dutschke Tagebücher, S. 362.

[128] Der Leiter des Unternehmensarchivs der Axel Springer AG, Rainer Laabs, teilte auf Nachfrage zum Volontariat Dutschkes am 16.7.2009 mit: »Mir stehen keinerlei Nachweise für diese Geschichte zur Verfügung. Ich kann das so schnell und geradezu beantworten, weil ich schon wiederholt und umfassend nach diesem speziellen Volontär gesucht habe.«

[129] »Interzonenverkehr. Gefährliche Liebe«, in: *Der Spiegel* 1962, Nr. 22, 30.5.62, S. 24ff.

[130] Vgl. Benz, Wolfgang, Deutschland seit 1945. München 1990, S. 88.

[131] Vgl. Dutschke Tagebücher, S. 26.

[132] Chaussy, S. 130ff.

[133] HIS RUD 140,01.

[134] Rabehl, Bernd, Rudi Dutschke. Schnellroda 2004, S.99ff.

[135] Kellerhoff, S. 268.

[136] Vgl. Chaussy, S. 130ff.; Rabehl, S. 97.

[137] HIS RUD 140,01.

[138] Kunzelmann, S. 57.

[139] DY 30, IV A 2/2.028, Nr. 107, Bl. 1–3.

[140] Ebenda, Bl. 3.

[141] Dutschke Tagebücher, S. 53.

[142] »›Die Regierung muß gestürzt werden‹. AStA-Veranstaltung zum Tag der Deutschen Einheit«, in: *Die Welt*, 19.6.67, S. 11.

[143] Klein, Tomas, SEW, S. 127

[144] »SED: Immer dabei«, in: *Der Spiegel*, 1968, Nr. 22, 27.05.1968, S. 39.

[145] Kerblochkarten waren Bestandteil der Kerblochkartei, die seit 1965 für alle Diensteinheiten des MfS verbindlich war und die den Informationsspeicher der operativen Diensteinheiten bildete. Die einzelne Kerblochkarte enthielt Personengrunddaten und Angaben zur Erfassung; vgl. www.bstu.bund.de.

[146] Vgl. das Kapitel »Sozialistischer Bund«, S. 131–134.

[147] Fichter, S. 120.

[148] Vgl. Peters, S. 135f.

[149] Vgl. u. a. Rudi Dutschke, Geschichte ist machbar, S. 136f.; Chaussy, S. 233–330.

[150] Rabehl, Rudi Dutschke, S. 101

[151] Ebenda, S. 100.

[152] Kraushaar, 1968 als Mythos, S. 140; vgl. auch verkürztes Zitat in Dutschke, Gretchen, Rudi Dutschke, S. 476.

[153] Vgl. u. a. »Mord an King führt zu einer Welle von Terror und Gewalt«, in: *Berliner Morgenpost*, 7.4.68, S.1.

V. Der dritte Akt

1   Arbeitsbüro der KPD, DY 30/IV 10.03, 67, Bl. 11ff.
2   »Gründung eines revolutionären sozialistischen Jugendverbandes«, Büro
    Norden, DY/30, IV A 2/2.028, Nr. 106, Bl. 212.
3   Ebenda.
4   Vgl. »Information über die Zusammenkunft des Gründungsausschusses«,
    ebenda, Bl. 214–221.
5   »Information über Maßnahmen zur Unterstützung des neuen Jugendver-
    bandes in Westdeutschland«, ebenda, Bl. 223ff.
6   Arbeitsbüro der KPD, DY 30/IV 10.03, 67, Bl. 173f.
7   »SDAJ. Frieden und Eierkuchen«, in: *Der Spiegel*, 1968, Nr. 42, 14.10.68, S. 80–82.
8   Priemer, Rolf, »›Gemeinsam sind wir unaufhaltsam.‹ Wie ich die Gründung
    der SDAJ und den Beginn ihrer Tätigkeit erlebte«, in: *Unsere Zeit*, 25.4.2008,
    (http://www.dkp-online.de/marxbild/doku/40170301.htm (28.5.2010).
9   »Staatsgefährdung. KP in der Wäsche«, in: *Der Spiegel*, 1968, Nr. 30, 22.7.68,
    S. 46.
10 Vgl. Die DKP. Gründung, Entwicklung, Bedeutung. Hrsg. von M. Schäfer.
    Frankfurt/Main 1978, S. 175; Mies, Herbert, Mit einem Ziel vor Augen,
    S. 246ff.
11 Vgl. Die DKP, S. 176
12 Vgl. Ebenda; Roik, Die DKP, S. 65ff.
13 Vgl. Roik S. 66.
14 Die DKP, S. 16 und S. 179.
15 Vgl. Ebenda, S. 181 und S. 184.
16 Mies, S. 1.
17 Die DKP, S. 191. 1971 waren es bereits 33 000, ebenda, S. 35; vgl. Extre-
    mismus-Berichte des Innenministeriums NRW an den Landtag oder Lan-
    desbehörden 1969.
18 Ebenda, S. 179.
19 Vgl. Ebenda, S. 179 und S. 145ff.
20 Vgl. Fichter, Lönnendonker (1977), S. 140f.
21 Vgl. Die DKP, S. 35. »Information über den I. Bundeskongreß des Marxisti-
    schen Studentenbundes Spartakus vom 20.05. bis 22.05.1971 in Bonn«,
    DY/30, IV A 2/2.028, Nr. 106, Bl. 389ff.; zur Selbstauflösung des SDS vgl. Fich-
    ter, Lönnendonker (1977), S. 140f.
22 Vgl. Kubicki, Lönnendonker (2008), S. 182ff.
23 Vgl. Schlamp, Hans-Jürgen, »Vom Millionär zum Terroristen«, in: *Der Spie-
    gel* 1999, Nr. 48, 29.11.1999, S. 198–202; Sterling, Claire, »Italy: The Feltrinelli
    Case«, in: *The Atlantic*, 1972, Nr. 230, Juli 1970, S. 10–18; Feltrinelli, Carlo,
    Senior Service. Das Leben meines Vaters Giangiacomo Feltrinelli. München
    2003; Sterling, Claire, Das internationale Terror-Netz. Der geheime Krieg
    gegen die westlichen Demokratien. Bern, München 1981, S. 32–57.

24 Feltrinelli, Senior Service, S. 70.
25 Vgl. Ebenda, S. 154ff.
26 Ebenda, S. 321.
27 Ebenda, S. 311f.
28 Sterling, Terror-Netz, S. 36.
29 Che Guevara. Brief an das Exekutivsekretariat von OSPAAL. Eingeleitet und übersetzt von Gaston Salvatore und Rudi Dutschke. Berlin 1967, S. 14 und S. 16.
30 Feltrinelli, Senior Service, S. 330.
31 Ebenda, S. 322.
32 Ebenda, S. 332
33 Sterling, Terror-Netz, S. 48; Feltrinelli, Senior Service, S. 420ff.
34 Sterling, Terror-Netz, S. 46.
35 Ebenda, S. 46 und S. 18.
36 Röhl, 5 Finger, S. 215f; Röhl, Bettina, S. 573ff.
37 Feltrinelli, Senior Service, S. 353.
38 Sterling, Terror-Netz, S. 49.
39 Vgl. Enzensberger, Kommune, S. 288.
40 »Tupamaros« leitet sich vom Namen des Rebellenführers Túpac Amaru ab; so nannte sich auch die uruguayische Armee, die Anfang des 19. Jahrhunderts gegen die Kolonialmacht Spanien kämpfte. Michael Baumann berichtete, dass er nach Italien gefahren sei und Geld von Feltrinelli erhalten habe. Vgl. Becker, Jilian, Hitlers Children, Philadelphia NY 1977, S. 258.
41 Vgl. Thomas, »Die Tupamaros in Uruguay«, in: Die RAF und der linke Terrorismus. Band 2. Hamburg 2006, S. 736–750.
42 Kunzelmann, S. 123.
43 Vgl. Kraushaar, Wolfgang, Die Bombe im jüdischen Gemeindehaus, Wie alles anfing. S. 65ff.
44 Vgl. Sterling, Terror-Netz, S. 51. Bei Sterling steht 4.12.68, richtig muss es heißen: 4.12.69; vgl. auch Sterling, Feltrinelli-Case.
45 BStU, MfS, HA IX – KK. Die Meldungen stammen aus Die Welt vom 22.12.69, 3.1.70, eine ist undatiert.
46 Vgl. Peter, Tödlicher Irrtum, S. 35ff; Aust, Stefan, Der Baader-Meinhof-Komplex, S. 90 ff.
47 Enzensberger, Ulrich, Die Tage der Kommune, S. 371f.
48 Sterling, Terror-Netz, S. 50.
49 Vgl. Ebenda, S. 54.
50 Ebenda, S. 34.
51 Burt, Richard, »U.S. Studying Possible Connection Of the Italian Terrorists of Prague«, in: The New York Times, 28.4.1978, vgl. auch Sterling, Terror-Netz, S. 349.
52 Sterling, S. 41ff.
53 Ebenda, S. 231f.
54 Burt, New York Times, 28.4.78.

[55] Sterling, Terror-Netz, S. 37

[56] Vgl. Sterling, Terror-Netz, S. 39; Feltrinelli, Senior-Service, S. 68.

[57] Feltrinelli, Senior-Service, S. 64 und S. 68f.

[58] Ebenda, S. 337.

[59] Sterling, Terror-Netz, S. 49.

[60] Langguth, Gerd, Mythos '68, S. 74.

[61] Die folgenden Informationen und Zitate sind, soweit nicht anders vermerkt, entnommen aus: Baron, Udo, »›Gruppe Ralf Forster‹. Die geheime Militärorganisation von DKP und SED in der Bundesrepublik«, in: *Deutschland-Archiv*, 2005, Nr. 6, S. 1009–1013.

[62] Baron geht davon aus, dass die DKP-Vorsitzenden Kurt Bachmann und Herbert Mies, die Stellvertreter Hermann Gautier und Ellen Weber sowie das Mitglied des Präsidiums und des Sekretariats, Kurt Fritsch, darüber Bescheid wussten.

[63] Auerbach, Einsatzkommandos, S. 143.

[64] Siehe hierzu auch die entsprechenden Abschnitte zu Karl-Heinz Kurras, S. 47–58.

[65] Auerbach, Einsatzkommandos, S. 145.

[66] Ebenda, S. 146.

[67] Vgl. Ebenda, S. 155.

[68] Die folgenden Zitate stammen aus: Schütt, Peter, »Was die DKP und die Terroristen der RAF miteinander verband«, in *Frankfurter Allgemeine Zeitung*, Nr. 244, 21.10.1997, S. 11.

VI. Das Drehbuch

[1] Sejna, Jan, We Will Bury You. London 1983.

[2] Sejna, Jan, Douglass, Joseph D., Decision-Making in Communist Countries: An Inside View. Cambridge, Massachusetts, Washington 1986, S. V.

[3] Ebenda, S. 164f.

[4] Ebenda, S. 46.

[5] Ebenda, S. 50.

[6] Vgl. Sejna, Douglass, Decision-Making, S. 74f.; Andrew, Christopher, Mitrochin, Wassili, Das Schwarzbuch des KGB 2. Moskaus Geheimoperationen im Kalten Krieg. Berlin 2006, S. 70ff.

[7] Andrew, Mitrochin, KGB 2, S. 73.

[8] Ebenda, S. 86.

[9] Sterling, Terror-Netz, S. 259.

[10] Die folgenden Zitate und Informationen sind, soweit nicht anders vermerkt, entnommen aus: Sejna, Bury You, S. 100–108.

[11] Vgl. hierzu Sejna, Bury You, S. 114–157.

[12] Ebenda, S. 116f.

13 Die folgenden Informationen und Zitate sind entnommen aus: Ploetz, Michael,»Mit RAF, Roten Brigaden und Acion Directe. Terrorismus und Rechtsextremismus in der Strategie von SED und KPdSU«, in: ZDF, 2007, Nr. 22, S. 122–125.

14 Sterling, Terror-Netz, S. 20 und S. 331.

15 Ebenda, S. 147f.

16 Vgl. Ebenda, S. 165ff.

17 Vgl. Auerbach, S. 10 und S. 114–131.

18 Ebenda, S. 11.

19 Verhandlungen des Deutschen Bundestages. 5. Wahlperiode, Anlagen, Bd. 124, 3841–3500, 1968, Drucksache V/3405.

20 Ebenda, Anlagen Bd. 125, 3501–3620, 1968, Drucksache V/3555.

21 Kraushaar, Rudi Dutschke …, in: Die RAF und der linke Terrorismus, S. 241; vgl. auch Sterling, Terror-Netz, S. 262.

22 Kraushaar, Rudi Dutschke, S. 241.

23 Aust, Stefan, Der Baader-Meinhof-Komplex, S. 171ff.

24 Andrew, Mitrochin, KGB 2, S. 366.

25 Ebenda, S. 53

26 Bukowski, S. 54f.

27 Vgl. Aust, S. 727ff.; Peters, S. 426ff.

28 Peters, S. 427.

29 Vgl. Internationale Beratung der kommunistischen und Arbeiterparteien Moskau 1969. Berlin (Ost) 1969, S. 841.

30 Vgl. Kraushaar,»Die Tupamaros West-Berlin«, S. 518.

31 »Rede des Genossen Rodney Arismendi«, in: Internationale Beratung der kommunistischen und Arbeiterparteien Moskau 1969, S. 248–258.

32 König, Karin,»Zwei Ikonen des bewaffneten Kampfes«, in: Die RAF und der linke Terrorismus. Hrsg. von Wolfgang Kraushaar. Band 1. Hamburg 2006, S. 444f.; vgl auch Kraushaar, Wolfgang,»Die Tupamaros West-Berlin«, in: ebenda, S. 512–530.

33 »Die Aufgaben des Kampfes gegen den Imperialismus in der gegenwärtigen Etappe …«, in: Internationale Beratung der kommunistischen und Arbeiterparteien Moskau 1969, S. 44.

34 »Rede des Genossen Rodney Arismendi zum Abschluß der Internationalen Beratung der kommunistischen und Arbeiterparteien«, in: Internationale Beratung der kommunistischen und Arbeiterparteien Moskau 1969, S. 837f.

35 Feltrinelli, Senior Service, S. 351.

36 Die folgenden Zitate und Informationen sind, soweit nicht anders vermerkt, entnommen aus Andrew, Mitrochin, KGB 2, S. 84–86.

37 Ebenda, S. 231.

Archiv- und Literaturverzeichnis

Archive

Landesarchiv Berlin
Akten der Staatsanwaltschaft im Verfahren gegen Karl-Heinz Kurras B Rep 058, Nr. 1607–1626
Akten der Staatsanwaltschaft im Verfahren gegen Josef Bachmann B Rep 058, Nr. 1548–1558

Stiftung Archiv der Parteien und Massenorganisationen der DDR im Bundesarchiv (SAPMO-BArch), Berlin
Büro Albert Norden, DY 30/IV 2/2.028/106, DY 30/IV 2/2.028/107
Büro Walter Ulbricht, DY 30/3564
Arbeitsbüro der KPD, DY 30/IV 2/10.03/5, DY 30/IV 2/10.03/57, DY 30/IV 2/10.03/67, DY 30/IV 2/10.03/131, DY 30/IV 2/10.03/133

Die Bundesbeauftragte für die Unterlagen des Staatssicherheitsdienstes der ehemaligen Deutschen Demokratischen Republik (BStU), Berlin
Akten Karl-Heinz Kurras, MfS, GH, Nr. 2/70, Bd. 1–17
Akten zu Josef Bachmann, MfS ZAIG 1481, 1 DB, S.1–2, MfS AKK 9615/80, Bd. 2, 1 DB, S. 79–80, S.82–85, S. 88–92, MfS BV KMStd StOp.-106, Bd. 1, 1 DB, S. 33–37.
Akten zu Rudi Dutschke, MfS HA XX/AKG-VSH
Akten zu Giangiacomo Feltrinelli, MfS HA IX-KK
Akten zu Benno Ohnesorg (ausschließlich Zeitungsausartikel zur Studentenbewegung 1967–1977) MfS – HA VI, Nr. 12666, MfS ZAIG/1, Nr. 9054 Bd. 1–3, MfS ZAIG/1, Nr. 9057, Bd. 1–3

Hamburger Institut für Sozialforschung (HIS), Hamburg
Nachlass Rudi Dutschke HIS RUD

Literaturverzeichnis

1968. Vom Ereignis zum Gegenstand der Geschichtswissenschaft. Herausgegeben von Ingrid Gilcher-Holtey. Göttingen 1998.

40 Jahre 1968. Alte und neue Mythen. Eine Streitschrift. Herausgegeben von Bernhard Vogel, Matthias Kutsch im Auftrag der Konrad-Adenauer-Stiftung e.v. Freiburg 2008.

Allertz, Robert, Die RAF und das MfS. Fakten und Fiktionen. Berlin 2008.

Aly, Götz, Unser Kampf. 1968 – ein irritierender Blick zurück. Frankfurt am Main 2008.

Anatomie der Staatssichrheit. Geschichte, Struktur und Methoden. MfS Handbuch. Herausgegeben von Klaus-Dietmar Henke, Siegfried Suckut u. a. Berlin 1996.

Andrew, Christopher, Mitrochin, Wassili, Das Schwarzbuch des KGB. Moskaus Kampf gegen den Westen. Berlin 2006.

Andrew, Christopher, Mitrochin, Wassili, Das Schwarzbuch des KGB 2. Moskaus Geheimoperationen im Kalten Krieg. Berlin 2006.

Auerbach, Thomas, Einsatzkommandos an der unsichtbaren Front. Terror- und Sabotagevorbereitungen des MfS gegen die Bundesrepublik Deutschland. Berlin 2001.

Aust, Stefan, Der Baader-Meinhof-Komplex. München 2008.

Baier, Lothar, Gottschalch, Wilfried, Reiche, Reimut u. a., Die Früchte der Revolte. Über die Veränderung der politischen Kultur durch die Studentenbewegung. Berlin (West) 1988.

Baron, Udo, Die verführte Friedensbewegung. Zur heute nachweisbaren Einflussnahme von SED und MfS, in: Die Politische Meinung, Nr. 407, Oktober 2003, S. 55–61.

Baron, Udo, »Gruppe Ralf Forster«. Die geheime Militärorganisation von DKP und SED in der Bundesrepublik, in: Deutschland-Archiv, 2005, Jg. 38, Nr. 6, S. 1009–1015.

Baron, Udo, Kalter Krieg und heisser Frieden. Der Einfluss der SED und ihrer westdeutschen Verbündeten auf die Partei »Die Grünen«. Münster, Hamburg, London 2003.

Baumann, Michael, Wie alles anfing. Frankfurt am Main 1977.

Becker, Jillian, Hitler's Children. The Story of the Baader-Meinhof Terrorist Gang. Philadelphia, New York 1977.

Bedingungen und Organisation des Widerstandes. Der Kongreß in Hannover. Protokolle Flugblätter Resolutionen. Berlin (West) 1967.

Benz, Wolfgang, Deutschland seit 1945. Entwicklungen in der Bundesrepublik und in der DDR. Chronik, Dokumente, Bilder. München 1990.

Berlin. Reisehandbuch von Karl Baedeker. Freiburg 1964.

Bikini. Die fünfziger Jahre. Kalter Krieg und Capri Sonne. Berlin (West) 1981.

»»Bist du verrückt, Rudi, wie sprichst du denn!‹ Ein Gespräch mit Helmut und Manfred Dutschke«, in: Cicero 2007, Nr. 8, August, S. 56–62.

Briefe an Rudi D. Herausgegeben von Stefan Reisner. Frankfurt am Main 1968.

Bude, Heinz, Das Altern einer Generation. Die Jahrgänge 1938 bis 1948. Frankfurt am Main 1997.

Bukowski, Wladimir, Abrechnung mit Moskau. Das sowjetische Unrechtsregime und die Schuld des Westens. Bergisch-Gladbach 1996.

Carini, Marco, Fritz Teufel. Wenn's der Wahrheitsfindung dient. Hamburg 2003.

Chaussy, Ulrich, Die drei Leben des Rudi Dutschke. Eine Biographie. Berlin 1993.

CheSchahShit. Die Sechziger Jahre zwischen Cocktail und Molotow. Reinbek 1986.

Cohn-Bendit, Daniel, Wir haben sie so geliebt, die Revolution. Frankfurt am Main 1987.

Der Kampf des vietnamesischen Volkes und die Globalstrategie des Imperialismus. Internationaler Vietnam-Kongreß 17./18. Februar 1968 Westberlin. Herausgegeben von SDS Westberlin und Internationales Nachrichten- und Forschungs-Institut (INFI). Redaktion: Sibylle Plogstedt. Berlin (West) 1968.

Die 68er und ihre Gegner. Der Widerstand gegen die Kulturrevolution. Herausgegeben von Becker, Dirsch und Winckler. Graz 2004.

Die Ära Adenauer. Einsichten und Ausblicke. Frankfurt am Main 1964.

Die Berlin-Frage. Politische Dokumentation 1944–1965. Herausgegeben von Wolfgang Heidelmeyer und Günther Hindrichs. Frankfurt/Main und Hamburg 1965.

Die DKP. Gründung, Entwicklung, Bedeutung. Herausgegeben von Max Schäfer. Frankfurt am Main 1978.

Die RAF und der linke Terrorismus. Band 1 und 2. Herausgegeben von Wolfgang Kraushaar. Hamburg 2006.

Die verführte Friedensbewegung. Der Einfluss des Ostens auf die Nachrüstungsdebatte. Herausgegeben von Jürgen Maruhn und Manfred Wilke. München 2002.

Ditfurth, Jutta, Rudi und Ulrike. Geschichte einer Freundschaft. München 2008.

Ditfurth, Jutta, Ulrike Meinhof. Die Biografie. Berlin 2007.

Dokumente zur Außenpolitik der Deutschen Demokratischen Republik. 1966. Band XIV. 1. Halbband. Herausgegeben vom Institut für Internationale Beziehungen. Berlin (Ost) 1970.

Dokumente zur Außenpolitik der Deutschen Demokratischen Republik. 1967. Band XV. 1. Halbband. Herausgegeben vom Institut für Internationale Beziehungen. Berlin (Ost) 1970.

Dutschke, Gretchen, Rudi Dutschke. Wir hatten ein barbarisches, schönes Leben. Eine Biographie. München 1998.

Dutschke, Rudi, Aufrecht Gehen. Eine fragmentarische Autobiographie. Herausgegeben von Ulf Wolter. Berlin (West) 1981.

Dynamische Zeiten. Die 60er Jahre in den beiden deutschen Gesellschaften. Herausgegeben von Axel Schildt, Detlef Siegfried, Karl Christian Lammers. Hamburg 2000.

Ein Gespräch über die Zukunft mit Rudi Dutschke, Bernd Rabehl und Christian Semler, in: Kursbuch 14, August 1968, S.146–174.

Elias, Norbert, Studien über die Deutschen. Machtkämpfe und Habitusentwicklung im 19. und 20. Jahrhundert. Frankfurt am Main 1992.

Enzensberger, Ulrich, Die Jahre der Kommune I. Berlin 1967–1969. München 2006.

Etzemüller, Thomas, 1968 – Ein Riss in der Geschichte? Gesellschaftlicher Umbruch und 68er-Bewegungen in Westdeutschland und Schweden. Konstanz 2005.

Extremismus-Berichte des Innenministeriums NRW an den Landtag oder Landesbehörden 1966. (http://www.im.nrw.de/sch/doks/vs/ib1966.pdf)

Extremismus-Berichte des Innenministeriums NRW an den Landtag oder Landesbehörden 1969. (http://www.im.nrw.de/sch/doks/vs/ib1969.pdf)

Extremismus-Berichte des Innenministeriums NRW an den Landtag oder Landesbehörden 1970. (http://www.im.nrw.de/sch/doks/vs/ib1970.pdf)

Feltrinelli, Carlo, Senior Service. Das Leben meines Vaters Giangiacomo Feltrinelli. München 2003.

Fend, Helmut, Sozialgeschichte des Aufwachsens. Bedingungen des Aufwachsens und Jugendgestalten im zwanzigsten Jahrhundert. Frankfurt am Main 1996.

Fichter, Tilman, Lönnendonker, Siegward, Kleine Geschichte des SDS. Der Sozialistische Deutsche Studentenbund von 1946 bis zur Selbstauflösung. Berlin (West) 1977.

Flucht im geteilten Deutschland. Erinnerungsstätte Notaufnahmelager Marienfelde. Herausgegeben von Bettina Effner und Helge Heidemeyer. Berlin 2005.

Frankfurter Schule und Studentenbewegung. Von der Flaschenpost zum Molotowcocktail 1946–1995. Band 1: Chronik. Band 2: Dokumente. Band 3: Aufsätze und Kommentare, Register. Herausgegeben von Wolfgang Kraushaar. Hamburg 1998.

Frei, Norbert, 1968. Jugendrevolte und globaler Protest. München 2008.

Fricke, Karl Wilhelm, Die DDR-Staatssicherheit. Entwicklung, Strukturen, Aktionsfelder. Köln 1989.

Führer, Karl Christian, Erfolg und Macht von Axel Springers »Bild«-Zeitung in den 1950er-Jahren, in: Zeithistorische Forschungen. 4. Jahrgang, 2007, Heft 3, S. 311–336.

Fuhrer, Armin, Wer erschoss Benno Ohnesorg? Der Fall Kurras und die Stasi. Berlin 2009.

Gaddis, John Lewis, Der Kalte Krieg. Eine neue Geschichte. München 2007.

Garstka, Dietrich, Das schweigende Klassenzimmer. Eine wahre Geschichte über Mut, Zusammenhalt und den Kalten Krieg. Berlin 2007.

Gilcher-Holtey, Ingrid, »Die Phantasie an die Macht«. Mai 68 in Frankreich. Frankfurt/Main 1995.

Gilcher-Holtey, Ingrid, Die 68er Bewegung. Deutschland, Westeuropa, USA. München 2001.

Gilcher-Holtey, Ingrid, 1968. Eine Zeitreise. Frankfurt am Main 2008.

Görtemaker, Manfred, Geschichte der Bundesrepublik Deutschland. Von der Gründung bis zur Gegenwart. Frankfurt am Main 2004.

Günter Gaus. Was bleibt, sind Fragen. Die klassischen Interviews. Herausgegeben von Hans Dieter Schütt. Berlin 2001.

Guevara, Che, Schaffen wir zwei, drei, viele Vietnam. Brief an das Exekutivsekretariat von OSPAAL. Eingeleitet und übersetzt von Gaston Salvatore und Rudi Dutschke. Berlin (West) 1967.

Hannover, Heinrich, Die Republik vor Gericht 1954–1974. Erinnerungen eines unbequemen Rechtsanwalts. Berlin 2001.

Herms, Michael, Popp, Karla, Westarbeit der FDJ. 1946–1989. Eine Dokumentation. Berlin 1997.

Horowitz, David, Kalter Krieg. Hintergründe der US-Außenpolitik von Jalta bis Vietnam. Berlin (West) 1969.

Horvath, Peter, Die Teilzahlungskredite als Begleiterscheinung des westdeutschen »Wirtschaftswunders« (1948–1960), in: Zeitschrift für Unternehmensgeschichte, 1992, Nr. 1, S.19–55.

Horx, Matthias, Aufstand im Schlaraffenland. Selbsterkenntnisse einer rebellischen Generation. München, Wien 1989.

Intellektuelle in der Arbeiterbewegung. Eine Diskussion mit Wolfgang Abendroth, Hans Brender und Josef Schleifstein. Materialien zur Diskussion über Peter Weiss' »Ästhetik des Widerstands«. Herausgegeben von Marxistischer Studentenbund Spartakus. Dortmund 1986.

Internationale Beratung der kommunistischen und Arbeiterparteien. Moskau 1969. Berlin (Ost) 1969.

Kailitz, Susanne, Von den Worten zu den Waffen? Frankfurter Schule, Studentenbewegung, RAF und die Gewaltfrage. Wiesbaden 2007.

Kappelt, Olaf, Braunbuch DDR. Nazis in der DDR. Berlin 2009.

Karl, Michaela, Rudi Dutschke. Revolulutionär ohne Revolution. Frankfurt am Main 2003.

Kaul, Friedrich Karl, Der kurze Weg der Ungeduld, in: Die Weltbühne, 1974, Nr. 16, 16.4.1974, S. 490–493.

Kellerhoff, Sven Felix, Die Stasi und der Westen. Der Kurras-Komplex. Hamburg 2010.

Kießling, Simon, Die antiautoritäre Revolte der 68er. Postindustrielle Konsumgesellschaft und säkulare Religionsgeschichte der Moderne. Köln 2006.

Kirsch, Hans-Christian, On the Road. Die Beat-Poeten William S. Burroughs, Allen Ginsberg, Jack Kerouac. Hamburg 1995.

Klein, Thomas, SEW – Die Westberliner Einheitssozialisten. Eine »ostdeutsche« Partei als Stachel im Fleische der »Frontstadt«?. Berlin 2009.

Knabe, Hubertus, Die unterwanderte Republik. Stasi im Westen. München 2001.

Knabe, Hubertus, Frontstadt Berlin. Die geheimen Propagandaaktionen der Stasi, in: Die politische Meinung, Nr. 381, August 2001, S. 33–36.

Knipping, Franz, Jeder vierte zahlt an Axel Cäsar. Die Abenteuer des Hauses Springer. Berlin (Ost) 1963.

Koenen, Gerd, Das rote Jahrzehnt. Unsere kleine deutsche Kulturrevolution 1967–1977. Köln 2001.

Koenen, Gerd, Vesper, Ensslin, Baader. Urszenen des deutschen Terrorismus. Köln 2003.

Kössler, Till, Abschied von der Revolution. Kommunisten und Gesellschaft in Westdeutschland 1945–1968. Düsseldorf 2005.

Krahl, Hans-Jürgen, Konstitution und Klassenkampf. Zur historischen Dialektik von bürgerlicher Emanzipation und proletarischer Revolution. Frankfurt am Main 1971.

Krause, Fritz, Antimilitaristische Opposition in der BRD 1949-55. Frankfurt am Main 1971.

Kraushaar, Wolfgang, 1968. Das Jahr, das alles verändert hat. München 1998.

Kraushaar, Wolfgang, 1968 als Mythos, Chiffre und Zäsur. Hamburg 2000.

Kraushaar, Wolfgang, 1968 und die Massenmedien, in: Archiv für Sozialgeschichte, 2001, Nr. 41, S. 317–333.

Kraushaar, Wolfgang, 1968 und die RAF. Ein umstrittenes Beziehungsgeflecht, in: Vorgänge, 2005, Nr. 3–4, September/Dezember S. 208–220.

Kraushaar, Wolfgang, Die Bombe im Jüdischen Gemeindehaus. Hamburg 2005.

Kraushaar, Wolfgang u. a., Rudi Dutschke, Andreas Baader und die RAF. Hamburg 2005.

Kraushaar, Wolfgang, Achtundsechzig. Eine Bilanz. Berlin 2008.

Kubicki, Karol, Lönnendonker, Siegward, Die Freie Universität Berlin 1948–2007. Von der Gründung bis zum Exzellenzwettbewerb. Göttingen 2008.

Kubina, Michael, »In einer solchen Form, die nicht erkennen läßt, worum es sich handelt ...« Zu den Anfängen der parteieigenen Geheim- und Sicherheitsapparate der KPD/SED nach dem Zweiten Weltkrieg, in: IWK, 1996, Nr. 3, S. 340–374.

Kunzelmann, Dieter, Leisten Sie keinen Widerstand! Bilder aus meinem Leben. Berlin 1998.

Langguth, Gerd, Mythos '68. Die Gewaltphilosophie von Rudi Dutschke. Ursachen und Wirkung der Studentenbewegung. München 2001.

Langguth, Gerd, So harmlos war er nicht, in: *Cicero*, 2008, März (www. cicero.de, 3.2.2010)

Langguth, Gerd, Rudi Dutschke und das Konzept Stadtguerilla, in: 40 Jahre 1968. Alte und neue Mythen – Eine Streitschrift. Herausgegeben von Bernhard Vogel und Matthias Kutsch. Freiburg 2008, S. 48–64.

Lau, Jörg, Hans Magnus Enzensberger. Ein öffentliches Leben. Frankfurt am Main 2001.

Lehmann, Hans Georg, Deutschland-Chronik 1945 bis 1995. Bonn 1996.

Leonhard, Wolfgang, Die Revolution entläßt ihre Kinder. München 1979.

Markovits, Andrei S., Gorski, Philip S., Grün schlägt Rot. Die deutsche Linke nach 1945. Hamburg 1997.

Meinhof, Ulrike Marie, Deutschland Deutschland unter anderm. Aufsätze und Polemiken. Berlin 1995.

Meinhof, Ulrike Marie, Die Würde des Menschen ist antastbar. Berlin 2004.

Miermeister, Jürgen, Rudi Dutschke. Reinbek 2003.

Mies, Herbert, Mit einem Ziel vor Augen. Vom Jung- zum Altkommunisten. Erinnerungen. Berlin 2009.

Mitscherlich, Alexander und Margarete, Die Unfähigkeit zu trauern. Grundlagen kollektiven Verhaltens. Leipzig 1990.

Modernisierung im Wiederaufbau. Die westdeutsche Gesellschaft der 50er Jahre. Herausgegeben von Axel Schildt und Arnold Sywottek. Bonn 1998.

Mönnighoff, Martin, »Hettstedt ruft Münster!« »Westarbeit« der Sozialistischen Einheitspartei Deutschlands im Bezirk Halle und in Nordrhein-Westfalen (1956–1970). Münster 1998.

Mosler, Peter, Was wir wollten, was wir wurden. Studentenrevolte zehn Jahre danach. Reinbek 1977.

Müller, Michael Ludwig, Berlin 1968. Die andere Perspektive. Berlin 2008.

Müller, Michael, Kanonenberg, Andreas, Die RAF-Stasi-Connection. Berlin 1992.

Müller-Enbergs, Helmut, Jabs, Cornelia, Der 2. Juni 1967 und die Staatssicherheit, in: Deutschland Archiv, 2009, Jg. 42, Nr. 3, S. 395–400.

Naumann, Klaus, Auf einem Sonderweg nach Westen. Die »Blätter« in den 80er Jahren, in: Blätter für deutsche und internationale Politik, 2008, Nr. 4, S. 71–82.

Negt, Oskar, Achtundsechzig. Politische Intellektuelle und die Macht. Göttingen 1995.

Nevermann, Knud, Der 2. Juni 1967. Studenten zwischen Notstand und Demokratie. Dokumente zu den Ereignissen des Schah-Besuchs. Herausgegeben von Verband Deutscher Studentenschaften (VDS). Köln 1967.

Nirumand, Bahman, Persien, Modell eines Entwicklungslandes oder Die Diktatur der Freien Welt. Nacherinnerungen von Hans Magnus Enzensberger. Reinbek 1967.

Nirumand, Bahman, Leben mit den Deutschen. Briefe an Leila. Reinbek 1989.

268

Otto, Karl A., APO. Außerparlamentarische Opposition in Quellen und Dokumenten (1960–1970). Köln 1989.

Otto, Karl A., Vom Ostermarsch zur APO. Geschichte der außerparlamentarischen Opposition in der Bundesrepublik 1960–1970. Frankfurt am Main, New York 1977.

Peters, Butz, Tödlicher Irrtum. Die Geschichte der RAF. Berlin 2004.

Ploetz, Michael, Mit RAF, Roten Brigaden und Action Directe. Terrorismus und Rechtsextremismus in der Strategie von SED und KPdSU, in: Zeitschrift des Forschungsverbundes SED-Staat. 2007, Nr. 22, S. 117–144.

Ploetz, Michael, Müller, Hans-Peter, Ferngelenkte Friedensbewegung? DDR und UdSSR im Kampf gegend den NATO-Doppelbeschluß. Münster 2004.

Protokoll der Verhandlungen des VII. Parteitages der Sozialistischen Einheitspartei Deutschlands. 17. bis 22. April 1967 in der Werner-Seelenbinder-Halle zu Berlin. 4 Bände. Berlin (Ost) 1967.

Rabehl, Bernd, Rudi Dutschke. Revolutionär im geteilten Deutschland. Schnellroda 2002.

Rathgeb, Eberhard, Die engagierte Nation. Deutsche Debatten 1945–2005. München, Wien 2005.

Reimann, Aribert, Dieter Kunzelamnn. Avantgardist, Protestler, Radikaler. Göttingen 2009.

Reinders, Ralf, Fritzsch, Ronald, Die Bewegung 2. Juni. Gespräche über Haschrebellen, Lorenzentführung, Knast. Berlin, Amsterdam 1995.

Richter, Holger, Die operative Psychologie des Ministeriums für Staatssicherheit der DDR. Frankfurt am Main 2001.

Röhl, Bettina, So macht Kommunismus Spaß! Ulrike Meinhof, Klaus Rainer Röhl und die Akte Konkret. Hamburg 2006.

Röhl, Klaus Rainer, Fünf Finger sind keine Faust. Eine Abrechnung. München 1998.

Roik, Michael, Die DKP und die demokratischen Parteien 1968–1984. Paderborn 2006.

Rudi Dutschke. Geschichte ist machbar. Texte über das herrschende Falsche und die Radikalität des Friedens. Herausgegeben von Jürgen Miermeister. Berlin (West) 1980.

Rudi Dutschke. Jeder hat sein Leben ganz zu leben. Die Tagebücher 1963–1979. Herausgegeben von Gretchen Dutschke. Köln 2003.

Schildt, Axel, Ankunft im Westen. Ein Essay zur Erfolgsgeschichte der Bundesrepublik. Frankfurt am Main 1999.

Schildt, Axel, Die Sozialgeschichte der Bundesrepublik Deutschland bis 1989/90. München 2007.

Schmidt, Christian, »Wir sind die Wahnsinnigen …« Joschka Fischer und seine Frankfurter Gang. München 1999.

Schneider, Peter, Rebellion und Wahn. Mein 68. Eine autobiographische Erzählung. Köln 2008.

Schütt, Peter, Was die DKP und die Terroristen der RAF miteinander verband, in: *Frankfurter Allgemeine Zeitung*, 1997, Nr. 244, 21.10.1997, S. 11.

Schütt, Peter, Marionetten an roten Fäden, in: *Rheinischer Merkur*, 1994, Nr. 48, 2.12.1994, S. 15.

Schultke, Dietmar, »Keiner kommt durch«. Die Geschichte der innerdeutschen Grenze und der Berliner Mauer 1945–1990. Berlin 2008.

Schulz, Hermann, Radebold, Hartmut, Reulecke, Jürgen, Söhne ohne Väter. Erfahrungen der Kriegsgeneration. Berlin 2004.

Schwarz, Hans-Peter, Axel Springer. Eine Biografie. Berlin 2008.

Sejna, Jan, We Will Bury You. London 1983.

Sejna, Jan, Douglass, Joseph D., Decision-Making in Communist Countries: An Inside View. Foreign Policy Report, January 1986. Washington, New York u. a. 1986.

Siegfried, Detlef, Time Is on My Side. Konsum und Politik in der westdeutschen Jugendkultur der 60er Jahre. Göttingen 2006.

Soukup, Uwe, Wie starb Benno Ohnesorg? Der 2. Juni 1967. Berlin 2007.

Staadt, Jochen, Die Lübke-Legende. Wie ein Bundespräsident zum »KZ-Baumeister« wurde. Teil I, in: Zeitschrift des Forschungsverbundes SED-Staat, 2005, Nr. 18, S. 54–71.

Staadt, Jochen, Die Lübke-Legende. Wie ein Bundespräsident zum »KZ-Baumeister« wurde. Teil II, in: Zeitschrift des Forschungsverbundes SED-Staat, 2006, Nr. 19, S. 107–124.

Staadt, Jochen, Die Lübke-Legende. Teil III. Das Korruptionsverfahren von 1933/34 und seine Rezeptionsgeschichte, in: Zeitschrift des Forschungsverbundes SED-Staat, 2007, Nr. 21, S. 18–27.

Staadt, Jochen, Die geheime Westpolitik der SED 1960–1970. Von der gesamtdeutschen Orientierung zur sozialistischen Nation. Berlin 1993.

Staadt, Jochen, Voigt, Tobias, Wolle, Stefan, Feind-Bild Springer. Ein Verlag und seine Gegner. Göttingen 2009.

Staadt, Jochen, Voigt, Tobias, Wolle, Stefan, Operation Fernsehen. Die Stasi und die Medien in Ost und West. Göttingen 2008.

Statut der Sozialistischen Einheitspartei Deutschlands. Berlin (Ost) 1970.

Steinborn, Norbert, Krüger, Hilmar, Die Berliner Polizei 1945–1992. Von der Militärreserve im Kalten Krieg auf dem Weg zur bürgernahen Polizei? Berlin 1993.

Sterling, Claire, The Feltrinelli Case, in: The Atlantic, 1972, Juli, Nr. 1, S. 10–18.

Sterling, Claire, Das internationale Terror-Netz. Der geheime Krieg gegen die westlichen Demokratien. Bern, München 1981.

Stern, Klaus, Herrmann, Jörg, Andreas Baader. Das Leben eines Staatsfeindes. München 2007.

Stöver, Bernd, Der Kalte Krieg 1947–1991. Geschichte eines radikalen Zeitalters. München 2007.

Subversive Aktion. Der Sinn der Organisation ist ihr Scheitern. Herausgegeben von Frank Böckelmann und Herbert Nagel. Frankfurt am Main 2002.

Taheri, Amir, Chomeini und die Islamische Revolution. Hamburg 1985.

Ulbricht, Walter, Der Weg zum künftigen Vaterland der Deutschen. Festansprache zum 20. Jahrestag der Gründung der Sozialistischen Einheitspartei Deutschlands am 21. April 1966 in der Berliner Dynamo-Sporthalle. Berlin (Ost) 1966.

Vaterland, Muttersprache. Deutsche Schriftsteller und ihr Staat seit 1945. Herausgegeben von Klaus Wagenbach, Winfried Stefan und Michael Krüger. Berlin (West) 1980.

Vom Regenwald der Guerilla in den Mediendschungel. Ein Gespräch mit Lothar Menne über die Anfänge der 68er-Bewegung, in: Mittelweg 36, 2008, Nr. 4, S. 2–29.

Weber, Hermann, Wer war »Ralf Forster«? Der Leiter der DKP-Militärorganisation im Spiegel der Erinnerung und der MfS-Akten, in: Jahrbuch für historische Kommunismusforschung, 2006, S. 297–310.

Wesel, Uwe, Die verspielte Revolution. 1968 und die Folgen. München 2002.

Die geheime Welt der Ost-West-Spionage

Absolute Geheimhaltung, enormer technischer Aufwand und professionelle Kaltschnäuzigkeit machten die Stasi zu einer der gefürchtetsten Spionage- und Geheimpolizeiorganisationen im Kalten Krieg. Kristie Macrakis legt anhand der größten Spionagefälle der deutsch-deutschen und deutsch-amerikanischen Geschichte erstmals die geheimen Arbeitsmethoden der DDR-Agenten offen. Mit detektivischem Spürsinn und wissenschaftlicher Präzision analysiert sie detailliert und sachkundig die ausgefeilten Spionagetechniken, welche die Stasi bei ihren Operationen im Westen und zur Überwachung der eigenen Bevölkerung anwandte.

»Ein brillanter Report. Geschrieben mit dem detektivischen Spürsinn und der Präzision einer Passionierten.« NZZ am Sonntag

Kristie Macrakis
Die Stasi-Geheimnisse

464 Seiten mit 35 Abb., ISBN 978-3-7766-2592-9

HERBiG   www.herbig-verlag.de